W0373848

LE PETIT LAROUSSE

des Cocktails

Je remercie l'équipe éditoriale pour son sérieux et son dynamisme, mes amis Philippe Vic et Mauro Mahjoub pour leurs encouragements, ainsi que mon épouse, Murielle Legrand-Castellon, pour son soutien de chaque instant.

Fernando Castellon

Direction éditoriale
Véronique de Finance-Cordonnier

Édition
Mathilde Piton

Direction artistique
Emmanuel Chaspoul assisté de Cynthia Savage

Mise en page
Christine Dufaut et Cynthia Savage

Iconographie
Bridgett Noizeux

Photographies des cocktails
Nicolas Bertherat

Fabrication
Annie Botrel

Couverture
Véronique Laporte

« L'abus d'alcool est dangereux pour la santé.
À consommer avec modération »

© Larousse, 2009
ISBN 978-203-584428-6

© Larousse, 2004 pour l'édition originale

Toute reproduction ou représentation intégrale ou partielle, par quelque procédé que ce soit, du texte et/ou de la nomenclature contenus dans le présent ouvrage, et qui sont la propriété de l'Éditeur, est strictement interdite.
Distribution exclusive au Canada : Messageries ADP, 1751 Richardson, Montréal (Québec).

LE PETIT LAROUSSE

des Cocktails

Fernando Castellon
[BAR EXPERTISE]

LAROUSSE

21 rue du Montparnasse 75283 Paris Cedex 06

Sommaire

Les recettes de cocktails 99

Pour en savoir plus… 573

Comment utiliser *le Petit Larousse des cocktails*

GIN > LES COCKTAILS SECS

ZAZA

Short drink à servir à l'apéritif

POUR 1 VERRE

4 cl de gin
2 cl de Dubonnet rouge
3 gouttes d'Angostura* bitters
3 ou 4 glaçons

> Mettez les glaçons et les ingrédients dans le verre rocks.

> Remuez à l'aide d'une cuillère à mélange pendant 8 à 10 secondes. Servez aussitôt.

Ce cocktail a été créé par Frank P. Newman (entre 1904 et 1907) au Grand Hôtel à Paris. Jusqu'à la Première Guerre mondiale, il se préparait avec du vermouth rosso à la place du Dubonnet.

—[182]—

UN RAPPEL DE L'ALCOOL PRINCIPAL, chapitre par chapitre, permet de se repérer facilement à l'intérieur des pages de recettes.

UNE PRÉSENTATION DES INGRÉDIENTS TRÈS PRATIQUE : l'alcool principal est cité en tête ; les autres produits suivent selon l'ordre de leur apparition dans la recette. Il est à noter que les professionnels et les écoles hôtelières procèdent différemment. (▷ **Les règles de base des mélanges p. 73**)

UN COMMENTAIRE historique, un conseil de préparation ou une anecdote sur le coktail complètent la présentation.

DES PICTOGRAMMES permettent de visualiser d'un coup d'œil la méthode de mélange, le type de verre conseillé et le degré d'alcool de la boisson. (▷ **Légende des pictogrammes p. 11**)

UN CLASSEMENT DES RECETTES selon leur texture et leur goût aide à choisir le cocktail qui convient à chacun : sec, désaltérant, fruité, liquoreux, onctueux ou chaud.

GIN > LES COCKTAILS DÉSALTÉRANTS

DESERT HEALER

Long drink à servir à tout moment

POUR 1 VERRE
4 cl de gin
4 cl de jus d'orange pressée
2 cl de liqueur cherry* brandy
8 cl de ginger* beer ou ginger* ale
1 cerise au marasquin
4 ou 5 glaçons

> Mettez les glaçons, le gin, le jus d'orange et la liqueur cherry brandy dans le verre highball.

> Remuez à l'aide d'une cuillère à mélange pendant 8 à 10 secondes.

> Ajoutez le ginger beer et placez la cerise au marasquin dans le verre. Servez aussitôt.

Variante : le Texas Fizz
En remplaçant la liqueur cherry brandy par 1 cl de jus de citron pressé et 1 cl de sirop de grenadine, puis en utilisant de l'eau gazeuse à la place du ginger beer, on obtient un Texas Fizz, un long drink plus acidulé, parfait à tout moment.

—[189]—

UNE COULEUR pour chaque alcool principal

DES VARIANTES incitent à découvrir d'autres cocktails et d'autres saveurs.

DES ASTÉRISQUES signalent les ingrédients les moins connus et renvoient à une définition détaillée dans le glossaire. (▷ **Les mots du bar pp. 614 à 632**)

Comment utiliser *le Petit Larousse des cocktails*

> La préparation au shaker

On utilise cette méthode lorsque des ingrédients ont besoin d'être agités fortement pour être mélangés. Il peut s'agir d'un sirop, d'un jus de fruits plus ou moins épais, d'un corps gras comme la crème de coco ou la crème fraîche, ou encore de blancs ou de jaunes d'œufs. On peut utiliser indifféremment un shaker avec filtre, le plus courant, ou un shaker sans filtre comme le shaker Boston ou le shaker continental.

SHAKER AVEC FILTRE • Le shaker avec filtre est composé de trois parties métalliques : la partie inférieure, la partie supérieure (avec son filtre incorporé), et le bouchon.

1

Remplissez un peu plus qu'à moitié la partie inférieure du shaker avec le nombre de glaçons indiqué dans la recette, puis versez les ingrédients en respectant l'ordre et les quantités donnés dans la recette.

2

Ajustez la partie supérieure du shaker et le bouchon.

LES GESTES TECHNIQUES à connaître sont expliqués et illustrés étape par étape : comment utiliser le shaker ou le verre à mélange, comment givrer un verre, comment obtenir de la glace pilée, etc.

LES ENCADRÉS
présentent la méthode académique qui est souvent adoptée par les professionnels, notamment lors des concours.

LA MÉTHODE ACADÉMIQUE

1. Remplissez un peu plus qu'à moitié la partie inférieure du shaker avec le nombre de glaçons indiqué dans la recette. Ajustez la partie supérieure du shaker et le bouchon. Saisissez fermement le shaker en plaçant le pouce de la main droite (si vous êtes droitier) sur le bouchon, et l'index et le majeur de l'autre main sous la base de la partie inférieure. Agitez le shaker pendant 4 ou 5 secondes. Ôtez le bouchon et videz l'eau provenant des glaçons. Retirez la partie supérieure du shaker et versez les ingrédients en respectant l'ordre et les quantités donnés dans la recette.
Étapes **2**, **3**, **4** comme ci-dessous.

3

Saisissez fermement le shaker en plaçant le pouce de la main droite (si vous êtes droitier) sur le bouchon, et l'index et le majeur de l'autre main sous la base de la partie inférieure. Agitez vivement le shaker pendant 8 à 10 secondes environ. Lorsque la boisson est suffisamment rafraîchie, la surface du shaker prend un aspect givré.

4

Ôtez le bouchon et, en maintenant la partie supérieure, versez le contenu du shaker dans le verre de service choisi pour la recette, les parties solides (dont les glaçons) étant retenues par le filtre incorporé. Décorez éventuellement le cocktail et servez aussitôt.

Tableau des équivalences

Les volumes donnés en dixièmes et en onces sont arrondis au point le plus proche.

Centilitres	Doses	Dixièmes		Onces	
		Pour un short drink de 7 cl	Pour un long drink de 18 cl	Once impériale (Canada) = 2,843 ml	Once (États-Unis) = 2,957 ml
1 cl	1/4 dose	1/10	1/10	1/4 oz	1/4 oz
2 cl	1/2 dose	3/10	1/10	3/4 oz	3/4 oz
3 cl	3/4 dose	4/10	2/10	1 oz	1 oz
4 cl	1 dose	6/10	2/10	1 1/2 oz	1 1/4 oz
5 cl	1 1/4 dose	7/10	3/10	1 3/4 oz	1 3/4 oz
6 cl	1 1/2 dose	9/10	3/10	2 oz	2 oz
7 cl	1 3/4 dose	10/10	4/10	2 1/2 oz	2 1/4 oz
8 cl	2 doses		4/10	2 3/4 oz	2 3/4 oz
9 cl	2 1/4 doses		5/10	3 1/4 oz	3 oz
10 cl	2 1/2 doses		6/10	3 1/2 oz	3 1/2 oz
11 cl	2 3/4 doses		6/10	3 3/4 oz	3 3/4 oz
12 cl	3 doses		7/10	4 1/4 oz	4 oz
13 cl	3 1/4 doses		7/10	4 1/2 oz	4 1/2 oz
14 cl	3 1/2 doses		8/10	5 oz	4 3/4 oz
15 cl	3 3/4 doses		8/10	5 1/4 oz	5 oz
16 cl	4 doses		9/10	5 3/4 oz	5 1/2 oz
17 cl	4 1/4 doses		9/10	6 oz	5 3/4 oz
18 cl	4 1/2 doses		10/10	6 1/4 oz	6 oz

Légende des pictogrammes

La méthode de mélange	Le verre conseillé	Le degré d'alcool
Directement dans le verre de service	Martini	Faiblement alcoolisé (≤ 16 % Vol.)
Au verre à mélange	Shot	Moyennement alcoolisé (entre 17 et 22 % Vol.)
Au shaker	Dégustation	Fortement alcoolisé (≥ 23 % Vol.)
Au mixeur	Rocks	
	Vin	
	Highball	
	Flûte	
	Toddy	

L'art du
cocktail
réussi

L'HISTOIRE DU COCKTAIL

L'histoire du cocktail, bien qu'elle ne remonte qu'à un peu plus de deux siècles, est riche en personnages et en anecdotes. Pour bien la relater, il est intéressant de faire un détour par celle du mot « cocktail », qui a changé de signification au fil des années.

> L'histoire du mot « cocktail »

UNE ORIGINE INCERTAINE • Tout d'abord, ce mot, d'où vient-il ? On ne peut répondre de façon précise à cette question. Il désignait jadis, en Angleterre, un cheval issu de races mélangées, dont on avait coupé les muscles abaisseurs de la queue afin qu'elle se redresse, comme une queue de coq *(cock tail)*. Pour d'autres, cocktail serait une déformation du mot « coquetier », dans lequel un Français servait de curieuses boissons mélangées appelées « coquetel », à moins qu'il ne s'agisse d'un pharmacien de La Nouvelle-Orléans...

D'autres situent au Mexique l'origine du mot, Coctel étant le nom d'une princesse dont le père fabriquait des mélanges mystérieux. D'autres encore font un lien avec l'emploi probable dans les tavernes de plumes de coq pour différencier les boissons. On ne le saura sans doute jamais, mais, peu importe, il faut bien que les légendes colportées au coin des bars perdurent.

LA PREMIÈRE TRACE IMPRIMÉE • En revanche, on sait précisément où, et à quelle date, le mot « cocktail » apparaît imprimé pour la première fois. En voici le détail : en mai 1806, dans *The Balance and Columbian Repository*, journal de la ville de Hudson dans l'État de New York, un lecteur intrigué pose au directeur la question : « Monsieur, j'ai lu votre article paru le 6 de ce mois sur les comptes d'un candidat démocrate [...] sous le titre de Loss, 25 *do. cock tail.* Auriez-vous l'obligeance de m'informer sur ce que l'on entend par cette espèce de rafraîchissement ? [...] J'ai entendu parler de *jorum*, de *phlegm cutter*, de *fog-driver*, [...] mais jamais de ma vie, et je vis depuis un bon nombre d'années, je n'ai entendu parler de *cock tail* auparavant. Est-ce une spécialité de la région, ou est-ce une nouvelle invention ? Ce nom exprime-t-il l'effet de cette boisson sur une partie particulière du corps ? » [...]

Le directeur lui répond le 13 mai 1806 : « *Cock tail* est une boisson stimulante, composée de spiritueux de toutes sortes, de sucre, d'eau et de bitters, il est familièrement appelé *bittered sling* et est supposé être une excellente potion en campagne électorale parce qu'il rend le cœur hardi en même temps qu'il embrouille la tête [...] On dit aussi qu'il peut être d'une grande utilité pour un candidat démocrate, parce qu'une personne qui en a avalé un verre peut avaler n'importe quoi. »

DES SIGNIFICATIONS SUCCESSIVES • De nos jours, le mot « cocktail » est utilisé pour désigner toutes sortes de boissons composées d'au moins deux ingrédients. Mais le sens du mot a connu des évolutions significatives. Lors de son apparition aux États-Unis au début du XIXe siècle, le mot « cocktail » désigne un genre de mélange bien spécifique, composé d'eau-de-vie, de sucre, d'eau et de bitters (extraits amers). Par la suite, dans les années 1890, le mot « cocktail » s'emploie pour désigner une boisson préparée au verre à mélange ou au shaker et servie « straight up », c'est-à-dire sans glace dans le verre. Les autres boissons mélangées sont alors qualifiées de « mixed drinks », tout simplement.

À partir des années 1920, le sens du mot « cocktail » continue de s'élargir pour englober finalement toutes les boissons mélangées. Par extension, il désigne également la réception au cours de laquelle on sert ces boissons, et où il est de bon ton, pour les dames, de revêtir une robe de cocktail.

> La préhistoire du cocktail

Depuis l'Antiquité, on sait faire des mélanges. Les Anciens consomment des mixtures composées de vin, de miel, d'herbes, d'épices et d'aromates. Bien plus tard, avec l'arrivée des eaux-de-vie et des liqueurs, les moines et les apothicaires élaborent des préparations dont l'usage est surtout médicinal, avant de devenir apéritif ou digestif. Dans les îles Caraïbes, dès la fin du XVIIe siècle, on connaît le Punch, mélange de thé, de rhum, de sucre et d'épices. Vers 1740, le Grog apparaît dans la Royal Navy, lorsque l'amiral Vernon, surnommé « Old Grog » par les marins, leur impose de diluer leur ration quotidienne de rhum avec de l'eau. De leur côté, les militaires anglais de l'armée des Indes ont l'idée de mélanger du gin avec une boisson à la quinine qu'ils doivent boire pour se protéger de la malaria ; ils inventent ainsi, avant la lettre, le Gin Tonic.

À peu près à la même époque, dans les clubs anglais et dans les tavernes américaines, on a coutume de préparer des boissons mélangées en grande quantité dans des récipients appelés « bowl » ou « cup ». Les boissons préparées dans ces coupes étaient ensuite servies dans des verres, tantôt chaudes (c'est le cas de certains Punchs), tantôt à température ambiante et tantôt refroidies, car, dans les grandes villes, il était possible de s'approvisionner en glace, en provenance des glaciers ou des montagnes enneigées les plus proches.

> L'essor du cocktail [de 1800 à 1850]

Comme on l'a vu, le mot « cocktail » a fait son apparition au début des années 1800, mais il faut attendre une cinquantaine d'années pour voir la consommation des boissons mélangées prendre réellement son essor en Amérique. Bien que les eaux-de-vie comme le cognac, le gin, le rhum et le rye whiskey local soient disponibles à travers tous les États de l'Union, il en va autrement pour les diverses liqueurs et pour la glace naturelle, que l'on ne peut se procurer que dans les grandes villes comme New York, La Nouvelle-Orléans et San Francisco. Il est d'ailleurs significatif que tous les grands pionniers du bar américain comme Jerry Thomas, Harry Johnson et William Boothby, dont il est question plus loin, aient officié dans une ou plusieurs de ces villes.

HARRY JOHNSON

Harry Johnson est l'auteur du premier manuel du barman, écrit à New York en 1882 et intitulé *New and Improved Bartender's Manual*. À la différence du premier livre de cocktails de Jerry Thomas (▷ p. 17), le livre de Johnson comporte des chapitres traitant de l'organisation du bar, du matériel, des ingrédients, de l'art des mélanges ainsi que du service. On y apprend aussi que Johnson évolue dans le monde des saloons et des hôtels depuis son adolescence, qu'il a appris à mélanger les boissons à San Francisco, qu'il a travaillé pendant 40 ans dans les plus grands établissements de New York et du pays, ainsi qu'en Europe, etc. En 1869, lors d'un concours organisé à La Nouvelle-Orléans, il a même remporté le titre de champion des États-Unis.

De la taverne au bar [de 1830 à 1890]

Alors que la mode des cafés, d'influence viennoise, se répand en Europe de l'autre côté de l'Atlantique on passe de la taverne au bar. Le bar es e descendant du « saloon », terme apparu au début du XIXe siècle, qu lifférencie le lieu où l'on boit du lieu où l'on mange. Bar désigne alors le neuble où l'on prépare les boissons, c'est-à-dire le comptoir, souvent équipé l'une barre. Devenu, par extension, le nom du lieu où l'on sert des boissons e bar ne supplantera le saloon qu'à la fin du XIXe siècle.

L'INVENTION DE LA GLACE ARTIFICIELLE • Au milieu du XIX siècle, une autre nouveauté naît en Europe : la glace artificielle, qui joue un rôle déterminant dans l'histoire des cocktails. Déjà, en 1834, une machine nventée à Londres par l'Américain Jacob Perkins (1766-1849), et utilisan 'éther comme réfrigérant, permettait de conserver assez longuement la glace provenant des montagnes. Une nouvelle machine est mise au point en 1859 par le Français Ferdinand Carré (1824-1900) avec un procédé fonctionnant à 'ammoniac ; elle va permettre, pour la première fois, de produire de la glace artificielle à grande échelle.

LES PREMIERS MANUELS PRATIQUES • Toutes les conditions son désormais réunies pour faciliter le succès des boissons mélangées. Parmi les nombreux barmen qui s'intéressent à la pratique du mélange, il en est un dont il faut retenir le nom, car il va devenir célèbre. Il s'agit de Jeremiah P Thomas, alias Jerry Thomas, qui, à New York en 1862, publie sous le titre à résonance française *The Bon Vivant's Companion or How to Mix Drink* (« Comment mélanger les boissons »), le premier livre sur les boissons mélangées et les cocktails, répertoriant les 236 recettes les plus populaires du moment. Un manuel sur la fabrication des liqueurs et des sirops, écrit par Christian Schultz figure en seconde partie pour permettre à ceux qui ont du mal à se procurer certains ingrédients de créer des produits de substitution au goût similaire. Une deuxième édition révisée est publiée en 1876 sous le titre *The Bar-Tender's Guid* (« le Guide du barman »), qui recense, en plus de celles de la première édition, une cinquantaine de nouvelles recettes. En 1887, on publiera, à titre posthume, un troisième édition révisée, avec une nouvelle sélection de plus de 280 cocktails

LES PREMIÈRES GRANDES FIGURES DU BAR AMÉRICAIN • Au XIXe siècle, deux mixologistes (experts en mélanges), Harry Johnson et William Boothby, contribuent, comme Jerry Thomas l'avait fait avant eux, au prestige du métier de barman, en publiant leurs propres ouvrages, avec chacun trois éditions successives. Ces livres sont intéressants, car ils permettent d'observer l'évolution des pratiques du bar au fil des années.

Dans des ouvrages de ce type, les auteurs donnent peu d'informations sur eux-mêmes. Heureusement, des articles sur les grands barmen américains ont été publiés à diverses occasions dans des journaux locaux. On a retrouvé une interview de Jerry Thomas, publiée le 28 mars 1882 par le journal *New York Sun* à l'occasion de la mise aux enchères de sa collection de caricatures et de dessins d'artistes américains. L'article nous livre quelques révélations sur la vie de celui qui fut surnommé par ses clients admiratifs : « le professeur ».

En voici un extrait : « […] "Un Américain ?", continua M. Thomas, l'air surpris. "Ma foi oui, et un marin aussi. Je suis né à Watertown, Jefferson County, il y a cinquante-deux ans, et j'ai navigué tout autour du monde comme simple matelot. J'ai débarqué à San Francisco en 1849, et je suis parti dans les montagnes chercher de l'or. […] Je suis revenu à New York avec 16 000 dollars et pendant un moment j'ai porté des gants de peau et fréquenté du beau monde, puis j'ai ouvert un bar avec George Earle sous le Barnum's Museum, où se trouve maintenant l'immeuble du Herald. En [18]53, je suis entré comme barman au Mills House à Charleston ; puis j'ai exercé mes talents à Chicago, à Saint-Louis, et le long du Mississippi ; je suis revenu et j'ai mixé quelques drinks au Metropolitan ; j'ai ensuite fait le voyage pour assister à la rencontre Heanan-Sayers, j'avais vu vingt et un combats auparavant, j'en ai vu sept depuis. Je suis devenu responsable de bar à l'Occidental Hotel de San Francisco en 1863 ; j'ai fait un passage à Virginia City et j'étais de retour ici en 1866 quand, avec mon frère George M., qui s'est maintenant retiré et vit dans la 21e rue, j'ai ouvert sur Broadway au 937, près de la 5e avenue, où se trouve Johnson's maintenant, juste sous la 22e rue. C'était un bel endroit. Au bout de deux ans, la recette du bar se montait à 400 dollars par jour, et c'était agréable de voir les clients jeter un coup d'œil aux dessins de M. Thomas Nast avant de s'installer pour commander. […] Nous l'avons quitté en 1871, pour aller où se trouve maintenant le Bijou ; où nous sommes restés un moment, toujours avec ces dessins autour de nous. Mais en 1876, je l'ai vendu, John Morrissey l'a acheté pour en faire une salle de billards. »

On apprend dans un autre article, paru dans le *New York Times* du 15 décembre 1885, que Jerry Thomas est décédé la veille, à son domicile new-yorkais, d'une crise d'apoplexie. Il avait 55 ans et l'article cite deux de ses célèbres inventions : le Tom & Jerry (▷ p. 356) et le Blue Blazer (▷ p. 283).

> L'école américaine [de 1860 à 1890]

LES PREMIÈRES ASSOCIATIONS DE BARMEN • Très vite, les professionnels du bar entreprennent de s'organiser. En 1866, à Chicago, ils se regroupent pour créer la « Bartenders and Waiters Union » (Union des barmen et serveurs) et, dans les années 1890, la « National Bartenders Association » (Association nationale des barmen) voit le jour. En même temps, de nombreux ouvrages relatifs au bar et aux cocktails sont publiés ; on n'en compte pas moins d'une quarantaine entre 1860 et 1900. Ils apportent aujourd'hui des informations précieuses, tant sur les ingrédients utilisés à telle ou telle époque que sur l'apparition des grands classiques comme le John Collins (▷ p. 194) dans les années 1860, le Gin Fizz (▷ p. 191) dans les années 1870, le Manhattan (▷ p. 241) dans les années 1880 et le Old-Fashioned (▷ p. 242) dans les années 1890.

WILLIAM BOOTHBY

Quelques années après Harry Johnson (▷ p. 16), William Boothby publie à San Francisco, en 1891, son premier livre sous le titre *Cocktail Boothby's American Bartender*, présenté comme le seul traité pratique de « mixologie », c'est-à-dire de « science des mélanges » (« mixology » et « mixologist » sont des termes apparus à San Francisco à la fin des années 1880). Surnommé « Cocktail Boothby » dans la profession, l'auteur se présente lui-même comme le premier mixologiste, mais on ne sait si c'est lui qui a inventé le mot. Grâce aux différentes rééditions de son manuel, on a recueilli de précieux renseignements sur l'évolution des cocktails et des pratiques du bar.

FRANK NEWMAN

D'origine anglaise, Frank Newman prend en charge peu avant 1900 le bar du Grand Hôtel, à Paris, situé en face de l'Opéra Garnier. Pour mieux se faire connaître, il publie un ouvrage, *American-Bar*, qui sera révisé en 1904, et dans lequel apparaît la première référence écrite au Dry Martini. Newman ouvre ensuite son propre établissement sous l'enseigne «The Cosmopolitan» à Asnières, dans les Hauts-de-Seine, près de Paris. On lui doit la création, en 1927, du Diabola (▷ p. 170), un short drink à base de gin, de Dubonnet rouge et de sirop d'orgeat.

LE DESTIN DES GRANDS CLASSIQUES • Grâce à ces nombreu ouvrages, on constate que certaines recettes comme le Manhattan n'on subi aucun changement pendant plus d'un siècle. Mais on appren aussi que d'autres cocktails célèbres se sont en revanche complètemen métamorphosés au fil des décennies, confirmant que, le goût d consommateur évoluant, le barman doit savoir s'adapter aux changements C'est le cas du Dry Martini (▷ p. 169). Lors de son apparition en 1884, c cocktail est d'abord baptisé Martinez avant de devenir le Martini en 188 (notons que pour les Européens le nom prête à confusion, car le Martin – ou Dry Martini – n'a rien à voir avec l'apéritif italien de chez Martini & Rossi, dont la création remonte à 1863). La recette du Martini se compos alors de gin, de vermouth rosso, d'un bitter concentré (semblable à d l'Angostura bitters) et d'un zeste de citron pour la garniture.

Dans les années 1890, on constate une première évolution du Martini l'orange bitters peut être utilisé à la place de l'Angostura bitters, et un cerise au marasquin peut remplacer le zeste de citron. Au début de années 1900, le nom du cocktail et sa composition changent à nouveau il devient le Dry Martini, le vermouth dry remplace le vermouth rosso e une nouvelle garniture, l'olive verte, peut être proposée, pour accentue le côté sec de la boisson. C'est Frank Newman, chef-barman au Gran Hôtel à Paris qui publie cette recette en 1904, dans la seconde éditio de son livre *American-Bar*.

> L'internationalisation du cocktail vers 1900

Le mélange des boissons devient une spécialité américaine et, à l'occasion des Expositions universelles qui se succèdent au XIXe siècle, des deux côtés de l'Atlantique, les barmen américains font découvrir au reste du monde le charme de ces « American drinks ». Lorsque les premiers bars à cocktails ouvrent en Angleterre, en France et en Allemagne, on les appelle tout naturellement « American bars ». Ainsi, au début des années 1900, la vogue des cocktails s'est déjà répandue en Europe.

À Londres, parmi les premiers acteurs de cette expansion, on trouve le barman américain Leo Engel qui a fait découvrir, à la fin des années 1870, les « American drinks » aux clients du grand restaurant Criterion à Picadilly Circus. Peu après, une revue professionnelle, *Barman and Barmaid*, est créée dans la capitale britannique.

En France, la vogue de la langue anglaise et l'attrait pour ce qui vient du Nouveau Monde contribuent à l'engouement pour les cocktails. À Paris, Louis Fouquet propose un grand choix de boissons américaines dans son restaurant « Fouquet's » sur les Champs-Élysées, ouvert peu de temps après qu'il ait publié un livre sur les cocktails en 1896. À la même époque, les touristes américains qui fréquentent le quartier de l'Opéra sont ravis de pouvoir siroter leur cocktail préféré au Grand Hôtel ou, rue Daunou, au Chatam et au New York Bar (qui deviendra le Harry's Bar).

CONSTANTINO RIBALAIGUA VERT

Originaire de Catalogne, Constantino Ribalaigua Vert (?-1952) débarque à Cuba au début des années 1910. Il trouve un emploi au café La Florida à La Havane. Il y excelle dans la préparation des cocktails et les clients le surnomment « Constante » tant son travail est d'une régularité remarquable. En 1918, il devient propriétaire de La Florida et en fait un établissement de renom. On y sert alors le Daiquiri « frappé », c'est-à-dire avec de la glace pilée, puis, avec l'apparition du mixeur électrique à la fin des années 1920, Ribalaigua propose à sa clientèle une nouvelle version de ce cocktail : le Frozen Daiquiri (▷ p. 304). Son bar, qui sera rebaptisé « Floridita » (« petite Floride », en espagnol) vers 1940, devient le temple du Daiquiri.

> De la prohibition [1919-1933] à l'après-guerre

La période de la prohibition constitue une étape importante de l'histoire des cocktails. En effet, l'interdiction de consommer de l'alcool aux États-Unis entraîne une réaction immédiate, non prévue par les législateurs. Les distilleries clandestines se multiplient, la contrebande s'organise, la guerre des gangs fait rage et les « speakeasies », débits de boissons où l'on sert de l'alcool en cachette, prospèrent.

LES AMÉRICAINS À CUBA • Dans le même temps, on assiste à un engouement pour les voyages à Cuba, où les touristes américains de la côte est peuvent, en toute impunité, apprécier les dernières nouveautés, préparées avec du rhum local et concoctées par des barmen expatriés. À La Havane, surnommée au début du XXe siècle « le petit Paris des Caraïbes », les établissements fleurissent, où l'on peut déguster d'excellents cocktails rafraîchissants comme le Mint Julep (▷ p. 261) en remplaçant le bourbon par du rhum local. Les barmen professionnels de Cuba s'organisent rapidement et créent, en 1924, le « club des cantineros », qui assure la formation des barmen sur l'île, garantissant ainsi la qualité du service à la clientèle américaine. Le premier manuel du club en 1930, qui ne contient pas moins de

HARRY McELHONE

Avant d'ouvrir son établissement à Paris en 1923 (le Harry's New York Bar), Harry McElhone (1890-1958) travaille au Plaza de New York, puis aux casinos d'Enghien et de Nice, ainsi qu'au Ciro's à Londres et à Deauville. D'origine britannique, il s'est fait connaître dans la profession en publiant à Londres en 1919 un petit livre, *ABC of Mixing Cocktails.* Quelques années plus tard, il crée un club pour les grands amateurs qu'il dénomme « International Bar Flies », et il réussit à constituer un réseau international d'établissements prêts à les accueillir. McElhone a contribué au prestige de la profession de barman en créant plusieurs cocktails devenus classiques comme le French 75 (▷ p. 471) et le Monkey Gland (▷ p. 212).

600 recettes, témoigne de l'étendue des connaissances des barmen cubains. C'est l'époque où des bars mythiques comme La Florida, le Sloppy Joe et la Bodeguita del Medio voient le jour. De nombreux cocktails, aujourd'hui classiques, sont nés à Cuba, tels le Daiquiri (▷ p. 300) et ses variantes, le Presidente (▷ p. 287), le Mary Pickford (▷ p. 335), le Cuba libre (▷ p. 299), ou encore le Mojito (▷ p. 311).

LA VITALITÉ DES BARMEN EN EUROPE • Dans les grandes villes européennes, on assiste également à une floraison de « cocktail bars » attenants aux hôtels, et d'« American bars », où l'on sert les cocktails les plus sophistiqués. Ainsi, au moment où la prohibition sévit aux États-Unis, l'internationalisation du cocktail s'accentue. Plusieurs barmen américains s'expatrient, comme Harry Craddock qui rejoint le Savoy Hotel de Londres. À Paris, la clientèle cosmopolite attire également de grands barmen européens, dont certains s'installent définitivement comme Frank Meier, d'origine autrichienne, qui prend la direction du bar de l'hôtel Ritz, rue Cambon, lors de son ouverture en 1921. L'Anglais Harry McElhone rachète en 1923 le New York Bar rue Daunou qu'il va rebaptiser Harry's New York Bar, connu aujourd'hui sous le nom de Harry's Bar.

On invente à cette époque de nombreux classiques comme l'Americano (▷ p. 495), le Side-Car (▷ p. 427), le French 75 (▷ p. 471), ou encore le Red Lion (▷ p. 218).

FRANK MEIER ET JEAN AZIMONT

D'origine autrichienne, Frank Meier commence à travailler à l'hôtel Ritz à Paris, lors de l'ouverture du bar (Le Café Parisien) en 1921, rue Cambon. Pour recevoir les premiers clients, il invente le cocktail Royal Highball (▷ p. 479), un élégant mariage de cognac, de champagne et de fraises fraîches. Le succès venu, il préférait accueillir les clients en salle pendant qu'une équipe de barmen préparait les cocktails. En 1936, Le Petit Bar fut ouvert à côté du Café Parisien et confié à l'un des barmen, Jean Azimont, alias Bertin, embauché en 1926. Après la mort de Meier en 1947, c'est lui qui assura la relève jusqu'en 1975 ; pendant cette période, il se lia d'amitié avec l'écrivain Ernest Hemingway, un habitué des lieux. Aujourdhui, Le Café Parisien est devenu le Bar Cambon et Le Petit Bar s'appelle le Bar Hemingway.

LA FIN DE LA PROHIBITION • Devant le peu d'effet de la loi, la prohibition est abolie aux États-Unis en 1933, mais la mode des cocktails ne cesse pas pour autant, et son expansion se poursuit. Il est de bon ton de posséder un bar chez soi, et les « cocktails parties », où l'on réunit ses amis avant l'heure du dîner, sont entrées dans les mœurs.

Vers 1930, s'ouvre à Paris la Maison du cocktail, spécialisée dans la vente de matériel et de bars d'appartement. La vague est au plus haut, stimulée par les images de films hollywoodiens où la consommation de cocktails est omniprésente. La maison Nicolas, spécialisée dans la vente de fines bouteilles de vin, s'insurge contre cette déferlante et demande au dessinateur Paul Iribe (1883-1935), compagnon de Coco Chanel, d'illustrer une campagne de publicité violemment anti-cocktails.

> Le cocktail en sommeil [de 1945 à 1980]

Après la Seconde Guerre mondiale, les circonstances favorables qui avaient permis aux cocktails d'entrer dans les habitudes de consommation des Européens font place à des temps difficiles. Même si de nouvelles recettes comme celles du Bellini (▷ p. 474), de l'Irish Coffee (▷ p. 284) et du Black Russian (▷ p. 152) sont créées, les cocktails voient leur attrait diminuer, ils

VICTOR BERGERON, ALIAS TRADER VIC

L'Américain Victor Bergeron (1902-1984) ouvre en 1932 à Oakland, dans la baie de San Francisco, un établissement appelé Hinky Dink's dont la décoration, la cuisine et les boissons sont inspirées de la culture polynésienne. À la fin de la prohibition, il commence à proposer des cocktails tropicaux, comme le fait Don The Beachcomber (▷ p. 25) à Hollywood. Son affaire fonctionne très bien et Victor Bergeron rebaptise son restaurant avec le surnom que lui ont donné ses clients : « Trader Vic » (Vic le marchand). Il écrit plusieurs livres qui font référence en matière de boissons et de cuisine polynésienne, dont le *Trader Vic Bartender's Guide*, publié en 1947, révisé en 1972. On y trouve la recette de nombreux cocktails de son invention, comme le Scorpion (▷ p. 341), et celle du Mai Tai (▷ p. 309) qui lui est attribuée.

tombent même en désuétude. Lorsqu'un particulier déniche un shaker dans son grenier ou dans une brocante, il en fait un objet décoratif, négligeant sa fonction initiale. Malgré tout, l'art de préparer les cocktails se maintient, grâce à la clientèle internationale qui fréquente les bars des grands hôtels. Dans leur pays d'origine, les cocktails se portent un peu mieux. Les grands classiques comme le Bronx (▷ p. 206), le Clover Club (▷ p. 232) ou le Sazerac (▷ p. 244) sont remplacés par de nouvelles recettes comme le Mai Tai (▷ p. 309) ou comme le Moscow Mule (▷ p. 128) et le Margarita (▷ p. 369). Le succès de la vodka aux États-Unis contribue au développement du « long drink » ; rien de plus simple, en effet, que d'ajouter une mesure de vodka à un ou plusieurs jus de fruits pour obtenir une boisson allongée, comme le Screwdriver (▷ p. 146).

DONN BEACH, ALIAS DON THE BEACHCOMBER

Donn Beach (1907-1989) est arrivé à Hollywood à l'âge de 24 ans, après avoir voyagé à la Jamaïque, en Australie et à Tahiti. Il rencontre des gens liés à l'industrie du cinéma, ce qui lui permet d'intervenir comme conseiller sur des productions dont l'action se déroule dans les mers du Sud. En 1933, il ouvre un petit restaurant à Hollywood, qu'il appelle Don The Beachcomber (littéralement, « Don le ramasseur d'épaves »). Après la prohibition, il participe avec Trader Vic (▷ p. 24) au mouvement tiki (les « tikis » sont des statues représentant la déesse polynésienne du même nom), crée de nombreux cocktails tropicaux, dont le Zombie (▷ p. 345), le plus connu, et contribue à faire connaître la culture polynésienne.

Le renouveau du cocktail [1980 à nos jours]

L'ÉMERGENCE DU FLAIR • En 1988, un phénomène nouveau apparaît avec la sortie du film de Roger Donaldson *Cocktail*, interprété par Tom Cruise. Dans ce film, on voit l'acteur américain préparer des cocktails en faisant voltiger les bouteilles sous les yeux ébahis des consommateurs. Cette manière de faire, appelée « flair », fait l'objet de concours et remporte un vif succès auprès des professionnels qui exercent leur activité dans des ambiances festives.

On distingue le « working flair », que l'on traduit par « flair productif », et l'« exhibition flair », que l'on traduit par « flair d'animation ». Le flair productif consiste à effectuer des mouvements avec les bouteilles, tout en préparant les boissons - au verre directement ou au shaker. Ces mouvements peuvent s'effectuer avec des bouteilles pleines, munies d'un verseur. Le flair d'animation demande, quant à lui, une technique et une dextérité particulières. En effet, les mouvements nécessitent des rotations complètes de la bouteille sur elle-même, ce qui n'est pas possible si les bouteilles contiennent plus de six centilitres de liquide. Quoi qu'il en soit, les deux types de flair exigent un entraînement sérieux de la part du barman, car la manipulation peut s'avérer périlleuse, tant pour celui qui la pratique que pour ceux qui le regardent. Ces prouesses techniques sont à l'origine d'un regain d'intérêt pour le cocktail.

DES CRÉATIONS ADAPTÉES À UNE NOUVELLE CLIENTÈLE • Depuis les années 1980, on a vu surgir de nouvelles recettes, qui se sont rapidement imposées au niveau international. Parmi ces nouveautés incontournables, il faut citer le Cosmopolitan (▷ p. 102), qui s'est fait une place dans le Top 10 toutes catégories, en dix ans à peine. Il correspond parfaitement aux nouvelles attentes des consommateurs qui recherchent des cocktails alcoolisés, mais pas trop, pour pouvoir en déguster plusieurs dans la même soirée.

« Moins de quantité et plus de qualité » semble être la ligne directrice de cette nouvelle tendance. Les barmen s'adaptent et redécouvrent les vertus des fruits frais qui avaient fait le succès des cocktails cubains à leur grande époque. La nouvelle famille de cocktails « fresh fruit Martinis », comme le Melon Martini (▷ p. 105), est ce qui se fait de mieux. Il s'agit de jus de fruits frais ou de jus de légumes qui, avec l'apport d'une eau-de-vie discrète, comme la vodka, composent un mélange fruité sans être trop sucré. Néanmoins, pour ceux qui aiment les cocktails corsés, le Vodka Martini Extra-Dry (▷ p. 109), le Dry Martini (▷ p. 169) ou le Manhattan (▷ p. 241), le Old-Fashioned (▷ p. 242) et le Sazerac (▷ p. 244) sont toujours bien présents.

LES FAMILLES DE COCKTAILS

Depuis le début du XIXe siècle, en Amérique comme en Europe, les boissons mélangées ont été préparées selon des recettes précises et répertoriées. Les professionnels ont pris soin de différencier les familles de cocktails, en fonction des alcools et des ingrédients qui les composent. Une simple recette a souvent engendré toute une famille.

Une famille de cocktails se définit en fonction de trois critères : une association d'ingrédients donnés, un mode de préparation (soit au verre directement soit au shaker ou au mixeur) et une manière de servir le mélange qui en résulte. Notons qu'à chaque famille de cocktails correspond un verre de service spécialement adapté (▷ p. 70).

> Les familles oubliées

COBBLERS • Cette famille de short drinks est apparue aux États-Unis avant 1810. À l'origine, un cobbler était élaboré à partir d'un vin ou d'un vin effervescent, ou encore d'un vin muté.

Les recettes les plus populaires étaient le Sherry Cobbler et le Whiskey Cobbler. Un cobbler se prépare directement dans un verre rocks, avec des glaçons. Il se compose d'une eau-de-vie et de sucre, et il est garni de fruits, sous forme de tranches d'orange ou de baies de saison, par exemple.

COCKTAIL • Terme générique dont la signification a beaucoup évolué au fil des décennies (▷ p. 14). Aujourd'hui, il désigne une boisson, alcoolisée ou non, composée d'au moins deux ingrédients.

LES DEUX TYPES DE COCKTAILS

Short drink. Ce terme désigne un mélange plus ou moins corsé selon la proportion d'ingrédients alcoolisés, dont le volume ne dépasse pas 12 cl environ.

Long drink. Ce terme désigne une boisson « allongée », c'est-à-dire diluée, d'un volume supérieur à 12 cl environ, et dont le degré alcoolique est affaibli en conséquence.

CRUSTAS • Cette famille de short drinks fut inventée dans les années 1840 par Joseph Santini au City Exchange à La Nouvelle-Orléans. Les recettes les plus connues étaient le Brandy Crusta et le Whiskey Crusta. Un crusta se prépare directement dans un petit verre à vin, avec des glaçons, et se compose d'une eau-de-vie, de jus de citron, de sucre et d'un amer concentré. Il se garnit avec un long zeste de citron, que l'on dispose autour du verre.

DAISIES • Cette famille de long drinks est apparue aux États-Unis dans les années 1870. Les recettes les plus populaires étaient le Brandy Daisy et le Gin Daisy. Un daisy se prépare directement dans un verre highball, et se compose d'une eau-de-vie, de jus de citron, de sucre, de curaçao et d'eau gazeuse.

EGG NOGS • Cette famille de long drinks fut inventée aux États-Unis avant 1800. Les recettes les plus populaires étaient le Brandy Egg nog et le Rum Egg nog. Un egg nog se prépare au shaker, avec des glaçons, et se sert dans un verre highball. Il se compose d'une eau-de-vie, d'un jaune d'œuf, de lait et de sucre. L'egg nog semble être le descendant d'une boisson anglaise appelée « posset », qui se préparait avec les mêmes ingrédients mais avec un vin muté à la place de l'eau-de-vie. Il était surtout apprécié durant les fêtes de fin d'année et se consommait également chaud.

FIXES • Cette famille de short drinks existait en Amérique avant les années 1860. Les recettes les plus populaires étaient le Brandy Fix et le Gin Fix. Il s'agit simplement d'un « sour » (▷ p. 31), garni avec des baies de saison.

FLIPS • Cette famille de short drinks est originaire d'Angleterre où elle fut inventée avant 1810. Comme le cobbler, le flip s'élaborait au départ avec un vin muté. Celui-ci, préparé au shaker, avec des glaçons, était dans les années 1860 servi dans un verre à vin. Les recettes les plus populaires étaient le Porto Flip (▷ p. 434) et le Brandy Flip. Un flip se compose d'une eau-de-vie, d'un jaune d'œuf et de sucre, et se garnit avec de la noix muscade râpée.

PUFFS • Cette famille de long drinks est apparue aux États-Unis dans les années 1890. Les recettes les plus populaires étaient le Whiskey Puff et le Brandy Puff. Un puff se prépare directement dans un verre highball, avec des glaçons, et se compose d'une eau-de-vie, de lait, de sucre et parfois d'eau gazeuse.

SANGAREES • Cette famille de short drinks aurait vu le jour aux Antilles britanniques avant 1820. Les recettes les plus populaires étaient le Brandy Sangaree et le Gin Sangaree. Un sangaree se prépare au shaker, avec des glaçons, et se sert dans un verre à vin. Il se compose d'une eau-de-vie, de porto rouge et de sucre, et se garnit avec de la noix muscade fraîchement râpée.

SLINGS • Cette famille de short drinks est apparue aux États-Unis avant 1800. Les recettes les plus populaires étaient le Brandy Sling et le Whiskey Sling. Le sling était également consommé chaud. Préparé directement dans un verre rocks avec des glaçons, un sling se compose d'une eau-de-vie, d'eau minérale (gazeuse ou plate) et de sucre, et il se garnit avec de la noix muscade râpée.

SMASHES • Cette famille de short drinks semble avoir vu le jour dans les années 1850 aux États-Unis. Les recettes les plus populaires étaient le Brandy Smash et le Gin Smash. Un smash est l'équivalent d'un julep (▷ p. 30) préparé avec seulement deux ou trois feuilles de menthe fraîche pour être moins mentholé, et garni avec des tranches d'orange et des baies de saison.

> Les familles toujours en usage

BUCKS • Cette famille de short drinks fut inventée à Londres, vraisemblablement durant les années 1920, peut-être au Buck's Club. Un buck se prépare directement dans un verre rocks, avec des glaçons, et se compose d'une eau-de-vie, de jus de citron et de ginger ale (en faible quantité). On le garnit avec un zeste de citron.

COLADAS • Cette famille de long drinks fut inventée au début des années 1950 à Porto Rico. Les recettes les plus connues sont la Piña Colada (▷ p. 338) et le Blue Hawaiian (▷ p. 336). Un colada se prépare au shaker ou au mixeur et se sert dans un verre highball. Il se compose d'une eau-de-vie, d'un jus de fruit et de crème de coco.

COLLINS • Cette famille de long drinks est apparue aux États-Unis à la fin des années 1860 ; elle aurait été inventée au début des années 1800 par John Collins, qui était maître d'hôtel au Limmer's Coffee House à Londres,

Une des recettes les plus populaires est le John Collins (▷ p. 194). Un collins se prépare directement dans un verre highball, avec des glaçons, et se compose d'une eau-de-vie, de jus de citron, d'eau gazeuse et de sucre.

COOLERS • Cette famille de long drinks est apparue à la fin des années 1880 aux États-Unis. Le Cooler semble avoir été inventé pour promouvoir un appareil du même nom, permettant de servir le ginger ale bien frais. Une des recettes les plus populaires est le Remsen Cooler (▷ p. 192). Un cooler se prépare directement dans un verre highball, avec des glaçons, et se compose d'une eau-de-vie, de ginger ale et de sucre. Aujourd'hui, on utilise aussi le terme « cooler » pour désigner des boissons contenant des jus de fruits.

FIZZES • Cette famille de long drinks est apparue aux États-Unis dans les années 1870. Un Fizz se prépare au shaker, avec des glaçons, et se sert dans un verre highball. Une des recettes les plus populaires est le Gin Fizz (▷ p. 191). Un fizz se prépare comme un collins (▷ p. 29), mais il est moins acide car il comporte moins de jus de citron. Au départ, l'un et l'autre de ces deux long drinks étaient préparés au shaker (l'eau minérale gazeuse n'étant ajoutée qu'à la fin de la préparation), mais, de nos jours, ils sont élaborés selon deux méthodes différentes.

HIGHBALLS • Cette famille de long drinks a été inventée à New York dans les années 1890. La recette aurait été mise au point par Bradley Martin, et aurait ensuite été popularisée par Patrick Gavin Duffy. Une des recettes les plus populaires est le Brandy Highball (▷ p. 415). Un highball se prépare directement dans un verre highball, avec des glaçons, et se compose d'une eau-de-vie et d'une boisson gazeuse. Il est éventuellement garni avec un zeste de citron.

JULEPS • Cette famille de short drinks existait déjà aux États-Unis avant 1800. Les recettes les plus connues sont le Mint Julep (▷ p. 261) et le Mojito (▷ p. 311). Un julep se prépare directement dans un verre rocks, avec de la glace pilée, et se compose d'une eau-de-vie, de menthe fraîche et de sucre. Il peut également être préparé en long drink.

POUSSE-CAFÉ • Cette famille de short drinks, que l'on appelle aujourd'hui un shooter, était déjà populaire à La Nouvelle-Orléans dans les années 1840. Son origine est peut-être française. Un shooter se prépare directement dans un verre shot, et se compose de plusieurs eaux-de-vie et/ou liqueurs superposées sans être mélangées (▷ p. 94). Autrefois, on buvait les différentes couches l'une après l'autre. Les recettes les plus connues sont le Santina's Pousse-Café (▷ p. 449) et le B-52 (▷ p. 516).

PUNCHES • Cette famille de long drinks est apparue aux Antilles britanniques avant 1700, probablement à la Barbade. Les recettes les plus connues sont le Planter's Punch (▷ p. 315) et le Fish House Punch (▷ p. 353). Souvent, un jus de fruits remplace l'eau, en partie. Un punch, en long drink, se prépare directement dans un verre highball, avec de la glace pilée, et se compose, comme à l'origine, d'une eau-de-vie, d'un jus de citron vert, d'eau minérale plate (ou gazeuse par la suite) et de sucre (ou de sirop de grenadine par la suite). La recette initiale, qui comportait également des épices, était parfois servie chaude.

RICKEYS • Cette famille de long drinks fut inventée au Shoemaker's à Washington vers 1900. Un rickey se prépare directement dans un verre highball, avec des glaçons, et se compose d'une eau-de-vie, de citron vert et d'eau gazeuse.

SHOOTERS > Pousse-café.

SOURS • Cette famille de short drinks est originaire d'Angleterre où elle est apparue au milieu des années 1700. Une des recettes les plus connues est le Whiskey Sour (▷ p. 263). Un sour se prépare au shaker et se sert dans un verre rocks. Il se compose d'une eau-de-vie, de jus de citron et de sucre.

TODDIES • Cette famille de boissons chaudes serait originaire des Antilles britanniques, où elle était connue depuis les années 1760. Un toddy se prépare directement dans un verre toddy (résistant à la chaleur), et se compose d'une eau-de-vie, d'eau bouillante et de sucre. En France, cette boisson, additionnée de jus de citron, est connue sous le nom de Grog (▷ p. 354).

UN APERÇU CHRONOLOGIQUE

Des origines du cocktail à nos jours, voici en quelques dates l'histoire des recettes les plus célèbres et des grandes familles de cocktails.

Avant 1800

Famille punch	apparue à la fin du XVIIe siècle aux Antilles britanniques.	▶ p. 31
Fish House Punch	inventé en 1732 au Fish House de Philadelphie.	▶ p. 353
Grog	apparu vers 1740 dans la Royal Navy.	
Famille sour	apparue au milieu du XVIIIe siècle en Angleterre.	▶ p. 31
Famille toddy	apparue vers 1760 aux Antilles britanniques.	▶ p. 31
Famille egg nog	apparue peu avant 1800 aux États-Unis.	▶ p. 28
Famille julep	apparue peu avant 1800 aux États-Unis.	▶ p. 30
Famille sling	popularisée peu avant 1800 aux États-Unis.	▶ p. 29

1800-1810

Famille cobbler	apparue vers 1800 aux États-Unis.	▶ p. 27
Famille flip	popularisée vers 1800 en Angleterre.	▶ p. 28
Mint Julep	popularisé vers 1800 aux États-Unis, surtout dans les plantations du nord de la Virginie.	▶ p. 261

1820-1830

Famille sangaree	introduite vers 1820 aux États-Unis, en provenance des Antilles britanniques.	▶ p. 29

1840-1850

Famille crusta	inventée au début des années 1840 par Joseph Santini au City Exchange à La Nouvelle-Orléans.	▶ p. 28

Famille pousse-café	popularisée au début des années 1840 à La Nouvelle-Orléans.	▶ p. 31
Tom & Jerry	inventé en 1847 en Californie par Jerry Thomas.	▶ p. 356
Pink Gin	consommé dès 1848 par les marins de la Royal Navy.	▶ p. 180
Santina's Pousse-Café	inventé par Joseph Santina.	▶ p. 449

1850-1860

Blue Blazer	inventé au début des années 1850 par Jerry Thomas à l'Occidental Hotel de San Francisco	▶ p. 283
Famille fix	popularisée aux États-Unis.	▶ p. 28
Famille smash	popularisée aux États-Unis.	▶ p. 29
Japanese	inventé aux États-Unis ; attribué à Jerry Thomas.	▶ p. 447
Pimm's Cup	popularisé à Londres ; inventé par James Pimm.	▶ p. 509

1860-1870

How to Mix Drinks	publication en 1862 à New York du premier livre sur les cocktails, écrit par Jerry Thomas.	▶ p. 17
Lime juice cordial	invention en 1865 de ce jus de citron vert édulcoré par Lachlan Rose à Édimbourg.	
Famille collins	apparue aux États-Unis.	▶ p. 29

1870-1880

Sazerac	mis au point au début des années 1870 par Thomas H. Handy au Sazerac House à La Nouvelle-Orléans.	▶ p. 244
Famille daisy	apparue aux États-Unis.	▶ p. 28
Famille fizz	apparue aux États-Unis.	▶ p. 30

1880-1890

Martinez	inventé au début des années 1880 aux États-Unis ; attribué à Jerry Thomas.	▶ p. 178
Manhattan	apparu dès 1884 aux États-Unis ; son origine est inconnue.	▶ p. 241
East India	inventé en 1888 aux États-Unis ; attribué à Harry Johnson.	▶ p. 430
Spritzer	introduit vers 1888 aux États-Unis ; initialement appelé Rhine whine & Seltzer.	▶ p. 500
Bijou	inventé à la fin des années 1880 aux États-Unis ; attribué à Harry Johnson.	▶ p. 222
Turf	inventé entre 1888 et 1895 aux États-Unis ; attribué à Harry Johnson.	▶ p. 181
Black Velvet	popularisé aux États-Unis ; initialement appelé Champagne Velvet, aux États-Unis.	▶ p. 486
Horse's Neck	apparu aux États-Unis.	▶ p. 421
Ramos Gin Fizz	inventé par Henry C. Ramos à l'Imperial Cabinet Saloon à La Nouvelle-Orléans.	▶ p. 233

1890-1900

Stinger	apparu au début des années 1890 aux États-Unis ; initialement connu sous le nom de Judge Cocktail.	▶ p. 450
Famille highball	inventée entre 1890 et 1895 par Bradley Martin, à l'occasion d'une grande réception aux États-Unis.	▶ p. 30
Remsen Cooler	inventé avant 1895 par William Remsen, officier de marine, à l'Union Club de New York.	▶ p. 192
Daiquiri	inventé en 1898 par un groupe d'ingénieurs, à l'hôtel Vénus de Santiago de Cuba.	▶ p. 300
Bull's Eye	popularisé aux États-Unis.	▶ p. 530
Champagne Julep	inventé à New York ; attribué à William Schmidt.	▶ p. 469
Famille puff	apparue aux États-Unis.	▶ p. 28

1900-1910

Bronx	apparu entre 1899 et 1908 aux États-Unis ; attribué à Johnnie Soloon de l'hôtel Old-Waldorf Astoria de New York.	▶ p. 206
Pisco Punch	apparu vers 1900 aux États-Unis.	▶ p. 425
Lone Tree	inventé entre 1900 et 1904 au Myopia Hunt Club à Hamilton (Massachusetts).	▶ p. 177
Old-Fashioned	inventé entre 1900 et 1907 au Pendennis Club à Louisville (Kentucky).	▶ p. 242
Clover Club	inventé entre 1900 et 1908 à l'hôtel Bellevue-Stratford de Philadelphie pour les membres du club du même nom.	▶ p. 232
Famille rickey	inventée vers 1900 au Shoemaker's à Washington, pour le colonel Joe Rickey.	▶ p. 31
Grasshopper	apparu vers 1900 aux États-Unis ; attribué à Harry O'Brien du Palace Hotel de San Francisco.	▶ p. 522
Dry Martini	recette publiée pour la première fois en 1904 à Paris dans le livre American-Bar de Frank Newman.	▶ p. 169
Zaza	inventé entre 1904 et 1907 par Frank Newman au Grand Hôtel à Paris.	▶ p. 182
Rose	inventé en 1906 par Johnny Milta au Chatam à Paris.	▶ p. 412
Absinthe veilleuse	inventée avant 1908 à Paris par Paul Geoffroy.	▶ p. 493
Bamboo	inventé avant 1908 à Yokohama par Louis Eppinger.	▶ p. 496
Tomate à l'absinthe	inventée avant 1908 en France.	▶ p. 501
Jack Rose	inventé à New York ; il aurait été créé pour Jacob Rosenzweig, surnommé Bald Jack Rose.	▶ p. 422

1910-1920

Singapore Sling	inventé entre 1910 et 1915 par NgiamTong Boon à l'hôtel Raffles à Singapour.	▶ p. 201
Ward Eight	inventé entre 1918 et 1922 aux États-Unis, peut-être dans le 8e district de Washington qui porte ce même nom.	▶ p. 269

1920-1930

Pussy Foot	inventé en 1920 par Robert Vermeire à Londres.	▶ p. 570
Whiz-Bang	inventé en 1920 par Tommy Burton au Sports' Club de Londres.	▶ p. 247
Mary Pickford	inventé entre 1920 et 1926 par Fred Kaufman à Cuba.	▶ p. 335
Royal Highball	inventé en 1921 par Frank Meier, pour l'ouverture du bar Cambon de l'hôtel Ritz.	▶ p. 479
Alexander	inventé en 1922 par Harry McElhone au Ciro's à Londres ; initialement appelé Princess Mary.	▶ p. 231
Bloodhound	introduit en 1922 à Londres par le duc de Manchester.	▶ p. 166
Florida	popularisé en 1922 à Londres.	▶ p. 531
Monkey Gland	inventé avant 1922 par Harry McElhone.	▶ p. 212
Paradise	popularisé en 1922 à Londres.	▶ p. 215
Queen Cocktail	inventé en 1922 par Harry Craddock à New York.	▶ p. 216
Side-Car	introduit en 1922 à Londres par McGarry, le chef-barman du Buck's Club.	▶ p. 427
White Lady	inventé entre 1922 et 1923 en France, probablement à l'hôtel Carlton de Cannes.	▶ p. 204
Scoff-Law	inventé en 1924 par Jock au Harry's Bar à Paris.	▶ p. 245
French 75	inventé en 1925 par Harry McElhone au Harry's Bar à Paris.	▶ p. 471

Mimosa	inventé en 1925 à Paris, et attribué au bar de l'hôtel Ritz.	▶ p. 477
Blue Bird	inventé en 1927 par Frank Meier.	▶ p. 186
Claridge	inventé avant 1927 par Léon, barman de l'hôtel Claridge à Paris.	▶ p. 168
Diabola	inventé avant 1927 par Frank Newman à Paris.	▶ p. 170
Acacias	inventé en 1928 par mademoiselle Doudjam pour un concours de cocktails amateur à Biarritz.	▶ p. 219
Americano	popularisé en France, en provenance d'Italie où il a été inventé avant 1928.	▶ p. 495
Frozen Daiquiri	inventé entre 1928 et 1930 par Constantino Ribalaigua Vert au Florida à Cuba.	▶ p. 304
Negroni	inventé avant 1929 par Albert du Chatam à Paris sous le nom Camparinete.	▶ p. 499
Famille buck	inventé probablement à Londres par McGarry au Buck's Club.	▶ p. 29
Alfonso	popularisé en France pendant la visite du roi d'Espagne Alphonse III à Deauville.	▶ p. 458
Commodore	apparu aux États-Unis ; attribué à Phil Gross qui officiait à Cincinnati.	▶ p. 250
Depth Bomb	inventé en Angleterre.	▶ p. 418
Mojito	apparu à Cuba ; il ne comporte alors pas de bitters.	▶ p. 311
Presidente	inventé par Constantino Ribalaigua Vert au Florida à Cuba.	▶ p. 287

1930-1940

Macka	inventé au début des années 1930 en France, probablement au bar Basque à St-Jean-de-Luz.	▶ p. 195
Olympic	inventé entre 1930 et 1934 par Frank Meier au bar de l'hôtel Ritz à Paris.	▶ p. 432

Bee's Knees	inventé entre 1930 et 1936 par Frank Meier au bar de l'hôtel Ritz à Paris.	▶ p. 221
Red Lion	inventé en 1933 par Arthur A. Tarling à Londres.	▶ p. 218
Cuba libre	première publication en 1935 de la recette aux États-Unis par Albert S. Crockett dans son livre *The Old-Waldorf Astoria Bar Book.*	▶ p. 299
B & B	apparu probablement en 1937 à New York ; attribué au Club 21.	▶ p. 433
Black Rose	inventé avant 1936 par Frank Meier au bar de l'hôtel Ritz à Paris.	▶ p. 293
Green Hat	inventé avant 1936 par Frank Meier au bar de l'hôtel Ritz à Paris.	▶ p. 192
Highbinder	inventé avant 1936 par Frank Meier au bar de l'hôtel Ritz à Paris.	▶ p. 445
Prince of Wales	apparu en 1936 en France ; attribué à Jack Van Land au Harry's Bar du Touquet.	▶ p. 490
Bloody Mary	première publication de la recette en 1939, sous le nom de Mary Rose, à Cuba.	▶ p. 158
Hemingway Special	inventé en 1939 par Antonio Melan à Cuba, pour Ernest Hemingway.	▶ p. 305
Pink Daiquiri	inventé en 1939 à Cuba ; également connu sous le nom de Daiquiri n° 5.	▶ p. 314
Doctor Funk	inventé par Don The Beachcomber en Californie.	▶ p. 302
Floridita Daiquiri	inventé par Benjamin Orbon au Florida à Cuba.	▶ p. 303
Hurricane	inventé au Pat O'Brien à La Nouvelle-Orléans.	▶ p. 331
Marama Rum Punch	inventé par Don The Beachcomber en Californie.	▶ p. 310
Pearl Diver	inventé par Don The Beachcomber en Californie.	▶ p. 337
Zombie	inventé par Don The Beachcomber en Californie.	▶ p. 345

1940-1950

Moscow Mule	inventé en 1941 probablement au restaurant le Cock'n'Bull à Hollywood.	▶ p. 128
Irish Coffee	inventé en 1943 par Joe Sheridan à l'aéroport de Foynes en Irlande.	▶ p. 284
Mai Tai	recette attribuée à Trader Vic qui l'aurait inventée en 1944.	▶ p. 309
Scorpion	publication en 1946 de la recette par Trader Vic, qui l'a inventé à Oakland (Californie).	▶ p. 341
Vodka Martini Extra-Dry	apparu dès 1946 au Stork Club de New York.	▶ p. 109
Bellini	inventé en 1948 au Harry's Bar de Venise par Arrigo Cipriani.	▶ p. 474
El Diablo	première publication de la recette à la fin des années 1940 aux États-Unis.	▶ p. 366
Red Snapper	première publication du nouveau nom donné au Bloody Mary à l'hôtel St-Régis à New York.	▶ p. 234

1950-1960

Black Russian	inventé vers 1950 probablement par Gustave Tops à l'hôtel Métropole de Bruxelles.	▶ p. 152
Piña Colada	apparue au début des années 1950 à Porto Rico ; attribuée à Ramon Marrero Perez, barman à l'Hotel Caribe Hilton.	▶ p. 338
Tamanaco Dry	inventé au début des années 1950 par Jacques Hébrard à l'hôtel Tamanaco à Caracas ; initialement connu sous le nom de Jack'artini.	▶ p. 203
Kir	nouveau nom donné en 1951 au blanc-cassis inventé en 1904 à Dijon.	▶ p. 498
Golden Dream	inventé par Le Roy Sharon au Marineland (Californie).	▶ p. 521

1960-1970

Blue Lagoon	inventé en 1960 par Andy McElhone au Harry's Bar à Paris.	▶ p. 113
Screwdriver	diffusion importante au début des années 1960 aux États-Unis.	▶ p. 146
Harvey Wallbanger	apparu entre 1968 et 1970 en Californie ; attribué au Pancho's Bar à Manhattan Beach.	▶ p. 140
Tequila Sunrise	inventé à la fin des années 1960 aux États-Unis.	▶ p. 391
Banana Daiquiri	inventé par Trader Vic.	▶ p. 325
Bossa Nova	inventé par Cecil E. Roberts à l'hôtel Nassau Beach aux Bahamas.	▶ p. 327
Joe Kanoo	inventé par D.R. Lunan à l'hôtel Sheraton de Kingston ; initialement connu sous le nom de Jonkanoo Screwdriver.	▶ p. 334
Margarita	popularisé aux États-Unis ; son origine est inconnue.	▶ p. 369
Montego Bay	inventé par Trader Vic.	▶ p. 312
Mulata	inventé à Cuba et attribué à José Maria Vasquez.	▶ p. 349

1970-1980

Blue Hawaiian	inventé au début des années 1970 aux États-Unis.	▶ p. 336
Cape Codder	inventé au début des années 1970 aux États-Unis.	▶ p. 117

1980-1990

Apple Sunrise	inventé en 1980 par Charles Schumann à Munich.	▶ p. 428
Midnight Moon	inventé en 1982 par Colin Peter Field à Paris.	▶ p. 487
Aristo	inventé en 1984 par Duschan Tistler à Passau en Allemagne.	▶ p. 321
Carol Channing	inventé en 1984 par Dick Bradsell à Londres.	▶ p. 461

Creativity	inventé en 1984 par Peter Roth à Zurich.	▶ p. 251
Lady Killer	inventé en 1984 par Peter Roth au Kronenhalle Bar à Zurich.	▶ p. 210
Basic	inventé en 1986 par Duschan Tistler à Passau en Allemagne.	▶ p. 505
Long Island Iced Tea	inventé entre 1980 et 1987 au Balboa Café à San Francisco.	▶ p. 127
Purple Hooter	inventé entre 1980 et 1987 au Balboa Café à San Francisco.	▶ p. 131
Sex on the Beach # 2	inventé entre 1980 et 1987 au Balboa Café à San Francisco.	▶ p. 148
Bramble	inventé par Dick Bradsell à Londres.	▶ p. 187
Fuzzy Navel	apparu à San Francisco ; attribué au Pat O'Shea's Mad Hatter.	▶ p. 511

Depuis 1990

Black Widow	inventé en 1992 à New York par Dale DeGroff, auteur de *The Craft of the Cocktail.*	▶ p. 346
Woo Woo	inventé avant 1993 au Julie's Supper Club à San Francisco.	▶ p. 150
Apple Pilar	inventé en 1994 par Colin Peter Field à Paris.	▶ p. 526
Serendipiti	inventé en 1994 par Colin Peter Field à Paris.	▶ p. 482
Añejo Highball	inventé en 1995 par Dale DeGroff à New York, auteur de *The Craft of the Cocktail.*	▶ p. 290
Burgos	inventé en 1995 par Colin Peter Field à Paris.	▶ p. 439
Ginger Champagne	inventé en 1995 par Colin Peter Field à Paris (ou Benderitter).	▶ p. 463
Beam Me Up Scotty	inventé en 1996 par Willi Haase au Hudson Bar à Berlin.	▶ p. 265
Cable Car	inventé en 1996 à San Francisco par Tony Abou-Ganim.	▶ p. 295
Dusty Rose	inventé en 1996 à New York par Dale DeGroff, auteur de *The Craft of the Cocktail.*	▶ p. 519

Tropicana	inventé en 1996 par Willi Haase au Hudson Bar à Berlin.	▶ p. 343
Fiesta	inventé en 1997 par Colin Peter Field à Paris.	▶ p. 104
Espresso Martini	inventé en 1998 par Dick Bradsell à Londres.	▶ p. 121
Just Try	inventé en 1998 par Mauro Mahjoub au Negroni Bar à Munich.	▶ p. 227
Agave Punch	inventé en 1999 à New York par Dale DeGroff, auteur de *The Craft of the Cocktail*.	▶ p. 377
Baccarat	inventé en 1999 par Peter Roth à Zurich.	▶ p. 323
Breakfast Martini	inventé en 1999 à Londres par Salvatore Calabrese, auteur de *Classic Cocktails*.	▶ p. 188
Betty Blue	inventé en 2000 par Mauro Mahjoub au Negroni Bar à Munich.	▶ p. 151
G.G.	inventé en 2000 à Londres par Salvatore Calabrese, auteur de *Classic Cocktails*.	▶ p. 194
Apple Martini	apparu vers 2000 aux États-Unis, sans doute à New York (variante européenne présentée en recette).	▶ p. 136
French Spring Punch	inventé entre 2000 et 2003 par Dick Bradsell à Londres.	▶ p. 480
Russian Spring Punch	inventé entre 2000 et 2003 par Dick Bradsell à Londres.	▶ p. 480
Treacle	inventé entre 2000 et 2003 par Dick Bradsell à Londres.	▶ p. 289
Clockwork Orange	inventé en 2001 par Colin Peter Field à Paris.	▶ p. 119
Delmarva	inventé en 2001 à Los Angeles par Ted Haigh, connu sous le pseudonyme de « Dr. Cocktail ».	▶ p. 271
Jam Daiquiri	inventé en 2001 par Rafael Ballesteros à Valence (Espagne).	▶ p. 333
Meringue	inventé en 2001 par Ted Haigh à Los Angeles.	▶ p. 472
Evolution	inventé en 2002 par Rafael Ballesteros à Valence (Espagne).	▶ p. 224
Francis the Mule	inventé en 2002 par Ted Haigh à Los Angeles.	▶ p. 252

Gotham	inventé en 2002 à Seattle, Washington, par Robert Hess, également connu sous le pseudonyme de « Drinkboy ».	▶ p. 410
Jaizkibel	inventé en 2002 par Rafael Ballesteros à Valence (Espagne).	▶ p. 193
Twistin	inventé en 2002 par Peter Roth à Zurich.	▶ p. 276
European Beauty	inventé en 2003 par Rafael Ballesteros à Valence (Espagne).	▶ p. 238
Hondarribia	inventé en 2003 par Rafael Ballesteros à Valence (Espagne).	▶ p. 240
Lemony Snicket	inventé en 2003 par Ted Haigh à Los Angeles.	▶ p. 228
Cosmopolitan	inventé au Julie's Supper Club à San Francisco.	▶ p. 102
Playa del Mar	inventé au Navajoe Joe à Londres.	▶ p. 389

Créations de Fernando Castellon

1997	Maxim's Coffee (à Bruxelles)	▶ p. 456
1999	Apple Sparkle (en France)	▶ p. 527
	Chocolate Bliss (à Londres)	▶ p. 435
	Mango Sparkle (en France)	▶ p. 535
2000	Asian Passion (en France)	▶ p. 528
	Dee-Light (à Sydney)	▶ p. 417
	El Ultimo (à Bogota)	▶ p. 431
	Passion Cooler (en France)	▶ p. 536
2001	Amber Twist (à Séoul)	▶ p. 408
2002	Cassisina (en France)	▶ p. 118
	Cranberry Colada (en France)	▶ p. 547
	Milky Mango (en France)	▶ p. 565
	My Sky (en France)	▶ p. 552
	Planter's Punchless (en France)	▶ p. 537
	Purple Pash (en France)	▶ p. 538
	Redwood (en France)	▶ p. 288
2003	Berry Blush (en France)	▶ p. 112
	Bounty Boat (en France)	▶ p. 437

LES INGRÉDIENTS DU BAR

Qu'ils soient alcoolisés ou non, l'ensemble des composants utilisés pour la préparation des recettes proposées dans ce livre sont présentés ici, selon leur nature. Sans oublier les éléments de décoration, toujours très appréciés, et les glaçons, dont le rôle est primordial. En fin de chapitre figure un tableau récapitulatif de tous les ingrédients, répartis en fonction des besoins des différents utilisateurs : débutant, amateur ou professionnel.

> Les eaux-de-vie

Nombreuses et variées sont les eaux-de-vie qui servent de base à la préparation des cocktails. Elles sont présentées en suivant le même ordre que dans les chapitres de recettes : eaux-de-vie de céréales, puis eaux-de-vie de plantes et, enfin, eaux-de-vie de vin. Pour plus de précisions, on pourra se reporter au chapitre consacré à leur élaboration (▷ p. 574).

VODKA • Cet alcool blanc est obtenu par distillation d'un jus fermenté principalement à base de pomme de terre, de seigle ou encore d'un mélange de céréales. Le degré de 96 % Vol. obtenu après distillation entraîne la perte de la quasi-totalité des arômes provenant de la matière première utilisée. La filtration permet de réduire encore la présence des arômes résiduels. Le degré alcoolique est ensuite réduit à 40 % Vol. par adjonction d'eau. La vodka est qualifiée, à juste titre, d'alcool neutre. Mais certaines vodkas, peu utilisées dans les cocktails, sont aromatisées avec des fruits ou des plantes. C'est le cas des vodkas aromatisées au citron, au cassis ou à l'herbe de bison.

GIN • Cette eau-de-vie obtenue, en général, à partir de céréales est à la base de nombreux cocktails. Le gin ordinaire est un alcool neutre aromatisé avec un extrait de genièvre.

■ **London gin** Le London gin, qui peut être produit partout dans le monde, est distillé avec des baies de genièvre et d'autres aromates (graines de cardamome, racines d'angélique, graines de coriandre, etc.).

■ **Plymouth gin** Ce gin est, lui aussi, distillé avec des baies de genièvre et d'autres aromates, mais il ne peut être élaboré qu'à Plymouth en Angleterre. Il bénéficie à ce titre d'une appellation d'origine.

WHISKYS ÉCOSSAIS ● Pour être qualifié d'écossais, le whisky doit être produit en Écosse et y avoir vieilli au minimum trois ans en barrique.
■ **Scotch whisky (single malt)** Le single malt est élaboré à partir d'orge maltée uniquement, dont une partie a été séchée sur un feu de tourbe. Après une double distillation, il subit un vieillissement en barrique pendant au moins trois ans. Les arômes du malt sont plus complexes que ceux du blend.
■ **Scotch whisky (blend)** Le blend résulte d'un mélange de « malt whisky » (whisky de malt) et de « grain whisky » (whisky de grain). Il est plus léger en goût que le whisky de malt.

WHISKEYS IRLANDAIS ● Parmi les whiskeys irlandais, on distingue le « pure pot still », issu d'un mélange d'orge maltée et d'orge non maltée, et le « single grain » à base d'autres céréales. Après une triple distillation, l'Irish whiskey subit un vieillissement de trois ans.

WHISKEYS AMÉRICAINS ● De nombreuses recettes de cocktails ont pour base un bourbon, un rye whiskey ou un Tennessee whiskey.
■ **Straight bourbon** Le straight bourbon, élaboré à partir d'un mélange de céréales où le maïs est majoritaire, ne peut être produit qu'aux États-Unis. Après double ou triple distillation, il doit vieillir au moins deux ans dans des barriques neuves, brûlées à l'intérieur.
■ **Straight rye** Ce whiskey américain est élaboré comme le straight bourbon, mais la céréale dominante est le seigle.
■ **Straight Tennessee whiskey** Ce whiskey est élaboré à partir d'un mélange de céréales dont l'une est majoritaire (maïs en général). Il doit être produit dans l'État du Tennessee. Après une double distillation, l'eau-de-vie obtenue est filtrée sur charbon de bois d'érable, afin d'atténuer certains arômes, puis vieillit au minimum deux ans dans des barriques neuves, brûlées à l'intérieur.
■ **Canadian whisky** Le whisky canadien est élaboré à partir d'un mélange de céréales (où domine généralement le seigle). Après une distillation simple,

il vieillit pendant au moins trois ans. Le whisky produit au Canada est commercialisé sous plusieurs dénominations : Canadian whisky, Canadian rye whisky, ou simplement rye whisky. Mais l'expression « straight rye » est réservée au rye whiskey produit aux États-Unis.

RHUMS ■ **Rhum portoricain** Ce rhum, de type hispanique, est élaboré à partir de la mélasse, sous-produit du raffinage du sucre de canne. Le rhum portoricain, distillé en colonnes multiples, est filtré afin d'obtenir un goût léger, peu marqué.

■ **Rhum cubain** Ce rhum est élaboré de la même façon que le rhum portoricain, mais il est produit à Cuba, d'où le processus de fabrication est originaire.

■ **Rhum jamaïcain** Ce rhum, également issu de mélasse de canne à sucre, et distillé en colonne simple, est le plus souvent vieilli dans des fûts ayant contenu du « straight bourbon », ce qui lui donne un goût boisé.

■ **Rhum agricole** Principalement produit aux Antilles françaises, le rhum agricole est distillé à partir du vesou, jus de la canne à sucre. Le rhum agricole est le plus aromatique des rhums. Celui de la Martinique bénéficie d'une appellation d'origine contrôlée (AOC). Selon la durée de son vieillissement, le rhum agricole, comme les divers rhums de sucrerie, peut être blanc, ambré, vieux, etc.

■ **Cachaça** Cette eau-de-vie brésilienne est produite à partir de mélasse ou de jus de canne à sucre. C'est pourquoi l'on trouve des variétés de cachaça qui se rapprochent des rhums agricoles.

TEQUILA • La tequila est une eau-de-vie mexicaine, élaborée à partir d'une plante tropicale, l'agave. Le mot tequila employé seul désigne une tequila mixte comprenant au minimum 51 % d'agave. La tequila 100 % agave est élaborée uniquement à partir de la variété d'agave *A. tequilana* Weber bleue. Les termes « gold » ou « joven abocado » désignent une tequila colorée et adoucie.

■ **Tequila blanco** La tequila blanco (ou silver) n'a subi aucun vieillissement.

■ **Tequila reposado** Elle est restée au moins deux mois en foudre ou en barrique.

■ **Tequila añejo** Elle a subi un vieillissement d'au moins un an en barrique. Le vieillissement dépasse rarement les huit à dix ans, car le goût amer de l'eau-de-vie s'amplifie avec le temps.

BRANDYS ■ **Cognac** Plus connu dans de nombreux pays sous le nom de brandy, le cognac est produit dans la région des Charentes et est élaboré à partir de vin blanc. Après une double distillation en alambic simple, l'eau-de-vie doit vieillir au moins deux ans et demi en barrique. Le cognac est une appellation d'origine contrôlée (AOC) et sa production (récolte, distillation, vieillissement) doit s'effectuer exclusivement dans la zone délimitée.
■ **Pisco** Cette eau-de-vie est élaborée au Chili à partir de vin blanc. On l'appelle le brandy chilien. Après sa distillation, le pisco est commercialisé à des degrés alcooliques différents (35, 40 ou 45 % Vol.), vieilli (deux mois au minimum) ou non. Une eau-de-vie, également dénommée pisco, est produite au Pérou, mais son goût et son processus de production sont différents.
■ **Calvados** Cette eau-de-vie française est produite à partir de cidre (et de 30 % de jus de poire pour le calvados Domfrontais). La zone de production du calvados AOC est délimitée principalement en Basse-Normandie. Le calvados Pays d'Auge AOC est essentiellement produit dans le département du Calvados et, après une double distillation, il subit un vieillissement d'au moins deux ans. Le calvados Domfrontais AOC doit vieillir plus de trois ans.
■ **Kirsch** Cette eau-de-vie de cerise est produite principalement en France, en Suisse et en Allemagne. Après la distillation, le kirsch est mis à vieillir plusieurs mois, en bombonne de verre.

> Les vins, les apéritifs, les amers, les anisés, etc.

Outre les eaux-de-vie, obtenues par distillation, d'autres boissons alcoolisées interviennent dans les recettes de cocktails. Certaines d'entre elles, comme le champagne, le vin ou le porto, sont connues dans le monde entier ; d'autres correspondent à des appellations ou à des marques commerciales régionales. Elles sont présentées dans l'ordre alphabétique.

ANGOSTURA BITTERS • Cet amer concentré, inventé en 1824 par le docteur Siegert à Ciudad Bolivar (autrefois Angostura) au Venezuela, est produit de nos jours à Trinidad, dans les Antilles britanniques. Il s'agit d'un rhum aromatisé à la gentiane et aux extraits de plantes et d'épices (44,7 % Vol.).

BIÈRE • Cette boisson universelle résulte de la fermentation d'un moût à base d'orge, additionné de houblon. Elle titre 4 à 7 % Vol. La bière blonde, ou lager, est la plus répandue. En Grande-Bretagne et en Irlande, « ale » désigne une bière rousse, « stout » une bière brune.

CAMPARI • Cet amer (bitter), inventé par Gaspare Campari à Milan dans les années 1860, est parfumé avec des extraits de racines, de fruits et d'aromates, et coloré en rouge (25 % Vol.).

CHAMPAGNE • Issu de raisins noirs et/ou blancs, le champagne est un vin effervescent obtenu à la suite d'une seconde fermentation en bouteille. Il est produit en France dans une zone d'appellation délimitée de Champagne (environ 12 % Vol.). Pour la préparation des cocktails, on utilise de préférence du brut.

DUBONNET • Ce vin aromatisé, de couleur rouge et au goût amer, fut inventé à Paris en 1846 par Joseph Dubonnet. Il titre 14,8 % Vol. Un autre Dubonnet rouge et un Dubonnet blanc, qui titrent 19 % Vol., ont ensuite été créés pour le marché américain.

FERNET-BRANCA • Cet amer (bitter) fut inventé à Milan en 1845 par Bernardino Branca. Le Fernet-Branca, dont l'amertume est très marquée, est obtenu par macération de plus de 40 plantes officinales et herbes aromatiques (aloès, camomille, gentiane, quinquina, safran, sauge, etc.) dans de l'alcool neutre. Il titre 40 % Vol.

ORANGE BITTERS • Cet amer concentré est un alcool neutre aromatisé avec des extraits de bigarade, d'où son goût d'orange amère (30 à 40 % Vol.). La principale marque commerciale en France est Riemerschmidt.

PERNOD • Ce spiritueux au goût d'anis fut créé par les maisons Pernod & Fils et Hémard en 1922, année où la production de spiritueux anisés était autorisée, après l'interdiction de l'absinthe en 1915 (45 % Vol.). Le goût du Pernod est différent de celui d'un pastis.

PEYCHAUD'S BITTERS • Cet amer concentré fut inventé par Antoine A. Peychaud à La Nouvelle-Orléans dans les années 1830, à partir d'une recette familiale qui remonterait à 1793 et toujours gardée secrète (30 % Vol.).

PIMM'S • Cet amer (bitter), inventé à Londres dans les années 1840, fut commercialisé à partir de 1859. Le Pimm's n° 1 est obtenu par l'aromatisation d'un gin avec des plantes et des épices (25 % Vol.).

PORTO • Le porto est un vin, muté à l'eau-de-vie de vin, issu des vignobles de la vallée du Douro au Portugal (environ 20 % Vol.). L'ensemble de la production est traité dans les chais implantés dans la ville de Porto. Avant vieillissement, on procède à un assemblage soit entre plusieurs vins d'une même récolte pour obtenir les qualités « vintage » et « late bottled vintage » (LBV) ; soit entre différentes récoltes pour les qualités « ruby » et « tawny ».

SPIRITUEUX AUX PLANTES D'ABSINTHE • Ce spiritueux est obtenu par l'aromatisation d'un alcool neutre avec un extrait d'absinthe (45 à 70 % Vol.). Les substances nocives qui avaient occasionné, en 1915, l'interdiction de l'absinthe sont maintenant réduites à d'infimes proportions.

VERMOUTH • Les origines italiennes de cet apéritif à base de vin remontent au XVIIe siècle.

- **Vermouth dry** Ce vermouth sec (50 à 60 g de sucre/l), de couleur claire, est obtenu par l'aromatisation, avec des plantes (dont l'absinthe) plus ou moins amères, d'un vin blanc additionné d'alcool neutre. Il titre 14,5 à 22 % Vol.
- **Vermouth rosso** Ce vermouth doux (100 à 150 g de sucre/l) obtenu, comme le vermouth dry, à partir de vin blanc, est coloré avec du caramel. Le vermouth rosso titre également 14,5 à 22 % Vol.

VIN • Quelques vins sont utilisés dans les cocktails. Il s'agit notamment de vin blanc de type aligoté pour la préparation du célèbre Kir (▷ p. 498), de bordeaux rouge pour le vin chaud et de vin rouge un peu corsé pour la Sangria (▷ p. 513).

XÉRÈS • Le xérès (appelé *jerez* en espagnol et *sherry* en anglais) est un vin blanc, muté à l'eau-de-vie de vin, produit en Andalousie, au sud de l'Espagne. Il titre environ 15 % Vol. L'élaboration du xérès obéit à des techniques traditionnelles. À côté des finos, secs et légers, on trouve les olorosos, plus colorés et plus puissants.

> Les liqueurs

Les liqueurs sont généralement obtenues par la distillation d'un alcool neutre ou d'une eau-de-vie dans lesquels des fruits, des plantes, des épices et/ou des écorces ont macéré pendant quelques semaines. Les crèmes sont des liqueurs à forte teneur en sucre (250 g de sucre/l).

AMARETTO • Cette liqueur, spécialité italienne, est obtenue par la macération d'amandes de noyaux d'abricot et d'alcool, avec addition d'eau et de sucre (25 à 28 % Vol.). La marque la plus connue est Amaretto Disaronno, créée en 1817.

APRICOT BRANDY • Cette liqueur est obtenue par la macération d'abricots dans une eau-de-vie de vin, avec addition d'au moins 100 g de sucre/l (24 à 30 % Vol.).

BANANE (CRÈME DE) • La crème de banane résulte de l'aromatisation d'un alcool neutre avec un extrait de banane élaboré à partir de peaux de bananes, coloré en jaune, et contenant au moins 250 g de sucre/l (24 à 30 % Vol.).

BÉNÉDICTINE • Cette liqueur à base de plantes et d'aromates, élaborée

CACAO (CRÈME DE) • La crème de cacao résulte de l'aromatisation d'un alcool neutre par un extrait de cacao, coloré en brun ou non, et contient au moins 250 g de sucre/l (24 à 30 % Vol.).

CAFÉ (LIQUEUR DE) • La liqueur de café résulte de l'aromatisation d'un alcool neutre par un extrait de café coloré en brun et contient au moins 100 g de sucre/l (24 à 26,5 % Vol.).

CASSIS (CRÈME DE) • La crème de cassis, spécialité de Dijon depuis 1845, est obtenue à partir d'une macération de baies de cassis dans de l'alcool neutre, avec addition d'eau et d'au minimum 400 g de sucre/l (15 à 20 % Vol.).

CHARTREUSE • La liqueur des pères chartreux, inspirée d'une recette du début du XVIIe siècle, est aromatisée avec des extraits de plus d'une centaine de plantes et d'épices. On distingue la Chartreuse verte (55 % Vol.), créée en 1764, et la Chartreuse jaune (40 % Vol.), mise au point en 1838.

CHERRY BRANDY • Cette liqueur est obtenue par la macération de cerises dans une eau-de-vie de vin, avec addition d'au moins 100 g de sucre/l (24 à 30 % Vol.). Les marques les plus connues sont Cherry Heering, créée au Danemark en 1818 (24,7 % Vol.), et Cherry Rocher, mise au point au milieu du XIXe siècle à La Côte-Saint-André, en Isère (24 % Vol.).

COCO (LIQUEUR DE) • La liqueur de coco résulte de l'aromatisation d'un rhum (ou d'un alcool neutre) par un extrait aromatique de noix de coco, avec au moins 100 g de sucre/l (20 à 24 % Vol.). La marque la plus connue est Vedrenne.

CURAÇAO • Le curaçao est une liqueur d'orange élaborée à l'origine par les Hollandais avec l'écorce de bigarades importées de l'île de Curaçao (Antilles néerlandaises).

■ **Curaçao triple sec** Il résulte de l'aromatisation d'un alcool neutre par un extrait d'écorces d'oranges douces et amères (35 à 40 % Vol.).

■ **Curaçao bleu** Il s'agit d'un curaçao triple sec réduit à 25 % Vol. environ et coloré en bleu.

Curaçao orange C est un curaçao triple sec réduit à 30 % Vol. environ et
oloré en orange avec du caramel.

RAMBUIE • Cette liqueur, dont les origines remontent au XVIIIe siècle, ésulte d'un assemblage de whiskys de malt et de whiskys de grain écossais romatisé avec des épices, et sucré avec du miel de bruyère (40 % Vol.). Elle ut commercialisée à partir de 1909 par Malcolm Mackinnon, mais la recette este, bien entendu, secrète.

RAISE (CRÈME DE) • La crème de fraise est obtenue à partir d'une nacération de fraises dans de l'alcool neutre, avec addition d'eau et d'au ninimum 250 g de sucre/l (15 à 20 % Vol.).

RAMBOISE (CRÈME DE) • La crème de framboise est obtenue par la nacération de framboises dans de l'alcool neutre, avec addition d'eau et d'au ninimum 250 g de sucre/l (15 à 20 % Vol.).

ALLIANO • Cette liqueur fut inventée en Toscane en 1896 par Arturo accari. Elle est obtenue par l'aromatisation d'un alcool par des extraits de lantes (badiane, lavande, vanille, etc.), et colorée en jaune (30 % Vol.).

RAND MARNIER CORDON ROUGE • Inventée en 1880, cette liqueur st l'alliance de parfum d'oranges bigarades et de cognacs rigoureusement électionnés (40 % Vol.).

RISH CREAM • Cette liqueur crémeuse d'origine irlandaise est obtenue partir de whiskey irlandais, de crème fraîche et de cacao (17 % Vol.). La narque la plus connue est Baileys, qui inventa cette nouvelle catégorie de iqueur en 1974 à Dublin.

RUPNIK • Cette liqueur traditionnelle polonaise résulte de l'aromatisation d'une vodka par des épices avec addition de miel (40 % Vol.).

IMONCELLO • Cette liqueur italienne, produite dans la région d'Amalfi, st obtenue par la macération de zestes de citron dans de l'alcool neutre, avec addition d'eau et de sucre (30 % Vol.). La marque de référence Limoncello di Capri a été créée en 1988.

LITCHI (LIQUEUR DE) • La liqueur de litchi est obtenue en aromatisant un alcool neutre par un extrait de litchi avec au moins 100 g de sucre/l (20 à 24 % Vol.).

MANZANA VERDE • D'origine espagnole, cette liqueur d'invention récente est obtenue en aromatisant un alcool neutre avec un extrait de pomme verte (granny smith), qui contient au moins 100 g de sucre/l (18 à 20 % Vol.). En anglais, elle est appelée Apple Schnapps. Les principales marques commerciales de manzana verde en France sont Izarra et Vedrenne.

MARASQUIN (LIQUEUR) • Cette liqueur d'origine italienne (liqueur Maraschino) fut mise au point à Zara (l'actuelle Zadar en Croatie) en 1821 par Girolamo Luxardo. Elle est obtenue par la distillation d'un moût fermenté de marasque, variété de cerise amère, puis additionnée d'au moins 100 g de sucre/l (30 à 32 % Vol.). La marque de référence est toujours Luxardo.

MELOCOTON • Cette liqueur, obtenue en aromatisant un alcool neutre avec un extrait de pêche, contient au moins 100 g de sucre/l (18 à 20 % Vol.). Ce type de liqueur est également appelé « peach schnapps » en anglais. Les principales marques commerciales de melocoton en France sont Archer's et Vedrenne.

MELON (LIQUEUR DE) • La liqueur de melon verte, obtenue en aromatisant un alcool neutre avec un extrait de melon d'hiver (à chair jaune ou verdâtre), contient au moins 100 g de sucre/l (20 à 25 % Vol.). C'est la marque japonaise Midori qui a créé la liqueur de melon verte en 1978.

MENTHE (CRÈME DE) • La crème de menthe (blanche ou verte) est une liqueur, d'origine anglaise, qui s'est popularisée au XVIIIe siècle. Elle est obtenue par l'aromatisation d'un alcool neutre avec un extrait de menthe, puis sucrée et souvent colorée en vert (21 à 24 % Vol.). Le Get 27 est une crème de menthe verte, tandis que le Get 31 est incolore.

MÛRE (CRÈME DE) • La crème de mûre est une liqueur obtenue par la macération de mûres dans de l'alcool neutre, avec addition d'eau et de sucre à 250 g/l (15 à 20 % Vol.).

SOUTHERN COMFORT • Cette liqueur fut inventée à La Nouvelle-Orléans en 1874 par M.W. Heron, et commercialisée dès 1889. Elle est obtenue par l'aromatisation d'un whiskey américain avec des ingrédients tenus secrets, et contient au moins 100 g de sucre/l (40 % Vol.).

> Les jus et les nectars de fruits

Parmi les ingrédients non alcoolisés qui entrent dans la préparation des cocktails, les jus et les nectars de fruits tiennent une place de choix. Ils sont commercialisés avec des étiquettes qui comportent des mentions précises sur leur composition et leur mode de fabrication. Quand on a le choix, il est préférable d'opter pour des « jus de fruits frais ».

JUS DE FRUITS FRAIS • Ces jus de fruits, le plus proches des jus pressés « maison », sont vendus au rayon réfrigéré du commerce avec une date limite de consommation de 14 jours, et doivent être consommés dans les 2 jours après ouverture. Ils sont produits à partir d'une simple pression des fruits et mis en bouteille sans aucun additif ni traitement. Pour de nombreuses recettes de cocktails comportant du jus de citron, de citron vert, d'orange ou de pamplemousse, il est préférable d'utiliser cette catégorie de produit.

JUS DE FRUITS ET JUS DE FRUITS À BASE DE CONCENTRÉ • Constitués à 100 % de jus de fruits, les « jus de fruits » ont subi une « flash pasteurisation », opération qui consiste à soumettre brièvement le produit à une température élevée afin de le stériliser en lui conservant toutes ses qualités. Quant aux « jus de fruits à base de concentré », ils ont nécessité l'apport d'un volume d'eau pour être commercialisés ; en effet, les fruits pressés sur le lieu de production subissent un traitement avec évaporation pour

de mangue, de pomme, de fruit de la Passion, ainsi que les jus de tomate et de carotte nécessaires à la préparation de nombreux cocktails.

NECTARS DE FRUITS • Les nectars de fruits sont des boissons caractérisées par une teneur en fruits plus faible et un apport de sucre. Dans les recettes de cocktails, on utilise principalement le nectar de banane.

> Les eaux minérales et les sodas

EAUX MINÉRALES • Parmi les eaux mises en bouteille, on distingue les « eaux de source » et les « eaux minérales naturelles » reconnues pour leurs « vertus thérapeutiques » (sels minéraux, oligoéléments). Elles peuvent être plates, naturellement effervescentes (gazeuses) ou regazéifiées.

SODAS • Les sodas sont des boissons gazeuses souvent obtenues par l'aromatisation d'une eau purifiée avec des extraits aromatiques et l'adjonction de gaz carbonique.

- **Cola** Cette boisson gazeuse aromatisée avec des extraits végétaux et colorée avec du caramel fut mise au point aux États-Unis dans les années 1880.
- **Ginger ale** Ce soda est légèrement aromatisé au gingembre. La marque la plus connue, Canada Dry, fut mise au point à Toronto en 1904 par John J. McLaughlin.
- **Ginger beer** Cette boisson gazeuse résulte de la mise en bouteille d'un liquide à base de gingembre frais, en début de fermentation. Sa production se situe principalement en Jamaïque. Les principales marques sont D & G et Reed's.
- **Lemon-lime soda** Cette boisson gazeuse aromatisée aux extraits de citron et de citron vert fut inventée aux États-Unis en 1928 par Charles Grigg sous le nom de Seven-Up qui est, encore aujourd'hui, la marque la plus représentative.
- **Tonic water** Le Schweppes, boisson gazeuse aromatisée à la quinine, inventé dans les années 1870 en Angleterre, est le plus célèbre des tonics.

> Les sirops et les édulcorants

SIROPS • Les sirops sont des préparations aromatisées ou non, obtenues par la dissolution de matières édulcorantes dans de l'eau. Ils apportent arôme, sucre et couleur aux cocktails alcoolisés.

- **Framboise (sirop de)** Ce sirop est aromatisé à la framboise.
- **Grenadine (sirop de)** Autrefois élaboré à partir du fruit du grenadier (la grenade), le sirop de grenadine est maintenant aromatisé avec un jus de fruits rouges, de la vanille et parfois du citron.
- **Lime cordial** Ce sirop d'origine écossaise est un jus de citron vert édulcoré, c'est-à-dire adouci par addition de sucre. La marque principale est Rose's Lime Juice Cordial.
- **Orgeat (sirop d')** Ce sirop est aromatisé aux amandes.
- **Sucre de canne (sirop de)** Ce sirop est simplement obtenu par dissolution de sucre de canne dans de l'eau. Il est indispensable à la préparation de nombreux cocktails.

ÉDULCORANTS • **Coco (crème de)** Ce liquide épais, non alcoolisé, produit dans les Caraïbes depuis les années 1950, est élaboré à partir de pulpe de noix de coco et de sucre de canne.

- **Miel** Cette substance sucrée est élaborée par les abeilles, à partir du nectar des fleurs. Pour la préparation de certains cocktails, on utilise du miel liquide, d'acacia ou toutes fleurs par exemple.
- **Sucre** Le sucre est obtenu à partir de canne à sucre ou de betterave sucrière. Pour la préparation des cocktails, on utilise du sucre en morceaux, roux ou raffiné, et du sucre en poudre ; pour ce dernier, un grain fin facilitera sa dissolution dans l'alcool.

> Les œufs et les produits laitiers

Vers la fin du XIXe siècle, de nombreux cocktails comportaient du blanc ou du jaune d'œuf, ou encore du lait. Ils étaient très appréciés pour leur propriétés fortifiantes. Certaines recettes sont devenues des classiques. De nos jours, les produits laitiers utilisés pour la préparation de cocktails sont le lait stérilisé UHT (ultra-haute température) et la crème liquide UHT. Le jaune d'œuf entre dans la composition de quelques cocktails. Quant au blanc d'œuf, il est encore employé pour donner un aspect mousseux à certains mélanges.

LES EAUX-DE-VIE	🍸	🍸🍸	🍸🍸🍸
Vodka	●	●	●
Gin et London gin	●	●	●
Plymouth gin			●
Scotch whisky (blend)	●	●	●
Scotch whisky (malt)			●
Irish whiskey		●	●
Straight bourbon	●	●	●
Straight Tennessee whiskey		●	●
Straight rye whiskey			●
Canadian whisky		●	●
Rhum portoricain		●	●
Rhum cubain	●	●	●
Rhum jamaïcain		●	●
Rhum agricole			●
Cachaça			●
Tequila blanco (100 % agave)	●	●	●
Tequila reposado (100 % agave)		●	●
Tequila añejo (100 % agave)			●
Cognac	●	●	●
Pisco			●
Calvados		●	●
Kirsch			●

LIQUEURS			
Amaretto		●	●
Apricot brandy		●	●
Banane (crème de)		●	●
Bénédictine			●
Cacao (crème de)	●	●	●
Café (liqueur de)	●	●	●
Cassis (crème de)	●	●	●
Chartreuse			●
Cherry brandy		●	●
Coco (liqueur de)			●
Curaçao triple sec	●	●	●
Curaçao bleu		●	●
Curaçao orange			●
Drambuie			●
Fraise (crème de)			●
Framboise (crème de)			●
Galliano		●	●
Grand Marnier Cordon Rouge		●	●
Irish cream		●	●
Krupnik			●
Limoncello			●
Litchi (liqueur de)			●
Manzana verde			●
Marasquin (liqueur Maraschino)			●
Melocoton		●	●
Melon (liqueur de)			●
Menthe (crème de)	●	●	●
Mûre (crème de)		●	●
Southern Comfort			●

VINS, APÉRITIFS, AMERS, ETC.	🍸	🍸🍸	🍸🍸🍸
Angostura bitters	•	•	•
Bière		•	•
Campari		•	•
Champagne	•	•	•
Dubonnet			•
Fernet-Branca			•
Orange bitters		•	•
Pernod			•
Peychaud's bitters			•
Pimm's			•
Porto			•
Spiritueux aux plantes d'absinthe			•
Vermouth dry	•	•	•
Vermouth rosso	•	•	•
Vin	•	•	•
Xérès (jerez ou sherry)			•

JUS ET NECTARS DE FRUITS	🍸	🍸🍸	🍸🍸🍸
Jus d'ananas	•	•	•
Jus de canneberge	•	•	•
Jus de carotte		•	•
Jus de citron	•	•	•
Jus de citron vert	•	•	•
Jus de fruits de la Passion		•	•
Jus de litchi		•	•
Jus de mangue		•	•
Jus d'orange	•	•	•
Jus de pamplemousse		•	•

Jus de pomme		•	•
Jus de tomate		•	•
Nectar de banane		•	•

EAUX ET SODAS	🍸	🍸🍸	🍸🍸🍸
Eau minérale plate		•	•
Eau minérale gazeuse	•	•	•
Cola		•	•
Ginger ale	•	•	•
Ginger beer			•
Lemon-lime soda	•	•	•
Tonic water			•

SIROPS ET ÉDULCORANTS	🍸	🍸🍸	🍸🍸🍸
Sirop de framboise			•
Sirop de grenadine	•	•	•
Sirop lime cordial			•
Sirop d'orgeat			•
Sirop de sucre de canne	•	•	•
Crème de coco		•	•
Miel liquide			•
Sucre	•	•	•

ŒUFS ET PRODUITS LAITIERS	🍸	🍸🍸	🍸🍸🍸
Œufs			•
Crème liquide UHT		•	•
Lait UHT		•	•

> Les condiments et les sauces

Pour relever le goût de certains cocktails, on a recours à de nombreux condiments tels que sel, sel de céleri et poivre principalement, mais aussi des épices comme la cannelle et le clou de girofle. Toutefois, certaines recettes nécessitent l'emploi de sauces particulières.

TABASCO ROUGE • Cette préparation pimentée fut inventée en Louisiane, en 1868, par Edmund McIlhenny. Elle se compose de vinaigre, de piment rouge et de sel.

WORCESTERSHIRE SAUCE • Cette sauce fut inventée en 1837 dans le comté de Worcester, en Angleterre. La plus ancienne est vendue sous la marque Lea & Perrins. Parmi les ingrédients qui la composent, on trouve du vinaigre, des anchois, du tamarin, de l'ail et de l'oignon.

> Les garnitures

Pour garnir et agrémenter certains cocktails, on a recours à des fruits frais – comme le citron, le citron vert, l'orange, l'ananas, les fraises, les framboises –, à des feuilles de menthe fraîche, et parfois à des légumes, comme le céleri-branche ou le concombre. On emploie également, en garniture, des cerises au marasquin, des olives vertes ou parfois des oignons grelots au vinaigre. Certains cocktails peuvent être nappés de copeaux de chocolat ou de noix muscade râpée. L'utilisation de confitures de fruits (orange ou groseilles noires) reste exceptionnelle.

> La décoration des cocktails

La décoration, sans être indispensable, est recommandée pour de nombreuses recettes. Destinée à mettre en valeur le contenu d'un verre, elle ne doit pas être trop ostentatoire pour ne pas faire d'un cocktail une boisson exagérément fantaisiste. Les garnitures, déjà citées plus haut, jouent un rôle important dans la décoration. Les garnitures dites fonctionnelles apportent zestes d'agrume ou des feuilles de menthe fraîche, à l'arôme prononcé. Les garnitures visuelles n'interviennent que sur l'aspect final du cocktail, une feuille d'ananas posée sur le bord du verre en est un parfait exemple.

Quant au givrage d'un verre avec du sel fin ou du sucre en poudre (▷ p. 97), il peut être considéré comme une décoration fonctionnelle, puisque la saveur du sel, ou du sucre, collé au bord du verre intervient dans la sensation gustative.

> Les glaçons

La préparation des cocktails nécessite une grande quantité de glaçons. Il est important d'en tenir compte avant l'arrivée de ses invités. Plus il y a de glaçons, plus leur pouvoir rafraîchissant est efficace. En effet, si l'on en utilise trop peu, les glaçons fondent vite et leur dilution altère la qualité du cocktail.

Au contraire, si l'on utilise une bonne quantité de glaçons, la température fraîche est rapidement atteinte et la dilution est limitée. Lorsque l'eau du robinet est trop dure, il est préférable d'utiliser de l'eau minérale pour les glaçons.

Indispensable pour certaines recettes, la glace pilée est obtenue en brisant des glaçons dans un torchon (▷ p. 96). Elle permet de servir les boissons « frappées ».

LE MATÉRIEL DU BAR

De nombreux fabricants proposent toutes sortes d'ustensiles de bar, mais il convient de faire son choix avec discernement, car ce n'est qu'à l'usage que l'on pourra juger vraiment de l'efficacité du matériel. Quant aux verres, ils ne doivent pas être considérés comme de simples récipients ; il faut leur prêter la plus grande attention, car ils contribuent, tant par leur forme que par leur transparence, à la mise en valeur de la boisson.

> Les ustensiles

SHAKER BOSTON • Il s'agit du premier shaker utilisé en Amérique par les pionniers du bar au milieu du XIXe siècle. Le shaker Boston se compose d'un grand verre (qui peut être utilisé comme verre à mélange d'appoint, bien qu'il soit dépourvu de bec verseur) et d'une timbale en métal dont le diamètre supérieur est plus grand que celui du verre. Lorsqu'on agite les ingrédients et les glaçons dans le shaker, le métal se rétracte sous l'effet du froid, ce qui rend la jointure avec le verre parfaitement hermétique (mais elle ne se bloque jamais).

SHAKER CONTINENTAL • Comme son nom l'indique, le shaker continental est né en Europe, au début du XXe siècle. Il est inspiré du shaker Boston, mais ses deux parties sont en métal. De forme élégante, il s'utilise comme un shaker Boston.

SHAKER AVEC FILTRE • Ce shaker est apparu à la fin du XIXe siècle. Sa particularité est d'avoir un filtre incorporé, ce qui rend superflu l'usage d'une passoire à glaçons. C'est le shaker le plus utilisé par le grand public. Il a comme inconvénient de provoquer une dilution plus importante de la boisson : lorsque l'on verse le contenu du shaker dans le verre de service, les glaçons s'accumulent en effet dans un espace réduit, ce qui entraîne une fonte plus rapide.

shaker Boston

shaker avec filtre

passoire à glaçons

doseur à alcool

pelle à glace

verre à mélange

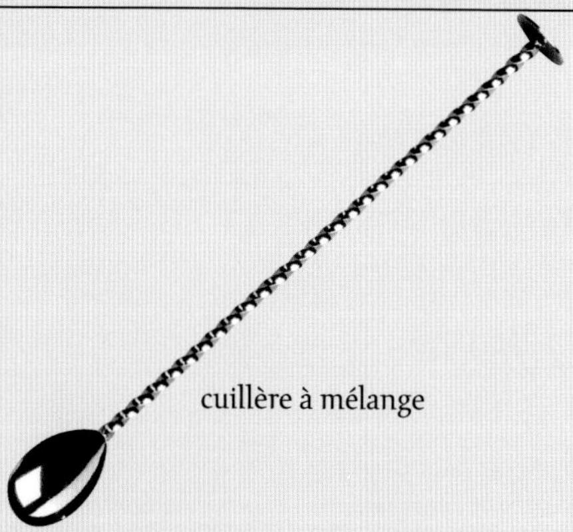

cuillère à mélange

couteau à zeste

passoire à pulpe

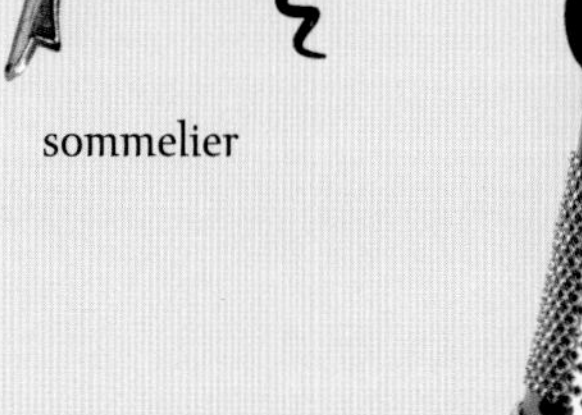

sommelier

râpe

CUILLÈRE À MÉLANGE • Cette cuillère spéciale est nécessaire pour la préparation des cocktails au verre directement, pour la préparation au verre à mélange, ainsi que pour la préparation d'un shooter (▷ p. 94). Elle peut également être utilisée pour mesurer la quantité d'un ingrédient (son contenu est l'équivalent d'une cuillerée à café). La tige de la cuillère est parfois torsadée pour faciliter sa prise en main, même lors de la formation de condensation au contact des glaçons. L'extrémité de la tige est souvent munie d'un petit pilon qui sert à écraser les feuilles de menthe fraîche. Pour des ingrédients plus consistants (morceaux de citron, d'orange, de melon, de concombre, etc.), il faut avoir recours à un vrai pilon en bois.

VERRE À MÉLANGE • Il est utilisé pour mélanger les cocktails destinés à être servis « straight up », c'est-à-dire sans glace. Il s'agit d'un grand verre muni d'un bec verseur. Sa contenance doit être d'au moins 50 cl pour préparer un verre, et d'au moins 65 cl pour en préparer deux. Lorsque l'on présente la cuillère à mélange à la verticale dans le verre, la hauteur de la tige doit être suffisante pour pouvoir saisir la cuillère, sans risquer de toucher le verre à mélange pendant la préparation.

MIXEUR • Cet appareil électrique est indispensable pour la réalisation des cocktails « frozen ». Selon la puissance du mixeur, il faudra un temps plus ou moins long pour obtenir un résultat homogène. Si la vitesse de rotation est inférieure à 18 000 tours/min, il est préférable d'utiliser de la glace pilée pour préparer les frozen. On doit rincer le mixeur immédiatement après son usage pour en faciliter le nettoyage.

DOSEUR (OU MESURE) À ALCOOL • Cet accessoire permet de mesurer avec précision le volume des alcools indiqués pour chaque recette. Il se compose en général de deux mesures différentes, et varie d'un pays à un autre selon les unités de capacité en vigueur. En France, par exemple, un doseur double contient 2 et 4 cl. Le doseur utilisé en Grande-Bretagne (le jigger) contient 2,5 et 5 cl.

BOUCHON VERSEUR • Un bouchon verseur se compose d'une partie en plastique souple (qui s'adapte aux différents cols de bouteille), traversée par deux tubes métalliques de diamètre différent. Le premier tube laisse sortir le liquide, alors que le second, qui descend dans le col de la bouteille, amène une entrée d'air qui permet un flux régulier. Il est conseillé de disposer de plusieurs bouchons verseurs.

PASSOIRE À GLAÇONS • Elle se compose d'une plaque métallique percée autour de laquelle est fixée une spirale (semblable à un ressort). Cette passoire permet de retenir les glaçons utilisés pour rafraîchir une boisson préparée au verre à mélange, au shaker Boston ou au shaker continental, lorsque celle-ci doit être servie « straight up ».

PASSOIRE À GLACE PILÉE • Il s'agit d'une plaque arrondie, percée de petits trous, prévue pour s'adapter au bord d'un verre. Cette passoire est nécessaire pour filtrer un mélange contenant de la glace pilée, le cocktail étant servi « straight up ».

PASSOIRE À PULPE • Cette passoire permet de tamiser un liquide épais ou de filtrer un liquide contenant des éléments en suspension. Elle s'utilise en plus de la passoire à glaçons, maintenue au-dessus du verre de service dans lequel est versée la préparation.

PRESSE-AGRUME • Qu'il soit manuel ou électrique, cet accessoire permet d'extraire efficacement le jus des agrumes. Il est important de veiller à appuyer sur les bords du fruit, et non sur le dessus ; lorsque la partie blanche entre l'écorce et la pulpe du fruit est atteinte, elle communique un goût amer au jus pressé. Un presse-agrume doit être rincé immédiatement après usage pour faciliter le nettoyage.

PILON • Il s'agit d'un accessoire en bois ou en plastique dur, qui permet d'écraser des feuilles de menthe fraîche ou des fruits, pour en extraire les arômes ou le jus, ou pour les réduire en purée.

DÉCAPSULEUR • Cet objet permet de faire sauter la capsule des petites bouteilles de soda, mais celles-ci sont de plus en plus fréquemment munies d'une capsule à vis.

SOMMELIER • Ce tire-bouchon particulier se compose généralement d'une lame crantée qui permet de découper la capsule qui recouvre le bouchon, d'une vrille fine et longue (à 5 crans) qui traverse le bouchon sans le maltraiter, et d'un décapsuleur.

PINCE À GLAÇONS • Cet accessoire permet de saisir les glaçons pour les placer dans le verre de service, le verre à mélange, le shaker ou le mixeur. La pince à glaçons peut également être utile pour saisir les fruits utilisés en garniture.

PELLE À GLACE • C'est une pelle qui permet de prélever une quantité suffisante de glaçons ou de glace pilée pour remplir le verre de service, le verre à mélange, le shaker ou le mixeur.

COUTEAU À ZESTE • Ce couteau, muni d'une lame lisse d'environ 10 cm permet de détacher le zeste des agrumes avec précision et régularité.

COUTEAU À TRANCHE • Ce couteau, muni d'une lame crantée d'environ 15 cm, permet de découper les fruits en tranches ou en quartiers et d'éviter que les tranches d'agrumes ne se collent l'une sur l'autre, ce qui arrive avec un couteau à lame lisse.

PLANCHE À DÉCOUPER • On utilise surtout cette planche, en bois polyéthylène (plastique dur) ou verre incassable, pour découper les fruits. Une planche à découper doit être rincée immédiatement après usage avec un bactéricide.

RÂPE • Une petite râpe est nécessaire pour réduire en minuscules copeaux l'enveloppe de la noix muscade, ou encore un carré de chocolat. On doit râper la noix muscade au dernier moment afin de lui conserver toute sa saveur.

PAILLES • Une paille (ou un chalumeau) permet de boire un cocktail en évitant le contact avec les glaçons ou la glace pilée, ce qui est appréciable pour les personnes dont les dents sont sensibles au froid. On utilise surtout les pailles pour déguster les long drinks et les short drinks servis « frozen » ou « on the rocks », mais jamais pour ceux servis « straight up ».

Les ustensiles du bar	🍸	🍸🍸	🍸🍸🍸
Shaker Boston ou continental		•	•
Shaker avec filtre	•		
Cuillère à mélange	•	•	•
Verre à mélange	•	•	•
Mixeur		•	•
Doseur à alcool	•	•	•
Bouchon verseur		•	•
Passoire à glaçons		•	•
Passoire à glace pilée			•
Passoire à pulpe			•
Presse-agrume	•	•	•
Pilon	•	•	•
Décapsuleur	•	•	•
Sommelier		•	•
Pince à glaçons	•	•	•
Pelle à glace			•
Couteau à zeste		•	•
Couteau à tranche	•	•	•
Planche à découper	•	•	•
Râpe		•	•
Pailles	•	•	•
Bâtons mélangeurs	•	•	•
Sous-verres		•	•

Dans le tableau ci-dessus, les ustensiles signalés par un rond correspondent aux besoins des différents utilisateurs. Certains sont en effet indispensables, même aux débutants 🍸, d'autres ne sont utiles qu'aux amateurs 🍸🍸 ou aux professionnels 🍸🍸🍸.

BÂTONS MÉLANGEURS • Ces petits ustensiles peuvent accompagner les cocktails servis « on the rocks ». Ils permettent de remuer le mélange lorsque, au bout d'un certain temps, une petite couche d'eau provenant des glaçons s'est formée en surface.

SOUS-VERRES • Qu'il soit en papier coton ou en tissu, un sous-verre absorbera les quelques gouttes dues à la condensation sur la surface du verre glacé, ou celles occasionnées par un geste maladroit.

> La verrerie

VERRE MARTINI • Son nom lui vient du célèbre Dry Martini, dans lequel il est habituellement servi ; il est également connu sous le nom de verre à cocktail. Sa contenance est d'environ 20 cl. Le verre martini est recommandé pour servir un short drink « straight up », « frappé » et, souvent, « frozen ». Il convient spécialement à des cocktails comme le Cosmopolitan (▷ p. 102), le Manhattan (▷ p. 241) et le Side-Car (▷ p. 427).

VERRE À DÉGUSTATION • Il est également connu sous le nom de verre tulipe ; sa contenance est d'environ 12 cl. La forme de ce verre est idéale pour juger la qualité des spiritueux. Il laisse monter les arômes les plus volatils et, après un mouvement giratoire du poignet, il permet de déceler les arômes secondaires. En général, le verre à dégustation n'est pas utilisé pour le service des cocktails, à l'exception du Nikolaschka (▷ p. 448).

VERRE À VIN • D'une contenance de 25 cl environ, ce verre est utilisé pour le service des vins. On l'emploie aussi pour les cocktails, comme le Spritzer (▷ p. 500) et l'Absinthe Drip (▷ p. 492).

FLÛTE À CHAMPAGNE • Sa forme permet d'apprécier au mieux la finesse d'un champagne. Sa contenance est d'environ 18 cl. La flûte s'emploie pour les cocktails à base de champagne, sauf lorsqu'ils sont servis, avec des glaçons, dans un verre highball. La flûte s'impose pour, entre autres, le Champagne Cocktail (▷ p. 462), le Kir royal (▷ p. 465) et le Bellini (▷ p. 474).

martini

dégustation

vin

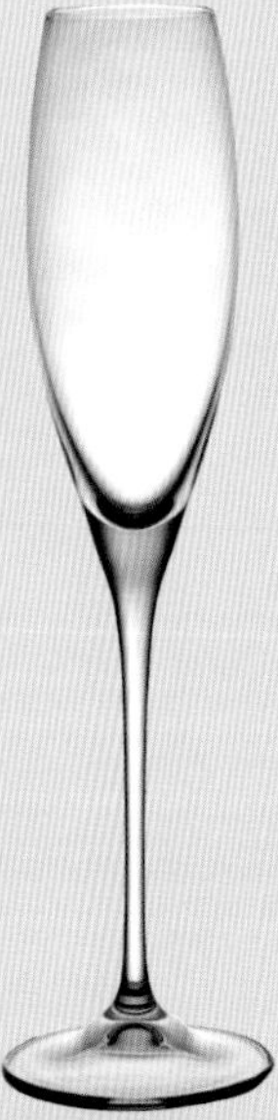

flûte

rocks

shot

highball

toddy

VERRE SHOT • Sa contenance de 6 cl environ et sa forme ramassée sont idéales pour boire un cocktail d'un trait. Les shooters sont toujours servis dans ce type de verre. Le verre shot est aussi utilisé traditionnellement pour consommer la tequila et la vodka, servies pures. Il convient à des cocktails comme le Kamikaze (▷ p. 123), le Tequila Straight (▷ p. 361) et le B 52 (▷ p. 516).

VERRE ROCKS • Son nom lui vient de l'expression « on the rocks », qui désigne en anglais le fait de servir une boisson sur des glaçons. Ce type de verre est également connu sous le nom de old-fashioned ou encore de petit tumbler. Sa contenance est d'environ 30 cl. On sert dans un verre rocks des cocktails comme la Caïpirinha (▷ p. 296), le Black Russian (▷ p. 152) et le Gimlet (▷ p. 190).

VERRE HIGHBALL • Le nom de ce verre est celui de la famille de cocktails highball. Ce type de verre est également connu sous le nom de collins ou encore de grand tumbler. Sa contenance est d'environ 35 cl. Le verre highball s'emploie pour des cocktails comme le Sea Breeze (▷ p. 147), le El Diablo (▷ p. 366) et le Gin Fizz (▷ p. 191).

VERRE TODDY • Le nom de ce verre est celui de la famille de cocktails toddy. Il est utilisé pour le service des cocktails chauds, puisqu'il est fabriqué spécialement pour résister au choc thermique lorsque l'on y verse un liquide bouillant. Sa contenance est d'environ 25 cl. Le verre toddy est utilisé pour des cocktails comme l'Irish Coffee (▷ p. 284), le Fish House Punch (▷ p. 353) ou le Mexican Tea (▷ p. 406).

LES RÈGLES DE BASE DES MÉLANGES

Tout l'art du cocktail consiste, par le mélange des ingrédients, à combiner des arômes différents pour en obtenir un nouveau, plus subtil. En 1948, David Embury, un Américain pris de passion pour l'art du mélange, a établi une classification, toujours en vigueur dans le milieu professionnel. Les ingrédients y sont répartis en trois groupes : la base, le corps et l'additif. Dans l'esprit de son auteur, la classification ne concernait que les cocktails servis « straight up » (▷ p. 75) – dans un verre martini –, mais elle peut parfaitement s'élargir aux long drinks.

> Les trois composants d'un cocktail

LA BASE • La base est l'ingrédient qui, en apportant ses qualités organoleptiques (arôme, goût, couleur), donne la première orientation. Le cocktail va se constituer autour de cette base unique. Le plus souvent, il s'agit d'une eau-de-vie : vodka, gin, whisky (ou whiskey), rhum, tequila, cognac, calvados. Le champagne constitue aussi une base de cocktail, bien que son caractère effervescent permette également de le considérer comme un corps.

La proportion entre la base et les autres ingrédients varie selon qu'il s'agit d'un short drink ou d'un long drink.

Pour un short drink, surtout s'il est servi dans un verre martini, la proportion de l'eau-de-vie est généralement comprise entre 50 et 70 %, mais elle peut atteindre 90 % (pour l'Extra-Dry Martini, ▷ p. 169). La force alcoolique de la base permet de contrebalancer les arômes provenant du corps et de l'additif éventuel. Le goût de l'eau-de-vie va toujours rester perceptible et identifiable, c'est pourquoi l'on peut désigner un short drink en fonction de la base qui le compose : cocktail au gin, au whisky, au rhum, etc.

Pour un long drink, la base représente seulement 20 à 30 % du volume total du mélange. Le goût de l'eau-de-vie de base sera donc beaucoup plus

discret en bouche, bien que les qualités aromatiques marquées de certain
alcools, comme la tequila 100 % agave, restent facilement perceptibles.

LE CORPS • Le corps est l'ingrédient, ou le groupe d'ingrédients, qui agi sur la texture du cocktail, tout en fournissant des arômes complémentaire qui vont se combiner à ceux de la base. Le corps peut être un liquide ou un substance plus ou moins épaisse.

Il peut s'agir d'un vin, ou d'un vin effervescent (comme le champagne) d'un vin aromatisé (comme le vermouth) ou d'un vin muté (comme le porto) Mélangés à l'alcool de base, ces produits vineux permettent de conserver un texture fluide avec une note de douceur lorsqu'ils contiennent du sucre. On les retrouve essentiellement dans les short drinks, mais il n'est pas rare de voir un champagne utilisé en guise de boisson gazeuse pour la confection d'un long drink.

Le corps peut aussi être une eau minérale, plate ou gazeuse, ou encore une boisson gazeuse aromatisée comme le cola, le tonic water, le lemon-lime soda le ginger ale et le ginger beer. Celles-ci procurent une sensation de légèreté en bouche, très appréciable dans le cas d'un long drink désaltérant. Attention toutefois à ne pas noyer les autres composants du cocktail.

Si le corps est un jus de fruit ou un jus de légume, il se produira, selon la consistance du jus, une sensation de fluidité comme avec le jus de canne berge, ou d'onctuosité comme avec le jus de tomate. Dans les short drinks, les jus de citron et de citron vert doivent s'utiliser avec parcimonie, car l'acidité qu'ils confèrent au cocktail risque de supplanter l'apport des autres composants. Il est évident que plus on ajoute du jus de fruit ou de légume dans un long drink, plus on dilue les autres composants du cocktail.

Enfin, le corps peut être un corps gras comme le lait ou la crème, ou bien un blanc ou un jaune d'œuf. Ces substances apportent de l'onctuosité au mélange, mais elles doivent être dosées avec justesse, surtout dans les short drinks, car l'impression d'épaisseur ou de richesse excessive peut deveni désagréable.

L'ADDITIF AROMATIQUE • C'est l'élément complémentaire qui va apporter au cocktail son caractère, amer ou sucré, et éventuellement sa

Angostura bitters, apportent une dose d'amertume plus ou moins forte. Certains jouent aussi le rôle de colorant.

Les additifs sucrés, parmi lesquels on trouve les sirops et les liqueurs, von atténuer la force alcoolique de la base, tout en apportant un arôme nouveau. Leur pouvoir colorant peut aussi ajouter une touche de fantaisie, comme le fait le sirop de grenadine dans le Tequila Sunrise (▷ p. 391).

Dans tous les cas, que ce soit avec un amer, un sirop ou une liqueur, il fau veiller à ne pas déséquilibrer le résultat final. Dans un short drink, lorsque le corps représente un faible volume, la liqueur choisie comme additif aromatique va influencer fortement la texture du cocktail. À la limite, lorsque le cocktail contient une base mais aucun corps, l'utilisation d'une liqueur en additif va lui conférer un caractère liquoreux.

LES DIFFÉRENTES MANIÈRES DE SERVIR UN COCKTAIL

Float. Ce terme est employé lorsque l'eau-de-vie est versée à l'aide de la cuillère à mélange, de manière à se superposer aux autres ingrédients.

Frappé. On utilise ce terme lorsqu'une boisson est servie, dans un verre martini, sur un tas de glace pilée. Cette méthode était très appréciée sous les climats chauds jusqu'au début des années 1930, avant l'apparition du mixeur électrique, qui permet d'obtenir une texture « frozen ».

Frozen. Ce terme désigne l'aspect granité ou neigeux, qui résulte du passage au mixeur d'une boisson dont le volume de glace est supérieur à celui des ingrédients.

On the rocks. On utilise cette expression lorsqu'une boisson est servie sur des glaçons placés au fond du verre. Cela permet de garder une boisson bien fraîche tout au long de la dégustation. On appréciera également certaines eaux-de-vie servies de cette manière, l'eau provenant de la glace atténuant la force alcoolique.

Straight up. Ce terme désigne une boisson préalablement rafraîchie au verre à mélange ou au shaker, et filtrée, le plus souvent au-dessus d'un verre martini, afin d'éliminer les glaçons.

Dans le cas particulier où le cocktail n'a pas de base et où il se compose seulement d'un corps et d'un additif (c'est le cas, par exemple, du Kir ▷ p. 498 et du Vermouth-Cassis ▷ p. 502), il faut évidemment augmenter la proportion de ce dernier pour obtenir la force alcoolique souhaitée.

▸ L'ordre des ingrédients

Pour que l'utilisation de cet ouvrage soit très pratique, les ingrédients employés pour réaliser les cocktails proposés sont cités dans l'ordre de leur apparition dans la recette, à l'exception de l'alcool principal qui est placé en tête.

Les professionnels utilisent souvent un ordre différent (base, puis additif, puis corps), selon le tour de main qui leur est propre.

Dans le doute, le débutant (ou la débutante) pourra aussi adopter la méthode qui est recommandée dans les écoles hôtelières : verser les ingrédients en commençant par le moins cher et en terminant par le plus onéreux, afin de pouvoir recommencer à moindre frais si l'on rate la recette en cours de route !

▸ Les trois conditions du succès d'un cocktail

Pour qu'un cocktail plaise au plus grand nombre et que sa recette puisse figurer un jour parmi les classiques, il doit satisfaire à trois conditions qui concernent : le goût, l'aspect visuel et le nom.

LE GOÛT • S'agissant du goût, il faut bien sûr que le choix des ingrédients ainsi que leur dosage soient parfaitement réussis. Tous les arômes qui entrent en jeu doivent être en harmonie. Pour cela, il existe des règles, que les professionnels appliquent au gré de leur savoir-faire et de leur personnalité. L'une d'entre elles consiste à ne pas mélanger une eau-de-vie de grain (gin ou whisky, par exemple) avec une eau-de-vie de vin (cognac ou autre brandy). Cette règle peut être étendue jusqu'à proscrire le mélange entre elles d'eaux-de-vie issues des mêmes matières premières (association de deux eaux-de-vie de grain, par exemple). Il est d'autres règles qui condamnent des mariages jugés contre nature : rhum/calvados, cognac/rhum, rhum/gin, whisky/rhum, entre autres.

Notons également qu'associer de la vodka à une eau-de-vie vieillie ne présente aucun intérêt : les arômes de l'eau-de-vie qui auront été développés par le processus de vieillissement seront très atténués par la vodka, réputée pour sa neutralité.

Tous ces principes n'ont pas empêché un long drink comme le Long Island Iced Tea (▷ p. 127), composé de plusieurs spiritueux (vodka, gin, rhum, et même parfois tequila), de remporter un succès international et de devenir un classique.

LA PRÉCISION DES DOSAGES

Associer des ingrédients entre eux n'est pas en soi une opération complexe, mais elle le devient lorsque l'on souhaite satisfaire son palais, ou celui de ses invités. Aussi est-il vraiment important de respecter les dosages indiqués dans les recettes.

Il faut éviter de surdoser ou de sous-doser un ingrédient, même faiblement, car l'équilibre d'un cocktail, surtout d'un short drink, est vite altéré. Il faut veiller, par exemple, à ne pas trop verser d'eau gazeuse dans un long drink, car les autres composants seraient dilués, ou trop ajouter de jus de citron pressé, car le cocktail deviendrait acide, ou encore trop augmenter la quantité d'un corps gras, car le mélange pourrait vous couper l'appétit !

Il est donc vivement conseillé d'utiliser une mesure à alcool. Seule une personne expérimentée peut doser les ingrédients au jugé, parce qu'elle connaît parfaitement le goût et le caractère de chacun d'entre eux.

L'ASPECT VISUEL • Il est tout aussi important, car il détermine l'envie de boire le cocktail. Toutefois, même si tout cocktail se doit d'être attractif, une décoration excessive est à proscrire. On doit aussi savoir qu'à partir d'un même choix d'ingrédients on peut obtenir des résultats tout à fait différents : par exemple, un Daiquiri (▷ p. 300), servi « straight up » dans un verre martini, ou une Caïpirinha (▷ p. 296), servie « frappée » dans un verre rocks, résultent tous deux du même mélange de rhum, de citron vert et de sucre, mais n'ont pas du tout le même aspect. De même, la couleur tient un rôle non négligeable dans la réussite du cocktail. Elle peut, par exemple, lui apporter une délicate touche féminine.

LE NOM • Le nom donné à un cocktail, lui non plus, n'est pas anodin car il fait appel à l'imaginaire. Plus ou moins consciemment, on va y déceler un sens caché ou sous-entendu. Le nom peut indiquer que le cocktail est plus ou moins alcoolisé ou carrément sans alcool, qu'il a été inventé pour une occasion particulière, ou pour honorer un personnage illustre. Il peut, comme le fait la couleur, tendre vers le féminin (par exemple, le Pink Daiquiri ▷ p. 314) ou le masculin (par exemple, le Kamikaze ▷ p. 123).

Depuis toujours, les barmen ont su baptiser avec à-propos, et non sans humour, une boisson, aussi simple soit-elle, pour la faire entrer dans la légende. C'est le cas, par exemple, du Screwdriver (▷ p. 146), qui n'est rien d'autre qu'une vodka orange. Ainsi s'est instauré un langage international du bar où l'on retrouve, à côté des termes spécifiques (on the rocks, short drink, etc.), la liste de tous les cocktails, aux noms évocateurs, le plus souvent empruntés à la culture anglo-saxonne, quel que soit leur pays d'origine.

> Les palette des saveurs

Le vaste choix d'ingrédients énumérés dans un chapitre précédent (▷ p. 44 à 62) met en jeu une grande diversité de saveurs et d'arômes, plus ou moins accentués. On peut répartir par saveur l'ensemble des produits et des substances utilisés pour la préparation des cocktails.

Rappelons que les organes sensoriels perçoivent une multitude d'impressions gustatives différentes, mais que l'on distingue quatre saveurs primaires (ou fondamentales) : le sucré, le salé, l'acide et l'amer. Selon la complexité du cocktail, on pourra percevoir la prédominance de l'une de ces saveurs, ou la combinaison contrastée de plusieurs, simultanément.

Le sucré est la saveur le plus souvent présente dans les cocktails, puisque de nombreux ingrédients essentiels sont édulcorés, comme les sirops, les jus et surtout les nectars de fruits, les liqueurs et certains sodas.

La saveur acide est également très présente, car on utilise souvent un ingrédient à l'acidité marquée, comme le jus de citron ou de citron vert, pour contrebalancer la saveur sucrée d'un ou de plusieurs autres ingrédients. À noter que, dans de nombreux fruits, l'acide et le sucré coexistent.

La saveur amère est moins fréquente, bien qu'elle remplisse une fonction proche de celle de la saveur acide en contrebalançant la saveur sucrée. Dans les cocktails, l'amertume provient d'ingrédients tels que les amers (concentrés ou non), le jus de pamplemousse et le tonic water. Enfin, la saveur salée ne se retrouve que dans quelques cocktails, les ingrédients salés comme le jus de tomate (7 g/l de sel), le sel et le sel de céleri étant peu utilisés. On peut aussi retrouver cette saveur salée dans le cas d'un verre givré (▷ p. 97).

> Les meilleures associations

Certains mélanges d'alcools de base sont, comme nous l'avons vu (▷ p. 76), fortement déconseillés. En revanche, la pratique a montré qu'un très grand nombre d'associations entre une base, un corps et un additif aromatique donnent un résultat remarquable. La façon la plus lisible de répertorier les combinaisons qui offrent des résultats intéressants est de les marquer d'une croix dans un tableau.

Dans le tableau ci-contre, les colonnes verticales représentent les principaux alcools de base des cocktails, et les lignes horizontales les corps et les additifs aromatiques le plus couramment employés. Ce tableau n'est pas exhaustif, il est seulement fondé sur l'expérience des professionnels. Libre à chacun d'imaginer de nouveaux mélanges, de tenter de nouvelles combinaisons, en se rappelant qu'il faut toujours consommer de l'alcool avec modération.

LES MEILLEURES ASSOCIATIONS

CORPS		BASE									
		vodka	gin	Scotch whiskey Irish whiskey	Americans whiskeys	rhums blancs (cubain, jamaïcain)	rhums ambrés (cubain, etc.)	tequila	cognac	calvados	champagne
vin divers	porto								●		
	vermouth dry	●	●	●		●		●	●		
	vermouth rosso			●	●	●	●	●	●	●	
	xérès (ou sherry)			●					●		
jus de fuits	jus d'ananas					●	●	●	●		●
	jus de canneberge	●				●	●	●	●		
	jus de citron (jaune ou vert)	●	●	●	●	●	●	●	●	●	●
	jus d'orange	●	●	●	●	●	●	●	●	●	●
	jus de pamplemousse	●				●	●	●			
	jus de pomme	●				●	●		●	●	●
	jus de tomate	●						●			
eaux et sodas	eau gazeuse		●	●	●	●	●		●	●	
	cola					●	●	●			
	ginger ale		●	●	●	●	●	●	●	●	
	ginger beer	●			●	●	●		●		
	lemon-lime soda	●			●	●	●	●	●	●	
	tonic water		●					●			
autres	crème liquide UHT	●	●					●	●		
	lait UHT		●			●	●		●	●	
	œuf		●	●	●				●		

LES MEILLEURES ASSOCIATIONS

ADDITIF AROMATIQUE		BASE									
		vodka	gin	Scotch whiskey Irish whiskey	Americans whiskeys	rhums blancs (cubain, jamaïcain)	rhums ambrés (cubain, etc.)	tequila	cognac	calvados	champagne
amers et anisés	Angostura bitters			●	●		●	●	●	●	●
	Campari		●					●			
	Dubonnet										●
	orange bitters		●			●			●		●
	Pernod		●								
	Peychaud's bitters				●				●		
	Pimm's										●
liqueure et crèmes	amaretto	●		●					●	●	●
	apricot brandy		●		●	●	●		●		●
	banane (crème de)						●	●	●		
	Bénédictine				●				●		●
	cacao (crème de)		●			●	●		●		●
	café (liqueur de)	●					●	●	●		●
	cassis (crème de)	●				●	●	●	●	●	●
	Chartreuse		●	●							
	cherry brandy	●	●	●	●				●		●
	coco (liqueur de)								●	●	
	curaçao	●	●	●	●	●	●	●	●	●	●
	Galliano	●				●	●				
	manzana verde	●								●	
	marasquin (liqueur de)		●			●					
	melocoton	●									
	menthe (crème de)	●							●		
	mûre (crème de)	●				●	●	●	●	●	●
édulcorants	crème de coco	●				●	●				
	miel		●			●	●	●	●		
	sirop de grenadine	●	●	●	●	●	●	●	●	●	
	sirop lime cordial	●	●	●		●		●			
	sirop de sucre de canne	●	●	●	●	●	●	●	●	●	●

LA PRÉPARATION DES COCKTAILS

En Angleterre, comme en Amérique, bien avant que le mot cocktail n'apparaisse, on proposait, dans les tavernes et dans les clubs, des boissons mélangées, préparées dans un récipient de grande contenance appelé « bowl » ou « cup » (coupe). La préparation des boissons mélangées évolua progressivement au cours du XIXe siècle, notamment avec l'arrivée de la glace artificielle.

Dans le premier livre sur les cocktails, publié à New York en 1862, les 236 recettes proposées, dans leur majorité, se préparent à l'unité. Toutes les techniques utilisées aujourd'hui, comme la préparation au verre à mélange ou au shaker (et même celle des shooters), y sont mentionnées. Évidemment, le mixeur en est absent, puisque cet appareil électrique n'a été mis au point qu'à la fin des années vingt.

Jusqu'à cette époque, on faisait la distinction entre les « cocktails », boissons élaborées à l'aide d'ustensiles spécifiques (verre à mélange ou shaker) et servies « straight up » (sans glace dans le verre), et les « mixed drinks » (boissons mélangées), préparés, pour la plupart, au verre directement. De nos jours, le mot cocktail recouvre l'ensemble de ces préparations.

Confectionner un cocktail, c'est d'abord sélectionner plusieurs boissons, alcoolisées ou non, pour ensuite les mélanger, tout en rafraîchissant, le plus souvent, l'ensemble avec de la glace ; l'utilisation de celle-ci a aussi pour effet de faire diminuer le degré alcoolique initial.

Si une multitude de combinaisons d'ingrédients est possible, il n'y a que quatre méthodes principales pour préparer les cocktails (elles sont signalées par un petit pictogramme en regard de chaque recette de ce livre) :

- la préparation au verre directement (▷ p. 84), utilisée lorsque les ingrédients de la recette se mélangent facilement ;
- la préparation au verre à mélange (▷ p. 86), employée notamment lorsque les ingrédients de la recette sont tous alcoolisés ;

- la préparation au shaker (▷ p. 88 à 91), parfaite pour mélanger intimement les ingrédients ;
- la préparation au mixeur (▷ p. 92), indispensable pour obtenir une texture « frozen ».

Il existe une cinquième méthode, mais elle ne concerne qu'un type de cocktails très particulier, les « shooters » (▷ p. 94).

La préparation des cocktails exige enfin l'apprentissage de quelques gestes indispensables : préparer de la glace pilée (▷ p. 96) et givrer un verre (▷ p. 97).

Pour chaque recette de cocktail, la méthode de préparation recommandée dans cet ouvrage correspond à l'usage le plus répandu, en Europe et dans le reste du monde.

Toutefois, en utilisant une méthode de préparation différente, il est possible de changer la texture d'un cocktail. Par exemple, le Margarita (▷ p. 369) et le Daiquiri (▷ p. 300) peuvent être servis « straight up » lorsqu'ils sont élaborés au shaker, et « frozen » (ayant l'aspect d'un sorbet) lorsqu'ils sont préparés au mixeur.

L'usage du shaker peut conférer au cocktail un aspect mousseux.

Notons enfin que l'utilisation du verre à mélange, du shaker et du mixeur permet, dans certains cas, de préparer un cocktail pour deux personnes.

> La préparation au verre directement

On utilise cette méthode lorsque les ingrédients de la recette d'un cocktail se mélangent facilement. Il s'agit le plus souvent d'une eau-de-vie et d'un liquide sucré – liqueur ou sirop –, ou non sucré – jus de fruit ou soda. Les glaçons placés dans le verre de service suffisent pour rafraîchir la boisson. La préparation au verre directement s'applique également lorsque la recette comporte un ingrédient solide (aromate ou agrume)

1

À l'aide d'un pilon, et en fonction de la recette, pressez le quartier de citron vert pour en extraire le jus ainsi que l'essence aromatique contenue dans l'écorce, ou écrasez légèrement les feuilles de menthe fraîche pour en extraire l'arôme, en veillant à ne pas les broyer.

2

Remplissez aux deux tiers le verre choisi pour le service avec le nombre de glaçons (éventuellement pilés) indiqué dans la recette.

qui doit être écrasé à l'aide d'un pilon, à condition toutefois que cet ingrédient puisse être laissé dans le verre de service ; si tel n'est pas le cas, il faut utiliser un verre à mélange puis filtrer (▷ p. 86). La préparation au verre directement convient enfin à la préparation des cocktails chauds.

Si la recette ne comporte aucun élément solide, passez directement à l'étape 2, sinon, procédez ainsi :

Versez les ingrédients en respectant l'ordre et les quantités donnés dans la recette.

Remuez en effectuant un mouvement giratoire de bas en haut à l'aide de la cuillère à mélange. Au bout de quelques secondes, l'extérieur du verre prend un aspect givré, qui indique que la boisson a été correctement rafraîchie. Décorez éventuellement le cocktail et servez aussitôt.

> La préparation au verre à mélange

Cette méthode est utilisée lorsque les ingrédients de la recette d'un cocktail sont tous alcoolisés, et donc facilement miscibles entre eux. Elle est également valable quand une faible quantité de sirop doit être introduite. Elle est souvent choisie lorsqu'on ne peut pas élaborer le cocktail au verre directement, car il faut filtrer la préparation avant de la servir, pour éliminer la pulpe d'un agrume ou des glaçons par exemple.

1

Remplissez à peu près à moitié le verre à mélange avec le nombre de glaçons indiqué dans la recette.

2

Versez les ingrédients dans le verre à mélange en respectant l'ordre et les quantités donnés dans la recette.

LA MÉTHODE ACADÉMIQUE

1. Remplissez un peu plus de la moitié du verre à mélange avec le nombre de glaçons indiqué dans la recette. Remuez-les pendant 4 ou 5 secondes à l'aide de la cuillère à mélange. Videz l'eau obtenue en retenant les glaçons à l'aide d'une passoire à glaçons.
Étapes **2**, **3**, **4** comme ci-dessous.

3

Remuez en effectuant un mouvement giratoire de bas en haut à l'aide de la cuillère à mélange. Au bout de quelques secondes, l'extérieur du verre prend un aspect givré, qui indique que la boisson a été correctement rafraîchie.

4

Versez le contenu du verre à mélange dans le verre de service choisi pour la recette, en filtrant le contenu à l'aide d'une passoire à glaçons. Décorez éventuellement le cocktail et servez aussitôt.

> La préparation au shaker

On utilise cette méthode lorsque des ingrédients ont besoin d'être agités fortement pour être mélangés. Il peut s'agir d'un sirop, d'un jus de fruits plus ou moins épais, d'un corps gras comme la crème de coco ou la crème fraîche, ou encore de blancs ou de jaunes d'œufs. On peut utiliser indifféremment un shaker avec filtre, le plus courant, ou un shaker sans filtre comme le shaker Boston ou le shaker continental.

SHAKER AVEC FILTRE • Le shaker avec filtre est composé de trois parties métalliques : la partie inférieure, la partie supérieure (avec son filtre incorporé), et le bouchon.

1

Remplissez un peu plus qu'à moitié la partie inférieure du shaker avec le nombre de glaçons indiqué dans la recette, puis versez les ingrédients en respectant l'ordre et les quantités donnés dans la recette.

2

Ajustez la partie supérieure du shaker et le bouchon.

LA MÉTHODE ACADÉMIQUE

1. Remplissez un peu plus qu'à moitié la partie inférieure du shaker avec le nombre de glaçons indiqué dans la recette. Ajustez la partie supérieure du shaker et le bouchon. Saisissez fermement le shaker en plaçant le pouce de la main droite (si vous êtes droitier) sur le bouchon, et l'index et le majeur de l'autre main sous la base de la partie inférieure. Agitez le shaker pendant 4 ou 5 secondes. Ôtez le bouchon et videz l'eau provenant des glaçons. Retirez la partie supérieure du shaker et versez les ingrédients en respectant l'ordre et les quantités donnés dans la recette.
Étapes **2**, **3**, **4** comme ci-dessous.

3

Saisissez fermement le shaker en plaçant le pouce de la main droite (si vous êtes droitier) sur le bouchon, et l'index et le majeur de l'autre main sous la base de la partie inférieure. Agitez vivement le shaker pendant 8 à 10 secondes environ. Lorsque la boisson est suffisamment rafraîchie, la surface du shaker prend un aspect givré.

4

Ôtez le bouchon et, en maintenant la partie supérieure, versez le contenu du shaker dans le verre de service choisi pour la recette, les parties solides (dont les glaçons) étant retenues par le filtre incorporé. Décorez éventuellement le cocktail et servez aussitôt.

SHAKER BOSTON OU SHAKER CONTINENTAL • Le shaker Boston, né aux États-Unis, est composé de deux parties qui s'emboîtent partiellement : la partie inférieure est composée d'un grand verre tandis que la partie supérieure est formée d'une sorte de timbale en métal dont le diamètre supérieur est plus grand que celui du verre. Lorsqu'on agite les ingrédients et les glaçons dans le shaker, le métal se rétracte sous l'effet du froid, ce qui rend la jointure avec le verre parfaitement hermétique (mais elle ne se bloque jamais).

Dans le shaker continental, d'invention européenne, les deux parties sont en métal. Sa silhouette est très élégante. L'usage de ces deux modèles de shaker est similaire.

1

Remplissez à peu près à moitié la partie inférieure du shaker avec le nombre de glaçons indiqué dans la recette puis versez les ingrédients, en respectant l'ordre et les quantités donnés dans la recette.

2

Ajustez la partie supérieure du shaker en appuyant fortement. Saisissez fermement le shaker en plaçant l'index de la main droite (si vous êtes droitier) sur la partie supérieure, et le pouce de l'autre main sous la base de la partie inférieure.

LA MÉTHODE ACADÉMIQUE

1. Remplissez un peu plus de la moitié de la partie inférieure du shaker avec le nombre de glaçons indiqué dans la recette. Agitez les glaçons quelques secondes pour bien refroidir le shaker. Ouvrez le shaker comme indiqué à l'étape 3.
2. Videz l'eau contenue dans le shaker à l'aide de la passoire à glaçons. Versez les ingrédients dans la partie supérieure et ajustez les deux parties du shaker. Saisissez et agitez le shaker comme indiqué ci-dessous.

3

Agitez vivement le shaker pendant 8 à 10 secondes. L'aspect givré de la timbale indique que la boisson a été correctement rafraîchie. Retournez le shaker tête en bas. De la main gauche, saisissez le shaker par la partie située maintenant en dessous tout en maintenant la partie du dessus avec l'index de la même main. Puis, avec le creux de la main droite, portez un léger coup à côté de la jonction des deux parties afin de retirer la partie supérieure.

4

Si nécessaire, filtrez le contenu au-dessus du verre de service choisi pour la recette à l'aide d'une passoire à glaçons et/ou d'une passoire à pulpe, sinon, versez-le directement dans le verre de service. Décorez éventuellement le cocktail et servez aussitôt.

> La préparation au mixeur

L'utilisation du mixeur, qui peut se substituer à celle du shaker pour de nombreuses recettes de cocktails, est indispensable si l'on désire obtenir une texture « frozen », semblable à celle d'un sorbet.

1

Remplissez le bol du mixeur avec le nombre de glaçons pilés indiqué dans la recette.

2

Versez les ingrédients dans le bol, en respectant l'ordre et les quantités donnés dans la recette.

LA MÉTHODE ACADÉMIQUE

Cette méthode s'utilise aussi lorsqu'on dispose d'un mixeur domestique, moins puissant qu'un mixeur professionnel.

1. Comme ci-dessous.

2. Versez tous les ingrédients dans le bol sauf l'eau-de-vie.

3. Placez le couvercle et mixez à vitesse lente pendant 5 à 10 secondes. Actionnez ensuite la vitesse rapide jusqu'à ce que le liquide et la glace soient parfaitement mixés et prennent l'aspect d'un sorbet. Alors que le mixeur est encore en marche, retirez le bouchon du couvercle, versez l'eau-de-vie, puis remettez le bouchon jusqu'à ce que le mélange prenne à nouveau l'aspect d'un sorbet.

4. Comme ci-dessous.

3

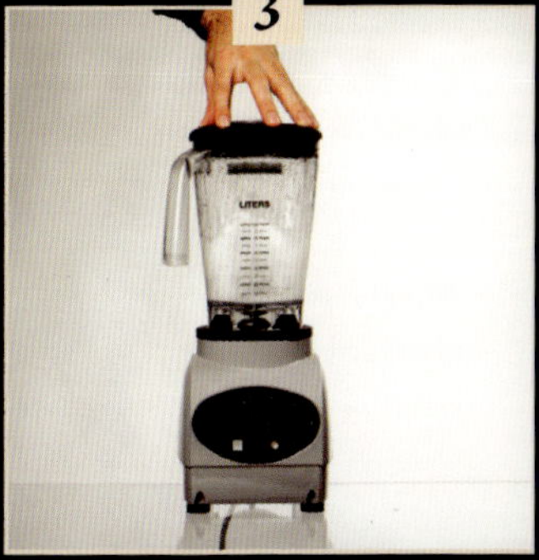

Placez le couvercle sur le bol et mixez en réglant sur vitesse lente pendant 5 à 10 secondes. Pour un résultat « frozen », actionnez ensuite la vitesse rapide pendant 15 à 30 secondes, jusqu'à ce que le liquide et la glace soient parfaitement mixés et prennent l'aspect d'un sorbet (à ce moment-là, le liquide se fige sur les parois).

4

Ôtez le couvercle et versez le contenu du bol du mixeur dans le verre de service choisi pour la recette. Décorez éventuellement le cocktail et servez aussitôt.

> La préparation d'un shooter

Le shooter est un type de cocktail particulier, composé le plus souvent de plusieurs eaux-de-vie et/ou de liqueurs, souvent de couleur différente, superposées sans être mélangées. Le shooter est servi dans un verre shot dont la contenance (environ 6 cl) est prévue pour être bue d'un seul trait !

1

Versez dans un verre shot le premier ingrédient indiqué dans la recette, en veillant à aller toujours du plus sucré au moins sucré, du plus dense au moins dense.

2

Placez la cuillère à mélange de façon qu'elle soit juste en contact avec la surface du liquide. Versez très lentement le deuxième ingrédient sur la cuillère pour ralentir sa vitesse d'écoulement (si vous utilisez un bec verseur, bloquez l'appel d'air avec le pouce de la main qui tient la bouteille pour réduire le débit du liquide). Tout en versant, remontez progressivement la cuillère, afin que les deux liquides se superposent, sans se mélanger.

Santina's Pousse-Café

Procédez de la même façon pour le troisième ingrédient. Servez aussitôt.

Fiesta

Alice in Wonderland

La préparation de la glace pilée

Certains cocktails, qui doivent être servis « frappés », nécessitent l'usage de glace pilée. Celle-ci est aussi recommandée pour les préparations au mixeur. La glace pilée peut parfois jouer le rôle de filtre : dans le Mojito (▷ p. 311), par exemple, elle retient les feuilles de menthe indispensables au goût, ce qui permet de boire le cocktail sans gêne.

1

Placez le nombre de glaçons indiqué dans la recette au milieu d'un torchon bien propre. Repliez le torchon par les quatre coins et saisissez-le avec la main gauche (si vous êtes droitier).

2

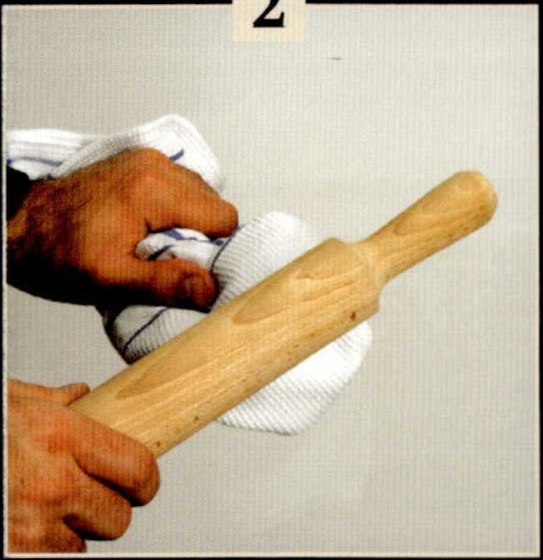

À l'aide d'un rouleau à pâtisserie tenu dans l'autre main, donnez deux ou trois coups secs sur les glaçons contenus dans le torchon.

> Le givrage d'un verre

Pour certains cocktails, le givrage du verre, avec du sel fin ou du sucre en poudre, apporte non seulement une touche de fantaisie, mais aussi une saveur supplémentaire. Dans le Margarita (▷ p. 369), par exemple, le sel collé sur le bord du verre renforce le plaisir de la dégustation.

1

Versez du sel (ou du sucre) dans une soucoupe sur une épaisseur d'environ 5 mm. Frottez le bord du verre avec un quartier de citron vert, en faisant un tour complet.

2

Retournez aussitôt le verre sur la soucoupe et faites-lui faire un tour complet au contact du sel (ou du sucre). Assurez-vous que tout le bord du verre est bien givré.

Les recettes de cocktails

VODKA

COSMOPOLITAN

Short drink à servir à tout moment

POUR 1 VERRE

4 cl de vodka
2 cl de jus de canneberge
(à base de jus de fruits concentré)
0,5 cl de jus de citron vert pressé
0,5 cl de curaçao triple sec
1 zeste de citron vert non traité
5 ou 6 glaçons

> Mettez les glaçons dans la partie inférieure du shaker puis ajoutez la vodka, le jus de canneberge, le jus de citron vert et le curaçao. Ajustez la partie supérieure du shaker et secouez vivement celui-ci pendant 8 à 10 secondes.

> Filtrez au-dessus du verre martini à l'aide d'une passoire à glaçons.

> Prélevez le zeste de citron avec un couteau Économe. Pressez, au-dessus du verre, le zeste entre deux doigts pour extraire son essence puis placez-le dans le verre. Servez aussitôt.

CUCUMBER MARTINI

Short drink à servir à tout moment

POUR 1 VERRE

4,5 cl de vodka
1/2 concombre
0,5 cl de sirop de sucre de canne
5 ou 6 glaçons

> Pelez la moitié de concombre puis découpez-la en petits morceaux.

> Placez les morceaux dans la partie inférieure du shaker et broyez-les avec un pilon afin d'obtenir la consistance d'une purée.

> Ajoutez les glaçons, la vodka et le sirop de sucre.

> Ajustez la partie supérieure du shaker et secouez vivement celui-ci pendant 10 secondes.

> Filtrez au-dessus du verre martini à l'aide d'une passoire à glaçons et d'une passoire à pulpe. Servez aussitôt.

Ce cocktail appartient à la nouvelle famille des fresh fruit martinis dont le principe consiste à utiliser un ou plusieurs ingrédients frais réduits en purée pour en extraire le jus.

FIESTA

Short drink à servir en soirée

POUR 1 VERRE

1 cl de vodka
1 cl de curaçao triple sec
0,5 cl de sirop de grenadine
0,5 cl de Campari

> Versez le curaçao triple sec dans le verre shot.

> Ajoutez lentement le sirop de grenadine ; il va se déposer au fond du verre.

> Dans un verre à part, mélangez la vodka et le Campari, pour obtenir un liquide rouge.

> Versez délicatement le mélange vodka-Campari au-dessus du curaçao triple sec à l'aide d'une cuillère à mélange, pour que les liquides restent bien superposés (▷ p. 94). Servez aussitôt.

MELON MARTINI

Short drink à servir à tout moment

POUR 1 VERRE

4,5 cl de vodka
1/8 de melon
0,5 cl de sirop de sucre de canne
5 ou 6 glaçons

> Retirez l'écorce du morceau de melon, placez-le dans la partie inférieure du shaker et broyez-le avec un pilon jusqu'à obtenir la consistance d'une purée.

> Ajoutez les glaçons et les autres ingrédients.

> Ajustez la partie supérieure du shaker et secouez celui-ci vivement pendant 10 secondes.

> Filtrez au-dessus du verre martini à l'aide d'une passoire à glaçons et d'une passoire à pulpe. Servez aussitôt.

METROPOLITAN

Short drink à servir à tout moment

POUR 1 VERRE

4 cl de vodka aromatisée au cassis
2 cl de jus de canneberge (à base de jus de fruits concentré)
0,5 cl de jus de citron vert pressé
0,5 cl de curaçao triple sec
1 zeste de citron vert non traité
5 ou 6 glaçons

> Mettez les glaçons dans la partie inférieure du shaker et ajoutez la vodka, le jus de canneberge, le jus de citron et le curaçao.

> Ajustez la partie supérieure du shaker et secouez vivement celui-ci pendant 8 à 10 secondes.

> Filtrez au-dessus du verre martini à l'aide d'une passoire à glaçons.

> Prélevez le zeste de citron vert avec un couteau Économe. Pressez, au-dessus du verre, le zeste entre deux doigts pour extraire son essence puis placez-le dans le verre. Servez aussitôt.

PINEAPPLE & GINGER MARTINI

Short drink à servir à tout moment

POUR 1 VERRE

4,5 cl de vodka
1 morceau de racine de gingembre frais
1/2 tranche d'ananas frais de 1 cm d'épaisseur
0,5 cl de sirop de sucre de canne
1 feuille d'ananas
5 ou 6 glaçons

> Rincez la racine de gingembre et découpez une tranche d'environ 1 cm de diamètre et de 1 mm d'épaisseur. Retirez l'écorce de la demi-tranche d'ananas, puis découpez celle-ci en morceaux.

> Écrasez la tranche de gingembre dans la partie inférieure du shaker avec un pilon. Ajoutez les morceaux d'ananas et écrasez-les aussi pour obtenir une purée.

> Ajoutez les glaçons, la vodka et le sirop.

> Ajustez la partie supérieure du shaker et secouez celui-ci pendant 10 secondes.

> Filtrez au-dessus du verre martini à l'aide d'une passoire à glaçons et d'une passoire à pulpe. Faites 2 entailles dans la feuille d'ananas pour la faire tenir sur le rebord du verre. Servez aussitôt.

RASPBERRY & MINT MARTINI

Short drink à servir à tout moment

POUR 1 VERRE

5 cl de vodka
12 à 15 framboises fraîches
0,5 cl de sirop de sucre de canne
3 ou 4 feuilles de menthe fraîche
5 ou 6 glaçons

> Écrasez les framboises avec un pilon dans la partie inférieure du shaker.

> Ajoutez les glaçons, la vodka, le sirop de sucre et les feuilles de menthe entières.

> Ajustez la partie supérieure du shaker et secouez vivement celui-ci pendant 10 secondes.

> Filtrez au-dessus du verre martini à l'aide d'une passoire à glaçons et d'une passoire à pulpe. Servez aussitôt.

VODKA MARTINI EXTRA-DRY

Short drink à servir en apéritif

POUR 1 VERRE

7 cl de vodka

1,5 cl de vermouth dry

1 olive verte ou 1 citron non traité

6 ou 7 glaçons

> Mettez les glaçons et le vermouth dans le verre à mélange.

> Mélangez de manière circulaire et de haut en bas pendant 6 à 8 secondes, afin de parfumer les glaçons avec le vermouth, puis jetez le liquide en retenant les glaçons à l'aide d'une passoire à glaçons.

> Versez la vodka sur les glaçons parfumés au vermouth et remuez à nouveau de manière circulaire et de haut en bas pendant 6 à 8 secondes.

> Filtrez au-dessus du verre martini à l'aide de la passoire à glaçons.

> Placez l'olive verte dans le verre. Ou bien prélevez un zeste de citron à l'aide d'un couteau Économe, pressez-le au-dessus du verre entre deux doigts pour extraire son essence puis placez-le dans le verre. Servez aussitôt.

Variante : le Vodka Martini Dry
En utilisant 5 cl de vodka et 2 cl de vermouth, vous obtenez un Vodka Martini Dry, un short drink moins sec, idéal au moment de l'apéritif.

Ce cocktail est également connu sous le nom de Vodkatini.

BALALAÏKA

Short drink à servir à tout moment

POUR 1 VERRE

4 cl de vodka
1,5 cl de curaçao triple sec
1,5 cl de jus de citron pressé
5 ou 6 glaçons

> Mettez les glaçons, la vodka, le curaçao et le jus de citron dans la partie inférieure du shaker.

> Ajustez la partie supérieure du shaker et secouez vivement celui-ci pendant 8 à 10 secondes.

> Filtrez au-dessus du verre martini à l'aide d'une passoire à glaçons. Servez aussitôt.

BALLET RUSSE

Short drink à servir à tout moment

POUR 1 VERRE

4,5 cl de vodka
1 cl de crème de cassis
1,5 cl de jus de citron vert pressé
5 ou 6 glaçons

> Mettez les glaçons et les ingrédients dans la partie inférieure du shaker.

> Ajustez la partie supérieure du shaker et secouez celui-ci pendant 8 à 10 secondes.

> Filtrez au-dessus du verre martini à l'aide d'une passoire à glaçons. Servez aussitôt.

BERRY BLUSH

Long drink à servir à tout moment

POUR 1 VERRE

4 cl de vodka
5 fraises fraîches
4 cl de jus de canneberge
(à base de jus de fruits concentré)
1 cl de jus de citron pressé
0,5 cl de sirop de sucre de canne
6,5 cl d'eau gazeuse
8 à 10 glaçons

> Écrasez 4 fraises avec un pilon dans la partie inférieure du shaker.

> Ajoutez 5 ou 6 glaçons, la vodka, le jus de canneberge, le jus de citron et le sirop de sucre.

> Ajustez la partie supérieure du shaker et secouez vivement celui-ci pendant 8 à 10 secondes.

> Mettez 3 ou 4 glaçons dans le verre highball puis filtrez au-dessus le contenu du shaker à l'aide d'une passoire à glaçons et d'une passoire à pulpe.

> Complétez avec l'eau gazeuse et placez la dernière fraise coupée en deux dans le verre. Servez aussitôt.

BLUE LAGOON

Short drink à servir à tout moment

POUR 1 VERRE

4 cl de vodka
1,5 cl de jus de citron pressé
1,5 cl de curaçao bleu
5 ou 6 glaçons

> Mettez les glaçons et les ingrédients dans la partie inférieure du shaker. Ajustez la partie supérieure du shaker et secouez vivement celui-ci pendant 8 à 10 secondes.

> Filtrez au-dessus du verre martini à l'aide d'une passoire à glaçons. Servez aussitôt.

Variante : le Blue Lagoon Highball
En utilisant un verre highball et en ajoutant du lemon*-lime soda, on obtient un Blue Lagoon Highball, un long drink plus doux, idéal à tout moment.

BULL-FROG

Long drink à servir à tout moment

POUR 1 VERRE

4 cl de vodka
14 cl de lemon*-lime soda
1/8 de citron vert non traité
4 ou 5 glaçons

> Mettez les glaçons, la vodka et le lemon-lime soda dans le verre highball.

> Remuez de manière circulaire et de bas en haut pendant 8 à 10 secondes.

> Pressez le quartier de citron puis placez-le dans le verre. Servez aussitôt.

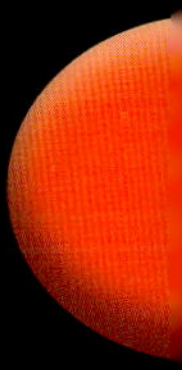

BURGUNDY JUICER

Long drink à servir à tout moment

POUR 1 VERRE

4 cl de vodka
8 cl de jus de pamplemousse (pur jus de fruits)
1 cl de crème de cassis
5 cl d'eau gazeuse
5 ou 6 glaçons

> Mettez les glaçons, la vodka, le jus de pamplemousse et la crème de cassis dans la partie inférieure du shaker.

> Ajustez la partie supérieure du shaker et secouez vivement celui-ci pendant 8 à 10 secondes.

> Filtrez au-dessus du verre highball à l'aide d'une passoire à glaçons.

> Complétez avec l'eau gazeuse. Servez aussitôt.

CAIPIROVSKA

Short drink à servir à tout moment

POUR 1 VERRE

5 cl de vodka
1/2 citron vert non traité
2 cuill. à mélange de sucre en poudre
3 ou 4 glaçons pilés (▷ p. 96)

> Coupez la moitié de citron vert en quatre. Versez le sucre en poudre dans le verre rocks et recouvrez-le avec les morceaux de citron vert. Écrasez ceux-ci à l'aide d'un pilon, puis remplissez le verre de glaçons pilés.

> Versez la vodka, remuez à l'aide d'une cuillère à mélange pendant 8 à 10 secondes. Servez aussitôt.

C'est une marque de vodka suédoise qui aurait créé ce cocktail dans les années quatre-vingt-dix afin de promouvoir son produit sur le marché brésilien. Aujourd'hui, la Caipirovska est une boisson très populaire en Scandinavie.

CAPE CODDER

Long drink à servir à tout moment

POUR 1 VERRE

4 cl de vodka
14 cl de jus de canneberge (à base de jus de fruits concentré)
1/2 rondelle de citron vert non traité
4 ou 5 glaçons

> Mettez les glaçons, la vodka et le jus de canneberge dans le verre highball.

> Remuez à l'aide d'une cuillère à mélange pendant 8 à 10 secondes.

> Placez la demi-rondelle de citron vert dans le verre. Servez aussitôt.

Variante : le Cape Cod Cooler
En remplaçant 6 cl de jus de canneberge par 6 cl d'eau gazeuse, on obtient un Cape Cod Cooler, un long drink plus désaltérant, idéal en fin d'après-midi.

CASSISINA

Short drink à servir à tout moment

POUR 1 VERRE

5 cl de vodka aromatisée au cassis
1/8 de citron vert non traité
2 cl de crème de cassis
3 ou 4 glaçons pilés (▷ p. 96)

> Pressez le quartier de citron vert dans le verre rocks.

> Remplissez le verre de glaçons pilés et versez les autres ingrédients.

> Remuez à l'aide d'une cuillère à mélange pendant 8 à 10 secondes. Servez aussitôt.

CLOCKWORK ORANGE

Short drink à servir à tout moment

POUR 1 VERRE

5 cl de vodka
1/2 orange non traitée
2 cuill. à mélange de sucre en poudre
3 ou 4 glaçons pilés (▷ p. 96)

> Coupez la moitié d'orange en quatre.

> Versez le sucre dans le verre rocks et recouvrez-le avec les morceaux d'orange.

> Écrasez ceux-ci sur le sucre en poudre à l'aide d'un pilon, puis remplissez le verre de glaçons pilés.

> Versez la vodka et remuez à l'aide d'une cuillère à mélange pendant 8 à 10 secondes. Servez aussitôt.

DOUBLE VISION

Short drink à servir à tout moment

POUR 1 VERRE

- 1,5 cl de vodka aromatisée au cassis
- 1,5 cl de vodka aromatisée au citron
- 2 cl de jus de pomme (pur jus de fruits)
- 1 cl de jus de citron vert pressé
- 0,5 cl de sirop de sucre de canne
- 2 ou 3 gouttes d'Angostura* bitters
- 5 ou 6 glaçons

> Mettez les glaçons et les ingrédients dans la partie inférieure du shaker.

> Ajustez la partie supérieure du shaker et secouez vivement celui-ci pendant 8 à 10 secondes.

> Filtrez au-dessus du verre martini à l'aide d'une passoire à glaçons. Servez aussitôt.

Le Double Vision peut se préparer aussi en long drink, servi dans un verre highball. Pour l'obtenir, on ajoute 1 cl de chaque type de vodka, 8,5 cl de jus de pomme, 1 cl de jus de citron vert, 0,5 cl de sirop de sucre de canne et 2 gouttes d'Angostura bitters.

ESPRESSO MARTINI

Short drink à servir en soirée

POUR 1 VERRE

3 cl de vodka
3 cl de café expresso froid
0,5 cl de liqueur de café
0,5 cl de sirop de sucre de canne
5 ou 6 glaçons

> Mettez les glaçons et les ingrédients dans la partie inférieure du shaker.

> Ajustez la partie supérieure du shaker et secouez vivement celui-ci pendant 8 à 10 secondes.

> Filtrez au-dessus du verre martini à l'aide d'une passoire à glaçons. Servez aussitôt.

Inventé en 1998 par Dick Bradsell au Pharmacy, à Londres, ce cocktail portait initialement le nom de Pharmaceutical Stimulant.

FRISKY BISON

Short drink à servir en soirée

POUR 1 VERRE

3 cl de vodka aromatisée à l'herbe de bison
2 cl de jus de pomme (pur jus de fruits)
1 cl de liqueur manzana* verde
0,5 cl de jus de citron vert pressé
0,5 cl de sirop de sucre de canne
3 ou 4 feuilles de menthe fraîche
5 ou 6 glaçons

> Mettez les glaçons et les ingrédients dans la partie inférieure du shaker.

> Ajustez la partie supérieure du shaker et secouez vivement celui-ci pendant 8 à 10 secondes.

> Filtrez au-dessus du verre martini à l'aide d'une passoire à glaçons. Servez aussitôt.

KAMIKAZE

Short drink à servir en soirée

POUR 1 VERRE

1,5 cl de vodka
1 cl de curaçao triple sec
0,5 cl de jus de citron vert pressé
3 ou 4 glaçons

> Mettez les glaçons et les ingrédients dans la partie inférieure du shaker.

> Ajustez la partie supérieure du shaker et secouez vivement celui-ci pendant 4 à 6 secondes.

> Filtrez au-dessus du verre shot à l'aide d'une passoire à glaçons. Servez aussitôt.

KILLER PUNCH

Long drink à servir à tout moment

POUR 1 VERRE

4 cl de vodka
0,5 cl de liqueur de melon verte
0,5 cl de liqueur amaretto*
13 cl de jus de canneberge (à base de jus de fruits concentré)
4 ou 5 glaçons

> Mettez les glaçons et les ingrédients dans le verre highball.

> Remuez à l'aide d'une cuillère à mélange pendant 8 à 10 secondes. Servez aussitôt.

Variante : le Koolaid

En préparant la boisson dans un verre martini avec les mêmes quantités de liqueurs mais avec seulement 3 cl de vodka, 1,5 cl de jus de canneberge et en ajoutant 1,5 cl de jus d'orange (pur jus de fruits), on obtient un Koolaid, un short drink plus sucré, idéal à tout moment.

KREMLIN COOLER

Long drink à servir à tout moment

POUR 1 VERRE

4 cl de vodka
1,5 cl de jus de citron vert pressé
0,5 cl de sirop de sucre de canne
12 cl d'eau gazeuse
1 rondelle de citron vert non traité
4 ou 5 glaçons

> Mettez les glaçons et les ingrédients (sauf la rondelle de citron) dans le verre highball.

> Remuez à l'aide d'une cuillère à mélange pendant 8 à 10 secondes.

> Placez la rondelle de citron vert dans le verre. Servez aussitôt.

LEMON DROP

Short drink à servir à tout moment

POUR 1 VERRE

4,5 cl de vodka aromatisée au citron
1,5 cl de jus de citron pressé
1 cl de sirop de sucre de canne
1 zeste de citron non traité
5 ou 6 glaçons

> Mettez les glaçons, la vodka, le jus de citron et le sirop de sucre dans la partie inférieure du shaker.

> Ajustez la partie supérieure du shaker et secouez celui-ci pendant 8 à 10 secondes.

> Filtrez au-dessus du verre martini à l'aide d'une passoire à glaçons.

> Prélevez le zeste de citron à l'aide d'un couteau Économe. Pressez, au-dessus du verre, le zeste entre deux doigts pour extraire son essence puis placez-le dans le verre. Servez aussitôt.

LONG ISLAND ICED TEA

Long drink à servir en soirée

POUR 1 VERRE

1,5 cl de vodka
4 cl de jus de citron pressé
1,5 cl de gin
1,5 cl de rhum portoricain
1,5 cl de curaçao triple sec
4 cl de cola
1/2 rondelle de citron non traité
8 à 10 glaçons

> Mettez 5 ou 6 glaçons et tous les ingrédients, sauf le cola et la rondelle de citron, dans la partie inférieure du shaker.

> Ajustez la partie supérieure du shaker et secouez vivement celui-ci pendant 8 à 10 secondes.

> Mettez 3 ou 4 glaçons et le cola dans le verre highball.

> Versez lentement, et à travers une passoire à glaçons, le contenu du shaker, afin de créer un dégradé avec le cola.

> Placez la demi-rondelle de citron dans le verre. Servez aussitôt, en laissant à votre invité le soin de mélanger sa boisson.

Variante : le Long Island Lemonade
En remplaçant le cola par du lemon*-lime soda, on obtient un Long Island Lemonade, un long drink plus citronné, idéal en soirée.

POUR 1 VERRE

4 cl de vodka
1 cl de jus de citron vert pressé
2 ou 3 gouttes d'Angostura* bitters (facultatif)
13 cl de ginger* beer
1 rondelle de citron vert non traité
4 ou 5 glaçons

> Mettez les glaçons, la vodka, le jus de citron vert et éventuellement l'Angostura dans le verre highball. Ajoutez le ginger beer.

> Remuez à l'aide d'une cuillère à mélange pendant 8 à 10 secondes.

> Placez la rondelle de citron dans le verre. Servez aussitôt.

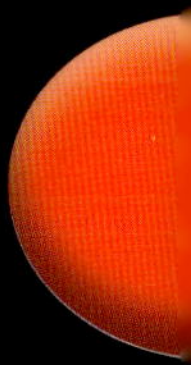

NAPOLI

Long drink à servir à tout moment

POUR 1 VERRE

4 cl de vodka
1 cl de liqueur Galliano*
13 cl de ginger* ale
1 zeste d'orange non traitée
4 ou 5 glaçons

> Mettez les glaçons, la vodka, la liqueur Galliano et le ginger ale dans le verre highball.

> Remuez de manière circulaire et de bas en haut pendant 8 à 10 secondes.

> Prélevez le zeste d'orange avec un couteau Économe. Pressez, au-dessus du verre, le zeste entre deux doigts pour extraire son essence puis placez-le dans le verre. Servez aussitôt.

PURPLE HAZE

Short drink à servir en soirée

POUR 1 VERRE

1,5 cl de vodka
1 cl de jus de citron vert pressé
0,5 cl de sirop de sucre de canne
0,5 cl de crème de mûre
3 ou 4 glaçons

> Mettez les glaçons, la vodka, le jus de citron et le sirop de sucre dans la partie inférieure du shaker.

> Ajustez la partie supérieure du shaker et secouez vivement celui-ci pendant 4 à 6 secondes.

> Filtrez au-dessus du verre shot à l'aide d'une passoire à glaçons.

> Ajoutez la crème de mûre doucement ; elle va se déposer au fond. Servez aussitôt.

PURPLE HOOTER

Long drink à servir à tout moment

POUR 1 VERRE

4,5 cl de vodka
1,5 cl de jus de citron vert pressé
1 cl de crème de mûre
11 cl de lemon*-lime soda
4 ou 5 glaçons

> Mettez les glaçons, la vodka, le jus de citron et la crème de mûre dans la partie inférieure du shaker.

> Ajustez la partie supérieure du shaker et secouez vivement celui-ci pendant 4 à 6 secondes.

> Versez dans le verre highball. Ajoutez le lemon-lime soda.

> Remuez 2 ou 3 secondes. Servez aussitôt.

RASPBERRY MULE

Long drink à servir à tout moment

POUR 1 VERRE

4 cl de vodka
14 ou 15 framboises fraîches
1 cl de jus de citron vert pressé
11 cl de ginger* beer
1 rondelle de citron vert non traité
8 à 10 glaçons

> Écrasez les framboises avec un pilon dans la partie inférieure du shaker.

> Ajoutez 5 ou 6 glaçons, la vodka et le jus de citron.

> Ajustez la partie supérieure du shaker et secouez vivement celui-ci pendant 8 à 10 secondes.

> Mettez 3 ou 4 glaçons dans le verre highball puis filtrez au-dessus le contenu du shaker à l'aide d'une passoire à glaçons et d'une passoire à pulpe.

> Ajoutez le ginger beer et remuez 3 ou 4 secondes à l'aide d'une cuillère à mélange.

> Placez la rondelle de citron vert dans le verre. Servez aussitôt.

TESTA ROSSA

Long drink à servir en apéritif

POUR 1 VERRE

3 cl de vodka
2 cl de Campari
13 cl d'eau gazeuse
1/4 de rondelle d'orange
non traitée
4 ou 5 glaçons

> Mettez les glaçons, la vodka, le Campari et l'eau gazeuse dans le verre highball.

> Remuez à l'aide d'une cuillère à mélange pendant 8 à 10 secondes.

> Placez le morceau d'orange dans le verre. Servez aussitôt.

UNCLE VANYA

Short drink à servir en soirée

POUR 1 VERRE

4 cl de vodka
1,5 cl de crème de mûre
1,5 cl de jus de citron vert pressé
5 ou 6 glaçons

> Mettez les glaçons, la vodka, la crème de mûre et le jus de citron vert dans la partie inférieure du shaker.

> Ajustez la partie supérieure du shaker et secouez vivement celui-ci pendant 8 à 10 secondes.

> Filtrez au-dessus du verre à vin à l'aide d'une passoire à glaçons. Servez aussitôt.

VODKA GIMLET

Short drink à servir à tout moment

POUR 1 VERRE

4 cl de vodka
2 cl de sirop lime* cordial
3 ou 4 glaçons

> Mettez les glaçons et les ingrédients dans le verre rocks.

> Remuez à l'aide d'une cuillère à mélange pendant 8 à 10 secondes. Servez aussitôt.

Variante :
le Vodka Lime Sour
En remplaçant le sirop lime cordial par 2 cl de jus de citron vert et 1 cl de sirop de sucre de canne, on obtient un Vodka Lime Sour, un short drink plus acide, idéal à tout moment.

APPLE MARTINI

Short drink à servir à tout moment

POUR 1 VERRE

3 cl de vodka
2 cl de liqueur manzana* verde
2 cl de jus de pomme
(pur jus de fruits)
5 ou 6 glaçons

> Mettez les glaçons et les ingrédients dans la partie inférieure du shaker.

> Ajustez la partie supérieure du shaker et secouez vivement celui-ci pendant 8 à 10 secondes.

> Filtrez au-dessus du verre martini à l'aide d'une passoire à glaçons. Servez aussitôt.

Ce cocktail est l'adaptation européenne du Big Apple Martini, un short drink plus sec qui se prépare sans le jus de pomme.

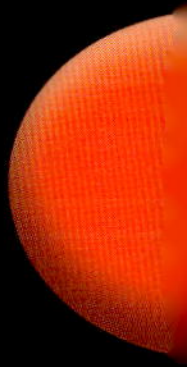

AQUAMARINE

Long drink à servir à tout moment

POUR 1 VERRE

3 cl de vodka
12 cl de jus de pomme (pur jus de fruits)
2 cl de liqueur melocoton*
0,5 cl de curaçao bleu
5 ou 6 glaçons

> Mettez les glaçons et les ingrédients dans la partie inférieure du shaker.

> Ajustez la partie supérieure du shaker et secouez vivement celui-ci pendant 8 à 10 secondes.

> Versez le contenu du shaker dans le verre highball. Servez aussitôt.

Si vous souhaitez obtenir un cocktail aux reflets plus bleutés, vous pouvez utiliser du jus de pomme à base de jus concentré, c'est-à-dire un jus de pomme qui est plus clair.

CHI CHI

Long drink à servir à tout moment

POUR 1 VERRE

4 cl de vodka
1 tranche d'ananas d'environ
1 cm d'épaisseur
2 cuill. à mélange de crème de
coco (en conserve)
12 cl de jus d'ananas
(pur jus de fruits)
5 ou 6 glaçons

> Coupez un morceau triangulaire dans la tranche d'ananas, sans retirer l'écorce.

> Mettez les glaçons et les ingrédients (sauf le morceau d'ananas) dans la partie inférieure du shaker.

> Ajustez la partie supérieure du shaker et secouez vivement celui-ci pendant 8 à 10 secondes.

> Filtrez au-dessus du verre highball à l'aide d'une passoire à glaçons.

> Faites une entaille dans le quartier d'ana-

FRENCH MARTINI

Short drink à servir à tout moment

POUR 1 VERRE

3,5 cl de vodka
3 cl de jus d'ananas (pur jus de fruits)
0,5 cl de crème de mûre
5 ou 6 glaçons

> Mettez les glaçons et les ingrédients dans la partie inférieure du shaker.

> Ajustez la partie supérieure du shaker et secouez vivement celui-ci pendant 8 à 10 secondes.

> Filtrez au-dessus du verre martini à l'aide d'une passoire à glaçons. Servez aussitôt.

HARVEY WALLBANGER

Long drink à servir à tout moment

POUR 1 VERRE

4 cl de vodka
13 cl de jus d'orange
(pur jus de fruits)
1 cl de liqueur Galliano*
5 ou 6 glaçons

> Mettez les glaçons, la vodka et le jus d'orange dans la partie inférieure du shaker.

> Ajustez la partie supérieure du shaker et secouez vivement celui-ci pendant 8 à 10 secondes.

> Filtrez au-dessus du verre highball à l'aide d'une passoire à glaçons.

> Verser la liqueur Galliano au-dessus du mélange obtenu. Servez aussitôt.

Variante :
le Henrietta Wallbanger
En remplaçant le jus d'orange par du jus de pamplemousse (pur jus de fruits), on obtient un Henrietta Wallbanger, un long drink avec un goût amer, idéal à tout moment.

LYCHEE MARTINI

Short drink à servir à tout moment

POUR 1 VERRE

3 cl de vodka
3 cl de jus de litchi
(à base de jus de fruits concentré)
1 cl de liqueur de litchi
5 ou 6 glaçons

> Mettez les glaçons et les ingrédients dans la partie inférieure du shaker.

> Ajustez la partie supérieure du shaker et secouez vivement celui-ci pendant 8 à 10 secondes.

> Filtrez au-dessus du verre martini à l'aide d'une passoire à glaçons. Servez aussitôt.

On trouve du jus de litchi (ou lychee) dans les magasins de produits exotiques.

MADRAS

Long drink à servir à tout moment

POUR 1 VERRE

4 cl de vodka
7 cl de jus d'orange
(pur jus de fruits)
7 cl de jus de canneberge
(à base de jus de fruits
concentré)
1 quartier d'orange
non traitée
4 ou 5 glaçons

> Mettez les glaçons et les ingrédients (sauf le quartier d'orange) dans le verre highball. Remuez pendant 8 à 10 secondes.

> Faites une entaille dans le quartier d'orange pour le faire tenir sur le bord du verre. Servez aussitôt

POLISH MARTINI

Short drink à servir à tout moment

POUR 1 VERRE

1,5 cl de vodka
1,5 cl de vodka aromatisée à l'herbe de bison
3 cl de jus de pomme (pur jus de fruits)
1 cl de liqueur Krupnik*
1 pomme
5 ou 6 glaçons

> Mettez les glaçons, les deux sortes de vodka, le jus de pomme et la liqueur Krupnik dans la partie inférieure du shaker.

> Ajustez la partie supérieure du shaker et secouez vivement celui-ci pendant 8 à 10 secondes.

> Filtrez au-dessus du verre martini à l'aide d'une passoire à glaçons.

> Rincez la pomme et coupez-la en deux pour retirer le cœur. Taillez quelques fines lamelles de pomme et placez-les dans le verre. Servez aussitôt.

SALTY DOG

Short drink à servir à tout moment

POUR 1 VERRE

3,5 cl de vodka
3,5 cl de jus de pamplemousse rose pressé
Sel fin
5 ou 6 glaçons

> Givrez le bord du verre martini avec du sel fin (▷ p. 97).

> Mettez les glaçons et les ingrédients dans la partie inférieure du shaker.

> Ajustez la partie supérieure du shaker et secouez vivement celui-ci pendant 8 à 10 secondes.

> Filtrez au-dessus du verre martini à l'aide d'une passoire à glaçons. Servez aussitôt.

SAN FRANCISCO

Long drink à servir à tout moment

POUR 1 VERRE

4 cl de vodka
1 tranche d'ananas frais d'environ 1 cm
8 cl de jus d'ananas (pur jus de fruits)
4 cl de jus d'orange (pur jus de fruits)
1 cl de curaçao triple sec
0,5 cl de crème de banane
0,5 cl de sirop de grenadine
5 ou 6 glaçons

> Coupez un morceau triangulaire dans la tranche d'ananas, sans retirer l'écorce.

> Mettez les glaçons, la vodka, le jus d'ananas, le jus d'orange, le curaçao, la crème de banane et le sirop de grenadine dans la partie inférieure du shaker.

> Ajustez la partie supérieure du shaker et secouez vivement celui-ci pendant 8 à 10 secondes.

> Filtrez au-dessus du verre highball à l'aide d'une passoire à glaçons.

> Faites une entaille dans le morceau d'ananas pour le faire tenir sur le bord du verre. Servez aussitôt.

SCREWDRIVER

Long drink à servir à tout moment

POUR 1 VERRE

4 cl de vodka
14 cl de jus d'orange
1 quartier d'orange non traitée
5 ou 6 glaçons

> Mettez les glaçons, la vodka et le jus d'orange dans la partie inférieure du shaker.

> Ajustez la partie supérieure du shaker et secouez vivement celui-ci pendant 8 à 10 secondes.

> Filtrez au-dessus du verre highball à l'aide d'une passoire à glaçons.

> Faites une entaille dans le quartier d'orange pour le faire tenir sur le bord du verre. Servez aussitôt.

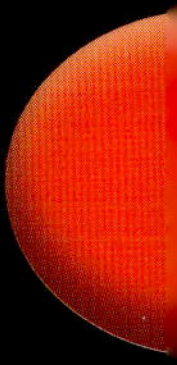

SEA BREEZE

Long drink à servir à tout moment

POUR 1 VERRE

4 cl de vodka
10 cl de jus de canneberge (à base de jus de fruits concentré)
4 cl de jus de pamplemousse (pur jus de fruits)
1/8 de citron vert non traité
5 ou 6 glaçons

> Mettez les glaçons, la vodka, le jus de canneberge et le jus de pamplemousse dans la partie inférieure du shaker.

> Ajustez la partie supérieure du shaker et secouez vivement celui-ci pendant 8 à 10 secondes.

> Filtrez au-dessus du verre highball à l'aide d'une passoire à glaçons.

> Pressez légèrement le quartier de citron vert et placez-le dans le verre. Servez aussitôt.

Variante : le Bay Breeze
En remplaçant le jus de pamplemousse par du jus d'ananas (pur jus de fruits), on obtient un Bay Breeze, plus sucré, idéal en soirée.

SEX ON THE BEACH

Long drink à servir à tout moment

POUR 1 VERRE

- cl de vodka
- cl de jus de canneberge (à base de jus de fruits concentré)
- cl de jus d'orange (pur jus de fruits)
- 2 cl de liqueur melocoton*
- 5 ou 6 glaçons

> Mettez les glaçons et les ingrédients dans la partie inférieure du shaker.

> Ajustez la partie supérieure du shaker et secouez vivement celui-ci pendant 8 à 10 secondes.

> Filtrez au-dessus du verre highball à l'aide d'une passoire à glaçons. Servez aussitôt.

Variante : le Sex on the Beach # 2

En remplaçant 1 cl de liqueur melocoton par 1 cl de crème de mûre et en utilisant du jus d'ananas (pur jus de fruits) à la place du jus d'orange, on obtient un Sex on the Beach # 2, un long drink plus doux, idéal à

TETANKA

Short drink à servir en soirée

POUR 1 VERRE

4 cl de vodka aromatisée à l'herbe de bison
6 cl de jus de pomme (pur jus de fruits)
3 ou 4 glaçons

> Mettez les glaçons et les ingrédients dans le verre rocks.

> Remuez à l'aide d'une cuillère à mélange pendant 8 à 10 secondes. Servez aussitôt.

WOO WOO

Long drink à servir à tout moment

POUR 1 VERRE

4 cl de vodka
2 cl de liqueur melocoton*
12 cl de jus de canneberge (à base de jus de fruits concentré)
1/8 de citron vert non traité
4 ou 5 glaçons

> Mettez les glaçons et les ingrédients (sauf le citron) dans le verre highball.

> Remuez à l'aide d'une cuillère à mélange pendant 8 à 10 secondes.

> Faites une entaille dans le quartier de citron vert pour le faire tenir sur le bord du verre. Servez aussitôt.

BETTY BLUE

Short drink à servir à tout moment

POUR 1 VERRE

4 cl de vodka
1,5 cl de liqueur melocoton*
1,5 cl de vermouth dry
2 ou 3 gouttes de curaçao bleu
1 zeste d'orange non traitée
1 cerise au marasquin
5 ou 6 glaçons

> Mettez les glaçons et tous les ingrédients (sauf l'orange et la cerise) dans le verre à mélange.

> Remuez à l'aide d'une cuillère à mélange pendant 8 à 10 secondes.

> Filtrez au-dessus du verre martini à l'aide d'une passoire à glaçons.

> Prélevez le zeste d'orange et pressez-le entre deux doigts au-dessus du verre (sans le placer dans le verre) pour extraire son essence. Disposez la cerise dans le verre. Servez aussitôt.

LACK RUSSIAN

ort drink à servir en digestif

UR 1 VERRE

de vodka
de liqueur de café
4 glaçons

lettez les glaçons et les ingrédients dans
erre rocks.

emuez à l'aide d'une cuillère à mélange
ndant 8 à 10 secondes. Servez aussitôt.

CHOCOLATE MARTINI

Short drink à servir en digestif

POUR 1 VERRE

4 cl de vodka
2,5 cl de crème de cacao blanche
0,5 cl de crème de cacao brune
5 ou 6 glaçons

> Mettez les glaçons, la vodka et la crème de cacao blanche dans le verre à mélange. Remuez pendant 8 à 10 secondes.

> Filtrez au-dessus du verre martini à l'aide d'une passoire à glaçons.

> Versez doucement la crème de cacao brune au centre ; elle doit se déposer au fond. Servez aussitôt.

Variante : le Chocolate Mint Martini
En remplaçant 1 cl de crème de cacao blanche par 1 cl de crème de menthe blanche, puis en utilisant de la crème de menthe verte à la place de la crème de cacao brune, on obtient un Chocolate Mint Martini, idéal après un dessert au chocolat.

GIPSY QUEEN

Short drink à servir en digestif

POUR 1 VERRE

4 cl de vodka
2 cl de liqueur Bénédictine
2 ou 3 gouttes d'orange* bitters
3 ou 4 glaçons

> Mettez les glaçons et les ingrédients dans le verre rocks.

> Remuez à l'aide d'une cuillère à mélange pendant 8 à 10 secondes. Servez aussitôt.

Dans ce type de cocktail, on utilise deux fois plus d'eau-de-vie que de liqueur pour contrebalancer l'apport en sucre de celle-ci.

GODMOTHER

Short drink à servir à tout moment

POUR 1 VERRE

4 cl de vodka
2 cl de liqueur amaretto*
3 ou 4 glaçons

> Mettez les glaçons et les ingrédients dans le verre rocks.

> Remuez à l'aide d'une cuillère à mélange pendant 8 à 10 secondes. Servez aussitôt.

RED RUSSIAN

Short drink à servir en digestif

POUR 1 VERRE

4 cl de vodka
2 cl de liqueur cherry* brandy
1 cerise au marasquin
3 ou 4 glaçons

> Mettez les glaçons, la vodka et la liqueur cherry brandy dans le verre rocks.

> Remuez à l'aide d'une cuillère à mélange pendant 8 à 10 secondes.

> Placez la cerise au marasquin dans le verre. Servez aussitôt.

Variante : le Green Russian
En remplaçant la liqueur par de la crème de menthe verte, on obtient un Green Russian, un short drink plus frais, idéal en digestif.

VODKA STINGER

Short drink à servir en digestif

POUR 1 VERRE

5 cl de vodka
2 cl de crème de menthe blanche
3 ou 4 glaçons

> Mettez les glaçons et les ingrédients dans le verre rocks.

> Remuez à l'aide d'une cuillère à mélange pendant 8 à 10 secondes. Servez aussitôt.

Le Vodka Stinger est également appelé White Spider. Son goût évoque celui des pastilles au menthol.

BLOODY MARY

Long drink à servir à tout moment

POUR 1 VERRE

4 cl de vodka
12 cl de jus de tomate
0,5 cl de jus de citron pressé
0,5 cl de Worcestershire* sauce
3 gouttes de sauce Tabasco rouge
1 pincée de sel de céleri
1 pincée de poivre noir
1 petit morceau de céleri-branche
5 ou 6 glaçons

> Mettez les glaçons et les ingrédients (sauf le céleri-branche) dans le verre à mélange. Remuez à l'aide d'une cuillère à mélange pendant 8 à 10 secondes.

> Filtrez au-dessus du verre highball à l'aide d'une passoire à glaçons.

> Rincez le morceau de céleri-branche et placez-le dans le verre. Servez aussitôt.

JUNGLE JOE

Long drink à servir à tout moment

POUR 1 VERRE

4 cl de vodka
13 cl de lait entier UHT
1 cl de crème de banane
5 ou 6 glaçons

> Mettez les glaçons et les ingrédients dans la partie inférieure du shaker.

> Ajustez la partie supérieure du shaker et secouez vivement celui-ci pendant 8 à 10 secondes.

> Filtrez au-dessus du verre highball à l'aide d'une passoire à glaçons. Servez aussitôt.

VELVET HAMMER

Short drink à servir en digestif

POUR 1 VERRE
3 cl de vodka
2 cl de crème de cacao brune
2 cl de crème liquide UHT
Quelques copeaux
de chocolat noir
5 ou 6 glaçons

> Mettez les glaçons et les ingrédients dans la partie inférieure du shaker.

> Ajustez la partie supérieure du shaker et secouez celui-ci pendant 8 à 10 secondes.

> Filtrez au-dessus du verre martini à l'aide d'une passoire à glaçons. Saupoudrez les copeaux de chocolat. Servez aussitôt.

Variante : le Alexander the Great
En remplaçant 1 cl de crème de cacao par 1 cl de liqueur de café, on obtient un Alexander the Great, un short drink avec un goût légèrement plus corsé, idéal après le dessert.

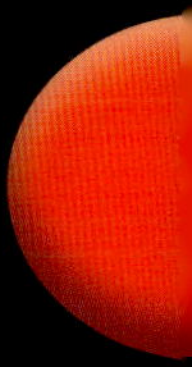

WHITE RUSSIAN

Short drink à servir en digestif

POUR 1 VERRE

3 cl de vodka
5 cl de crème liquide UHT
2 cl de liqueur de café
4 ou 5 glaçons

> Placez la crème 5 minutes au congélateur. Dans un bol, battez-la à l'aide d'une fourchette, jusqu'à ce qu'elle atteigne une consistance onctueuse.

> Mettez les glaçons, la vodka et la liqueur de café dans le verre à mélange.

> Remuez à l'aide d'une cuillère à mélange pendant 8 à 10 secondes.

> Filtrez au-dessus du verre martini à l'aide d'une passoire à glaçons.

> Avec la cuillère à mélange, nappez de 2,5 cl de crème battue. Servez aussitôt.

GIN

ASTORIA

Short drink à servir en apéritif

POUR 1 VERRE

4 cl de gin
3 cl de vermouth dry
2 ou 3 gouttes d'orange* bitters
1 zeste d'orange non traitée
5 ou 6 glaçons

> Mettez les glaçons, le gin, le vermouth et l'orange bitters dans le verre à mélange.

> Remuez à l'aide d'une cuillère à mélange pendant 8 à 10 secondes.

> Filtrez au-dessus du verre martini à l'aide d'une passoire à glaçons.

> Prélevez le zeste d'orange avec un couteau Économe. Pressez, au-dessus du verre, le zeste entre deux doigts pour extraire son essence puis placez-le dans le verre. Servez aussitôt.

ATTABOY

Short drink à servir en apéritif

POUR 1 VERRE

4 cl de gin
2 cl de vermouth dry
1 cl de sirop de grenadine
1 zeste de citron non traité
5 ou 6 glaçons

> Mettez les glaçons, le gin, le vermouth et le sirop de grenadine dans la partie inférieure du shaker.

> Ajustez la partie supérieure du shaker et secouez vivement celui-ci pendant 8 à 10 secondes.

> Filtrez au-dessus du verre martini à l'aide d'une passoire à glaçons.

> Prélevez le zeste de citron à l'aide d'un couteau Économe. Pressez, au-dessus du verre, le zeste entre deux doigts pour extraire son essence puis placez-le dans le verre. Servez aussitôt.

BLOODHOUND

Short drink à servir à tout moment

POUR 1 VERRE

- 3 cl de gin
- 4 fraises fraîches
- 1 cl de vermouth dry
- 1 cl de vermouth rosso
- 5 ou 6 glaçons

> Écrasez les fraises à l'aide d'un pilon dans la partie inférieure du shaker. Ajoutez les glaçons et les autres ingrédients.

> Ajustez la partie supérieure du shaker et secouez celui-ci pendant 8 à 10 secondes.

> Filtrez au-dessus du verre martini à l'aide d'une passoire à glaçons et d'une passoire à pulpe. Servez aussitôt.

Ce cocktail se faisait autrefois avec des framboises à la place des fraises.

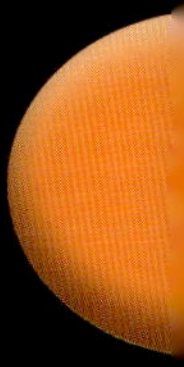

BRONX TERRACE

Short drink à servir à tout moment

POUR 1 VERRE

4 cl de gin
2 cl de vermouth dry
1 cl de jus de citron vert frais
1 zeste de citron vert non traité
5 ou 6 glaçons

> Mettez les glaçons, le gin, le vermouth et le jus de citron dans la partie inférieure du shaker.

> Ajustez la partie supérieure du shaker et secouez vivement celui-ci pendant 8 à 10 secondes.

> Filtrez au-dessus du verre martini à l'aide d'une passoire à glaçons.

> Prélevez le zeste de citron avec un couteau Économe. Pressez, au-dessus du verre, le zeste entre deux doigts pour extraire son essence puis placez-le dans le verre. Servez aussitôt.

CLARIDGE

Short drink à servir en apéritif

POUR 1 VERRE

4 cl de gin
2 cl de vermouth dry
0,5 cl de curaçao triple sec
0,5 cl de liqueur apricot* brandy
5 ou 6 glaçons

> Mettez les glaçons, le gin, le vermouth, le curaçao et la liqueur d'apricot brandy dans le verre à mélange.

> Remuez à l'aide d'une cuillère à mélange pendant 8 à 10 secondes.

> Filtrez au-dessus du verre martini à l'aide d'une passoire à glaçons. Servez aussitôt.

DRY MARTINI

Short drink à servir en apéritif

POUR 1 VERRE
5,5 cl de gin
1,5 cl de vermouth dry
1 olive verte ou 1 zeste de citron non traité
5 ou 6 glaçons

> Mettez les glaçons, le gin et le vermouth dans le verre à mélange.

> Remuez à l'aide d'une cuillère à mélange pendant 8 à 10 secondes.

> Filtrez au-dessus du verre martini à l'aide d'une passoire à glaçons.

> Placez l'olive dans le verre. Vous pouvez aussi prélever un zeste de citron avec un couteau Économe. Pressez, au-dessus du verre, le zeste entre deux doigts pour extraire son essence puis placez-le dans le verre. Servez aussitôt.

Variante :
l'Extra-Dry Martini
Procédez comme pour le Vodka Martini Extra-Dry (▷ p. 109). En utilisant 7 cl de gin et 1,5 cl de vermouth dry, on obtient un Extra Dry Martini, un short drink plus sec, idéal au moment de l'apéritif.

DUBONNET COCKTAIL

Short drink à servir en apéritif

POUR 1 VERRE

4 cl de gin

2 cl de Dubonnet rouge

3 ou 4 glaçons

> Mettez les glaçons et les ingrédients dans le verre rocks.

> Remuez à l'aide d'une cuillère à mélange pendant 8 à 10 secondes. Servez aussitôt.

Variante : le Diabola
En ajoutant 1 cl de sirop d'orgeat et en préparant la boisson au shaker, on obtient un Diabola, un short drink idéal à tout moment. Cette recette a été créée par Frank P. Newman dans les années vingt, à Paris.

FLORIDITA BRONX

Short drink à servir en apéritif

POUR 1 VERRE

4,5 cl de gin
1 cl de vermouth dry
1 cl de vermouth rosso
0,5 cl de curaçao orange
1 cerise au marasquin
5 ou 6 glaçons

> Mettez les glaçons, les deux sortes de vermouth et le curaçao dans le verre à mélange.

> Remuez à l'aide d'une cuillère à mélange pendant 8 à 10 secondes.

> Filtrez au-dessus du verre martini à l'aide d'une passoire à glaçons.

> Placez la cerise au marasquin dans le verre. Servez aussitôt.

Cette variante du Bronx (▷ p. 206) fut inventée dans les années vingt au bar Florida, aujourd'hui connu sous le nom de Floridita à La Havane (Cuba).

GIBSON

Short drink à servir en apéritif

POUR 1 VERRE

6 cl de gin
1 cl de vermouth dry
1 oignon grelot au vinaigre
5 ou 6 glaçons

> Mettez les glaçons, le gin et le vermouth dans le verre à mélange.

> Remuez à l'aide d'une cuillère à mélange pendant 8 à 10 secondes.

> Filtrez au-dessus du verre martini à l'aide d'une passoire à glaçons. Placez le petit oignon dans le verre. Servez aussitôt.

Variante : le Fino Martini
En remplaçant le vermouth dry par du xérès* fino (sherry), on obtient un Fino Martini, un short drink avec un goût sec et léger, parfait au moment de l'apéritif.

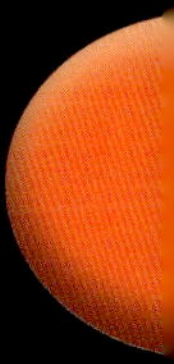

JOURNALIST

Short drink à servir à tout moment

POUR 1 VERRE

3 cl de gin
1 cl de vermouth dry
1 cl de vermouth rosso
0,5 cl de jus de citron pressé
0,5 cl de curaçao orange
2 ou 3 gouttes d'Angostura* bitters
1 cerise au marasquin
5 ou 6 glaçons

> Mettez les glaçons et les ingrédients (sauf la cerise) dans la partie inférieure du shaker. Ajustez la partie supérieure du shaker et secouez vivement celui-ci pendant 8 à 10 secondes.

> Filtrez au-dessus du verre martini à l'aide d'une passoire à glaçons.

> Placez la cerise au marasquin dans le verre. Servez aussitôt.

Ce classique des années vingt doit son nom à l'habitude des journalistes de l'époque d'aller recueillir et échanger des informations dans les bars à la mode.

KNICKERBOCKER

Short drink à servir en apéritif

POUR 1 VERRE

4 cl de gin
1,5 cl de vermouth dry
1,5 cl de vermouth rosso
5 ou 6 glaçons

> Mettez les glaçons et les ingrédients dans le verre à mélange.

> Remuez à l'aide d'une cuillère à mélange pendant 8 à 10 secondes.

> Filtrez au-dessus du verre martini à l'aide d'une passoire à glaçons. Servez aussitôt.

Variante : le Rolls Royce
En remplaçant 0,5 cl de vermouth dry et 0,5 de vermouth rosso par 1 cl de liqueur Bénédictine, on obtient un Rolls Royce, un short drink aux arômes de plantes, idéal en digestif.

LEAVE IT TO ME

Short drink à servir à tout moment

POUR 1 VERRE

3,5 cl de gin
2 cl de vermouth dry
0,5 cl de jus de citron pressé
0,5 cl de liqueur marasquin
0,5 cl de liqueur apricot* brandy
1 zeste de citron non traité
5 ou 6 glaçons

> Mettez les glaçons, le gin, le vermouth, le jus de citron et les deux sortes de liqueur dans la partie inférieure du shaker.

> Ajustez la partie supérieure du shaker et secouez vivement celui-ci pendant 8 à 10 secondes.

> Filtrez au-dessus du verre martini à l'aide d'une passoire à glaçons.

> Prélevez le zeste de citron avec un couteau Économe. Pressez, au-dessus du verre, le zeste entre deux doigts pour extraire son essence puis placez-le dans le verre. Servez aussitôt.

LONDON FOG

Short drink à servir en apéritif

POUR 1 VERRE

2 cl de gin
4 cl d'eau minérale plate
2 cl de Pernod
3 ou 4 glaçons

> Mettez les glaçons dans le verre rocks.

> Versez d'abord l'eau, puis le Pernod, et enfin le gin.

> Remuez à l'aide d'une cuillère à mélange pendant 8 à 10 secondes. Servez aussitôt.

LONE TREE

Short drink à servir à tout moment

POUR 1 VERRE

- 4 cl de gin
- 2 cl de vermouth dry
- 1 cl de liqueur marasquin*
- 1 zeste de citron non traité
- 5 ou 6 glaçons

> Mettez les glaçons, le gin, le vermouth et la liqueur dans le verre à mélange.

> Remuez à l'aide d'une cuillère à mélange pendant 8 à 10 secondes.

> Filtrez au-dessus du verre martini à l'aide d'une passoire à glaçons.

> Prélevez le zeste de citron avec un couteau Économe. Pressez, au-dessus du verre, le zeste entre deux doigts pour extraire son essence puis placez-le dans le verre. Servez aussitôt.

MARTINEZ

Short drink à servir en apéritif

POUR 1 VERRE

4 cl de gin
2,5 cl de vermouth rosso
0,5 cl de liqueur marasquin*
3 gouttes d'Angostura* bitters
1 zeste de citron non traité
5 ou 6 glaçons

> Mettez les glaçons, le gin, le vermouth, la liqueur et l'Angostura bitters dans le verre à mélange.

> Mélangez à l'aide d'une cuillère à mélange pendant 8 à 10 secondes.

> Filtrez au-dessus du verre martini à l'aide d'une passoire à glaçons.

> Prélevez le zeste de citron avec un couteau Économe. Pressez, au-dessus du verre, le zeste entre deux doigts pour extraire son essence puis placez-le dans le verre. Servez aussitôt.

PARISIAN

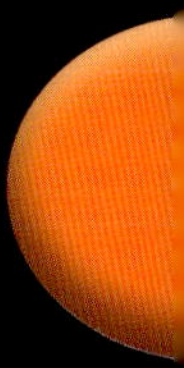

Short drink à servir à tout moment

POUR 1 VERRE

4 cl de gin
2 cl de vermouth dry
1 cl de crème de cassis
1 zeste de citron non traité
5 ou 6 glaçons

> Mettez les glaçons, le gin, le vermouth et la crème de cassis dans le verre à mélange.

> Remuez à l'aide d'une cuillère à mélange pendant 8 à 10 secondes.

> Filtrez au-dessus du verre martini à l'aide d'une passoire à glaçons.

> Prélevez le zeste de citron avec un couteau Économe. Pressez, au-dessus du verre, le zeste entre deux doigts pour extraire son essence puis placez-le dans le verre. Servez aussitôt.

Ce short drink fait partie d'un groupe de cocktails créés dans les années vingt pour promouvoir la crème de cassis.

PINK GIN

Short drink à servir en soirée

POUR 1 VERRE

3 cl de Plymouth* gin

4 à 6 gouttes d'Angostura* bitters

> Versez l'Angostura bitters, puis le gin dans le verre shot.

> Servez aussitôt sans remuer

Variante : le Pink Gin & Tonic

En préparant un Pink Gin dans un verre highball et en l'allongeant avec du tonic* water, on obtient un Pink Gin & Tonic, un long drink au goût amer, idéal en fin d'après-midi.

La création de ce cocktail est attribuée aux marins de la Royal Navy, qui auraient commencé en 1848 à boire ce mélange pour soigner leurs maux d'estomac.

TURF

Short drink à servir à l'apéritif

POUR 1 VERRE

4,5 cl de gin
2 cl de vermouth dry
2 ou 3 gouttes de liqueur marasquin*
2 ou 3 gouttes de spiritueux aux plantes d'absinthe
2 ou 3 gouttes d'orange* bitters
1 zeste de citron non traité
5 ou 6 glaçons

> Mettez les glaçons et les ingrédients (sauf le citron) dans le verre à mélange.

> Remuez à l'aide d'une cuillère à mélange pendant 8 à 10 secondes.

> Filtrez au-dessus du verre martini à l'aide d'une passoire à glaçons.

> Prélevez le zeste de citron avec un couteau Économe. Pressez, au-dessus du verre, le zeste entre deux doigts pour extraire son essence puis placez-le dans le verre. Servez aussitôt.

ZAZA

Short drink à servir à l'apéritif

POUR 1 VERRE

4 cl de gin
2 cl de Dubonnet rouge
3 gouttes d'Angostura* bitters
3 ou 4 glaçons

> Mettez les glaçons et les ingrédients dans le verre rocks.

> Remuez à l'aide d'une cuillère à mélange pendant 8 à 10 secondes. Servez aussitôt.

Ce cocktail a été créé par Frank P. Newman (entre 1904 et 1907) au Grand Hôtel à Paris. Jusqu'à la Première Guerre mondiale, il se préparait avec du vermouth rosso à la place du Dubonnet.

ALABAMA FIZZ

Short drink à servir à tout moment

POUR 1 VERRE

5 cl de gin
2 cl de jus de citron vert pressé
1 cl de sirop de sucre de canne
3 ou 4 feuilles de menthe
10 cl d'eau gazeuse
1 petit brin de menthe fraîche
8 à 10 glaçons

> Mettez 5 ou 6 glaçons dans la partie inférieure du shaker puis ajoutez le gin, le jus de citron vert, le sirop de sucre, les feuilles de menthe (sans les piler).

> Ajustez la partie supérieure du shaker et secouez vivement celui-ci pendant 8 à 10 secondes.

> Mettez 3 ou 4 glaçons dans le verre highball, puis filtrez au-dessus le contenu du shaker à l'aide d'une passoire à glaçons.

> Ajoutez l'eau gazeuse et placez la menthe fraîche dans le verre. Servez aussitôt.

Short drink à servir à tout moment

POUR 1 VERRE

4 cl de gin
1,5 cl de jus de citron pressé
1,5 cl de liqueur marasquin*
1 cerise au marasquin
5 ou 6 glaçons

> Mettez les glaçons, le gin, le jus de citron et la liqueur marasquin dans la partie inférieure du shaker.

> Ajustez la partie supérieure du shaker et secouez vivement celui-ci pendant 8 à 10 secondes.

> Filtrez au-dessus du verre martini à l'aide d'une passoire à glaçons.

> Placez la cerise au marasquin dans le verre. Servez aussitôt.

BLACKOUT

Short drink à servir à tout moment

POUR 1 VERRE

4 cl de gin
2 cl de jus de citron vert pressé
1 cl de crème de mûre
5 ou 6 glaçons

> Mettez les glaçons, le gin, le jus de citron et la crème de mûre dans la partie inférieure du shaker.

> Ajustez la partie supérieure du shaker et secouez vivement celui-ci pendant 8 à 10 secondes.

> Filtrez au-dessus du verre martini à l'aide d'une passoire à glaçons. Servez aussitôt.

Ce short drink est apparu aux États-Unis dans les années quarante.

BLUE BIRD

Short drink à servir à tout moment

POUR 1 VERRE

4 cl de gin
1,5 cl de jus de citron pressé
1 cl de curaçao triple sec
0,5 cl de curaçao bleu
5 ou 6 glaçons

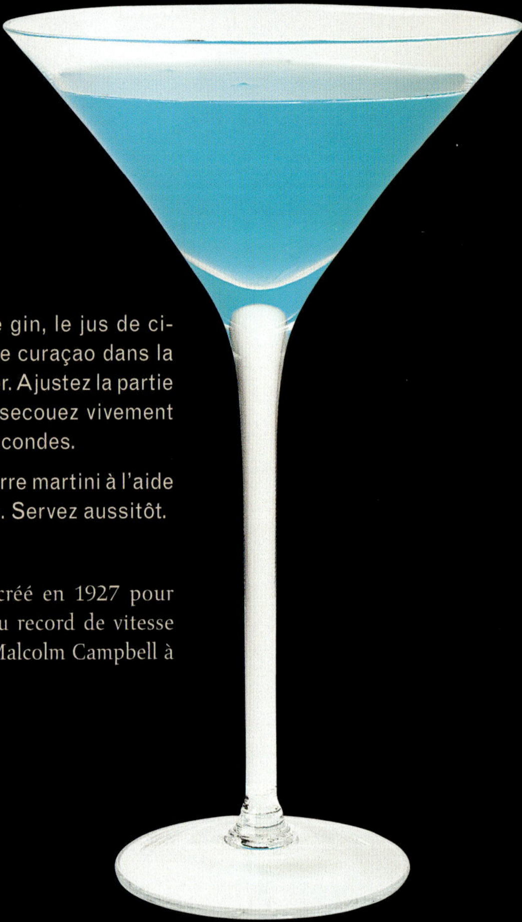

> Mettez les glaçons, le gin, le jus de citron et les deux sortes de curaçao dans la partie inférieure du shaker. Ajustez la partie supérieure du shaker et secouez vivement celui-ci pendant 8 à 10 secondes.

> Filtrez au-dessus du verre martini à l'aide d'une passoire à glaçons. Servez aussitôt.

Ce cocktail a été créé en 1927 pour célébrer le nouveau record de vitesse automobile établi par sir Malcolm Campbell à bord de sa Blue Bird.

BRAMBLE

Short drink à servir à tout moment

POUR 1 VERRE

4 cl de Plymouth* gin
2 cl de jus de citron pressé
1 cl de crème de mûre
0,5 cl de sirop de sucre de canne
1/2 rondelle de citron non traité
1 mûre
3 ou 4 glaçons pilés (▷ p. 96)

> Mettez les glaçons, le gin, le jus de citron, la crème de mûre et le sirop de sucre dans le verre rocks.

> Remuez à l'aide d'une cuillère à mélange pendant 8 à 10 secondes.

> Placez la demi-rondelle de citron et la mûre dans le verre. Servez aussitôt.

BREAKFAST MARTINI

Short drink à servir en matinée

POUR 1 VERRE

4 cl de gin
1 cl de jus de citron pressé
1 cl de curaçao triple sec
1 cuill. à mélange
de confiture d'orange
1 zeste d'orange non traitée
5 ou 6 glaçons

> Mettez les glaçons, le gin, le jus de citron, le curaçao et la confiture dans la partie inférieure du shaker.

> Ajustez la partie supérieure du shaker et secouez vivement celui-ci pendant 8 à 10 secondes.

> Filtrez au-dessus du verre martini à l'aide d'une passoire à glaçons et d'une passoire à pulpe.

> Prélevez le zeste d'orange avec un couteau Économe et coupez-le en fines lamelles. Placez celles-ci dans le verre. Servez aussitôt.

DESERT HEALER

Long drink à servir à tout moment

POUR 1 VERRE

- 4 cl de gin
- 4 cl de jus d'orange pressée
- 2 cl de liqueur cherry* brandy
- 8 cl de ginger* beer ou ginger* ale
- 1 cerise au marasquin
- 4 ou 5 glaçons

> Mettez les glaçons, le gin, le jus d'orange et la liqueur cherry brandy dans le verre highball.

> Remuez à l'aide d'une cuillère à mélange pendant 8 à 10 secondes.

> Ajoutez le ginger beer et placez la cerise au marasquin dans le verre. Servez aussitôt.

Variante : le Texas Fizz
En remplaçant la liqueur cherry brandy par 1 cl de jus de citron pressé et 1 cl de sirop de grenadine, puis en utilisant de l'eau gazeuse à la place du ginger beer, on obtient un Texas Fizz, un long drink plus acidulé, parfait à tout moment.

Short drink à servir à tout moment

POUR 1 VERRE

4 cl de Plymouth* gin
2 cl de sirop lime* cordial
3 ou 4 glaçons

> Mettez les glaçons et les ingrédients dans le verre rocks.

> Remuez à l'aide d'une cuillère à mélange pendant 8 à 10 secondes. Servez aussitôt.

GIN FIZZ

Long drink à servir à tout moment

POUR 1 VERRE
5 cl de gin
2 cl de jus de citron pressé
1 cl de sirop de sucre de canne
10 cl d'eau gazeuse
1 rondelle de citron non traité
1 cerise au marasquin
5 ou 6 glaçons

> Mettez les glaçons, le gin, le jus de citron et le sirop de sucre dans la partie inférieure du shaker.

> Ajustez la partie supérieure du shaker et secouez vivement celui-ci pendant 8 à 10 secondes.

> Versez le contenu du shaker dans le verre highball.

> Ajoutez l'eau gazeuse et placez la rondelle de citron et la cerise au marasquin dans le verre. Servez aussitôt.

Variante : le Silver Fizz
En remplaçant 2 cl d'eau gazeuse par 2 cl de blanc d'œuf préalablement battu à la fourchette, vous obtiendrez un Silver Fizz, un long drink plus onctueux, à servir à tout moment.

GREEN HAT

Long drink à servir à tout moment

POUR 1 VERRE

4 cl de gin
1 cl de crème de menthe verte
13 cl d'eau gazeuse
4 ou 5 glaçons

> Mettez les glaçons et les ingrédients dans le verre high-ball.

> Remuez à l'aide d'une cuillère à mélange pendant 8 à 10 secondes. Servez aussitôt.

Variante : le Remsen Cooler
En remplaçant la crème de menthe par du jus de citron pressé et en ajoutant un long zeste de citron non traité (pressé au-dessus du verre), on obtient un Remsen Cooler, un long drink plus acide, idéal en fin d'après-midi.

JAIZKIBEL

Short drink à servir à l'apéritif

POUR 1 VERRE

3 cl de gin
2,5 cl de jus de pamplemousse pressé
1 cl de Campari
0,5 cl de jus de citron vert pressé
5 ou 6 glaçons

> Mettez les glaçons et les ingrédients dans la partie inférieure du shaker.

> Ajustez la partie supérieure du shaker et secouez vivement celui-ci pendant 8 à 10 secondes.

> Filtrez au-dessus du verre martini à l'aide d'une passoire à glaçons. Servez aussitôt.

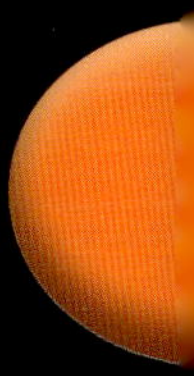

JOHN COLLINS

Long drink à servir à tout moment

POUR 1 VERRE

4,5 cl de gin
3 cl de jus de citron pressé
1,5 cl de sirop de sucre de canne
9 cl d'eau gazeuse
1/2 rondelle de citron non traité
4 ou 5 glaçons

> Mettez les glaçons et les ingrédients (sauf la rondelle de citron) dans le verre highball.

> Remuez à l'aide d'une cuillère à mélange pendant 8 à 10 secondes.

> Placez la demi-rondelle de citron dans le verre. Servez aussitôt.

Variante : le G.G.
En remplaçant le sirop de sucre de canne par 1 cl de curaçao bleu, et l'eau gazeuse par 10 cl de ginger* ale, on obtient un G. G., un long drink plus doux, idéal à tout moment. Ce cocktail a été inventé par Salvatore Calabrese dans les années quatre-vingt-dix au Lanesborough Hôtel à Londres.

Ce cocktail est également appelé Tom Collins.

MACKA

Long drink à servir à l'apéritif

POUR 1 VERRE

4 cl de gin
1 cl de vermouth dry
1 cl de vermouth rosso
1 cl de crème de cassis
11 cl d'eau gazeuse
1 zeste de citron non traité
4 ou 5 glaçons

> Mettez les glaçons et les ingrédients (sauf le citron) dans le verre highball.

> Remuez à l'aide d'une cuillère à mélange pendant 8 à 10 secondes.

> Prélevez le zeste de citron avec un couteau Économe. Pressez, au-dessus du verre, le zeste entre deux doigts pour extraire son essence puis placez-le dans le verre. Servez aussitôt.

NICKY'S FIZZ

Long drink à servir à tout moment

POUR 1 VERRE

4 cl de gin
4 cl de jus de pamplemousse pressé
10 cl d'eau gazeuse
4 ou 5 glaçons

> Mettez les glaçons, le gin, le jus de pamplemousse et l'eau gazeuse dans le verre highball.

> Remuez à l'aide d'une cuillère à mélange pendant 8 à 10 secondes. Servez aussitôt.

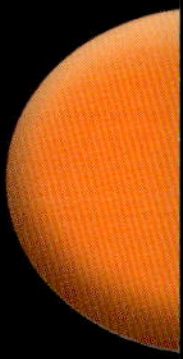

PINK LADY

Short drink à servir à tout moment

POUR 1 VERRE

4 cl de gin
2 cl de jus de citron pressé
1 cl de sirop de grenadine
5 ou 6 glaçons

> Mettez les glaçons et les ingrédients dans la partie inférieure du shaker.

> Ajustez la partie supérieure du shaker et secouez vivement celui-ci pendant 8 à 10 secondes.

> Filtrez au-dessus du verre martini à l'aide d'une passoire à glaçons. Servez aussitôt.

RASPBERRY COLLINS

Long drink à servir à tout moment

POUR 1 VERRE

4 cl de gin
12 à 14 framboises
1 cl de jus de citron pressé
1 cl de sirop de sucre de canne
10 cl d'eau gazeuse
1/2 rondelle de citron non traité
8 à 10 glaçons

> Écrasez 12 framboises dans la partie inférieure du shaker.

> Ajoutez 5 ou 6 glaçons, le gin, le jus de citron et le sirop de sucre.

> Ajustez la partie supérieure du shaker et secouez vivement celui-ci pendant 8 à 10 secondes.

> Mettez 3 ou 4 glaçons dans le verre highball puis filtrez au-dessus le contenu du shaker à l'aide d'une passoire à glaçons et d'une passoire à pulpe.

> Ajoutez l'eau gazeuse.

> Placez la demi-rondelle de citron et les 2 dernières framboises dans le verre. Servez aussitôt.

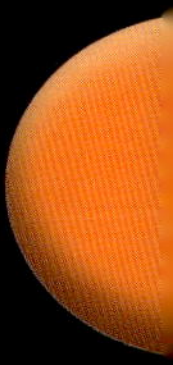

RESOLUTE

Short drink à servir à tout moment

POUR 1 VERRE

4 cl de gin
2 cl de jus de citron pressé
1 cl de liqueur apricot* brandy
5 ou 6 glaçons

> Mettez les glaçons et les ingrédients dans la partie inférieure du shaker.

> Ajustez la partie supérieure du shaker et secouez vivement celui-ci pendant 8 à 10 secondes.

> Filtrez au-dessus du verre martini à l'aide d'une passoire à glaçons. Servez aussitôt.

Ce short drink était très à la mode dans les années vingt.

SHADY GROVE

Long drink à servir à tout moment

POUR 1 VERRE

4,5 cl de gin
1,5 cl de jus de citron vert pressé
12 cl de ginger* ale
1/8 de citron vert non traité
4 ou 5 glaçons

> Mettez les glaçons, le gin, le jus de citron vert et le ginger ale dans le verre highball.

> Remuez à l'aide d'une cuillère à mélange pendant 8 à 10 secondes.

> Placez le quartier de citron vert dans le verre. Servez aussitôt.

Variante : le Bull-Dog
En remplaçant le ginger ale par du jus d'orange pressée, on obtient un Bull-Dog, un long drink désaltérant et fruité, idéal en fin d'après-midi.

SINGAPORE SLING

Long drink à servir à tout moment

POUR 1 VERRE

4 cl de gin
2 cl de liqueur cherry* brandy
1,5 cl de jus de citron pressé
0,5 cl de liqueur Bénédictine
10 cl d'eau gazeuse
1/2 rondelle de citron non traité
1 cerise au marasquin
5 ou 6 glaçons

> Mettez les glaçons, le gin, la liqueur cherry brandy, le jus de citron et la liqueur Bénédictine dans la partie inférieure du shaker.

> Ajustez la partie supérieure du shaker et secouez vivement celui-ci pendant 8 à 10 secondes.

> Versez dans le verre highball. Ajoutez l'eau gazeuse.

> Placez la demi-rondelle de citron et la cerise au marasquin dans le verre. Servez aussitôt.

SOUTHSIDE

Short drink à servir à tout moment

POUR 1 VERRE

4 cl de gin
2 cl de jus de citron vert pressé
1 cl de sirop de sucre de canne
3 ou 4 feuilles de menthe fraîche
1 zeste de citron vert non traité
5 ou 6 glaçons

> Mettez les glaçons, le gin, le jus de citron vert, le sirop de sucre et les feuilles de menthe dans la partie inférieure du shaker.

> Ajustez la partie supérieure du shaker et secouez vivement celui-ci pendant 8 à 10 secondes.

> Filtrez au-dessus du verre martini à l'aide d'une passoire à glaçons.

> Prélevez le zeste de citron vert avec un couteau Économe. Pressez, au-dessus du verre, le zeste entre deux doigts pour extraire son essence puis placez-le dans le verre. Servez aussitôt.

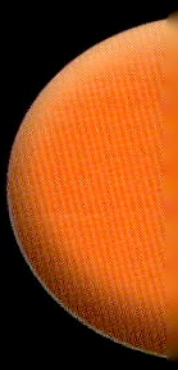

TAMANACO DRY

Short drink à servir en apéritif

POUR 1 VERRE

6 cl de gin
1 cl de bière blonde
5 ou 6 glaçons

> Mettez les glaçons et les ingrédients dans le verre à mélange.

> Remuez à l'aide d'une cuillère à mélange pendant 8 à 10 secondes.

> Filtrez au-dessus du verre martini à l'aide d'une passoire à glaçons. Servez aussitôt.

Initialement appelé Jack'artini, ce cocktail fut créé dans les années cinquante par Jacques Hébrard à l'hôtel Tamanaco à Caracas (Venezuela).

WHITE LADY

Short drink à servir à tout moment

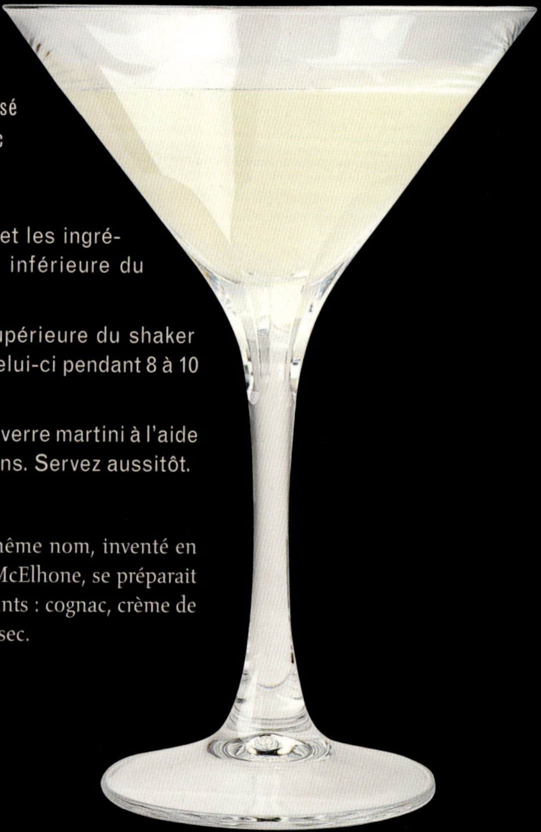

POUR 1 VERRE

4 cl de gin
1,5 cl de jus de citron pressé
1,5 cl de curaçao triple sec
5 ou 6 glaçons

> Mettez les glaçons et les ingrédients dans la partie inférieure du shaker.

> Ajustez la partie supérieure du shaker et secouez vivement celui-ci pendant 8 à 10 secondes.

> Filtrez au-dessus du verre martini à l'aide d'une passoire à glaçons. Servez aussitôt.

Un cocktail du même nom, inventé en 1919 par Harry McElhone, se préparait avec les ingrédients suivants : cognac, crème de menthe et curaçao triple sec.

ABBEY

Short drink à servir à tout moment

POUR 1 VERRE

3,5 cl de gin
2 cl de jus d'orange pressée
1,5 cl de vermouth rosso
2 ou 3 gouttes d'Angostura* bitters
5 ou 6 glaçons

> Mettez les glaçons et les ingrédients dans la partie inférieure du shaker.

> Ajustez la partie supérieure du shaker et secouez vivement celui-ci pendant 8 à 10 secondes.

> Filtrez au-dessus du verre martini à l'aide d'une passoire à glaçons. Servez aussitôt.

BRONX

Short drink à servir à tout moment

POUR 1 VERRE

3 cl de gin
2 cl de jus d'orange pressée
1 cl de vermouth dry
1 cl de vermouth rosso
1 cerise au marasquin
5 ou 6 glaçons

> Mettez les glaçons, le gin, le jus d'orange et les deux sortes de vermouth dans la partie inférieure du shaker.

> Ajustez la partie supérieure du shaker et secouez vivement celui-ci pendant 8 à 10 secondes.

> Filtrez au-dessus du verre martini à l'aide d'une passoire à glaçons.

> Placez la cerise au marasquin dans le verre. Servez aussitôt.

COLONIAL

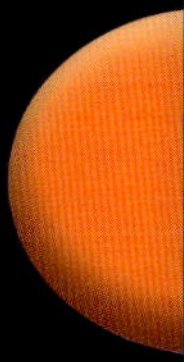

Short drink à servir à tout moment

POUR 1 VERRE

4 cl de gin
2 cl de jus
de pamplemousse pressé
1 cl de liqueur marasquin*
5 ou 6 glaçons

> Mettez les glaçons et les ingrédients dans la partie inférieure du shaker.

> Ajustez la partie supérieure du shaker et secouez vivement celui-ci pendant 8 à 10 secondes.

> Filtrez au-dessus du verre martini à l'aide d'une passoire à glaçons. Servez aussitôt.

Variante : le Dodge
En remplaçant la liqueur marasquin par du curaçao triple sec, on obtient un Dodge, un short drink plus amer, idéal à tout moment.

EURÊKA

Short drink à servir à tout moment

POUR 1 VERRE

4 cl de gin
2 cl de jus d'orange pressée
0,5 cl de jus de citron pressé
0,5 cl de sirop de grenadine
5 ou 6 glaçons

> Mettez les glaçons et les ingrédients dans la partie inférieure du shaker.

> Ajustez la partie supérieure du shaker et secouez vivement celui-ci pendant 8 à 10 secondes.

> Filtrez au-dessus du verre martini à l'aide d'une passoire à glaçons. Servez aussitôt.

HONOLULU PUNCH

Long drink à servir à tout moment

POUR 1 VERRE

4 cl de gin
1 tranche d'ananas frais
8 cl de jus d'ananas
(pur jus de fruits)
4 cl de jus d'orange pressée
1 cl de jus de citron pressé
1 cl de sirop de sucre de canne
2 ou 3 gouttes d'Angostura* bitters
5 ou 6 glaçons

> Coupez un morceau triangulaire dans la tranche d'ananas, sans retirer l'écorce.

> Mettez les glaçons et tous les ingrédients (sauf le morceau d'ananas) dans la partie inférieure du shaker. Ajustez la partie supérieure du shaker et secouez vivement celui-ci pendant 8 à 10 secondes.

> Filtrez au-dessus du verre highball à l'aide d'une passoire à glaçons.

> Faites une entaille dans le quartier d'ananas pour le faire tenir sur le bord du verre. Servez aussitôt.

LADY KILLER

Long drink à servir à tout moment

POUR 1 VERRE

3 cl de gin
6 cl de jus de fruit de la Passion
(à base de jus de fruits concentré)
6 cl de jus d'ananas
(pur jus de fruits)
1,5 cl de curaçao triple sec
1,5 cl de liqueur apricot* brandy
1 quartier d'orange non traitée
5 ou 6 glaçons

> Mettez les glaçons, le gin, les jus de fruits et les deux sortes de liqueur dans la partie inférieure du shaker.

> Ajustez la partie supérieure du shaker et secouez vivement celui-ci pendant 8 à 10 secondes.

> Filtrez au-dessus du verre highball à l'aide d'une passoire à glaçons.

> Faites une entaille dans le quartier d'orange pour le faire tenir sur le bord du verre. Servez aussitôt.

Inventé par Peter Roth, ce long drink a remporté, en 1984, le premier prix de l'International Cocktail Competition, décerné par l'International Bartenders Association.

MIAMI BEACH

Short drink à servir à tout moment

POUR 1 VERRE

4 cl de gin
2,5 cl de jus d'ananas (pur jus de fruits)
0,5 cl de sirop de sucre de canne
1 feuille d'ananas
5 ou 6 glaçons

> Mettez les glaçons, le gin, le jus d'ananas et le sirop de sucre dans la partie inférieure du shaker.

> Ajustez la partie supérieure du shaker et secouez vivement celui-ci pendant 8 à 10 secondes.

> Filtrez au-dessus du verre martini à l'aide d'une passoire à glaçons.

> Faites une entaille dans la feuille d'ananas pour la faire tenir sur le bord du verre. Servez aussitôt.

Variante : le Jinx
En remplaçant le sirop de sucre de canne par du sirop de grenadine, on obtient un Jinx, un short drink coloré, idéal à tout moment.

MONKEY GLAND

Short drink à servir à tout moment

POUR 1 VERRE

4 cl de gin
2,5 cl de jus d'orange pressée
0,5 cl de sirop de grenadine
3 gouttes de spiritueux aux plantes d'absinthe
5 ou 6 glaçons

> Mettez les glaçons et les ingrédients dans la partie inférieure du shaker.

> Ajustez la partie supérieure du shaker et secouez vivement celui-ci pendant 8 à 10 secondes.

> Filtrez au-dessus du verre martini à l'aide d'une passoire à glaçons. Servez aussitôt.

OPAL

Short drink à servir à tout moment

POUR 1 VERRE

4 cl de gin
2 cl de jus d'orange pressée
1 cl de curaçao triple sec
5 ou 6 glaçons

> Mettez les glaçons et les ingrédients dans la partie inférieure du shaker.

> Ajustez la partie supérieure du shaker et secouez vivement celui-ci pendant 8 à 10 secondes.

> Filtrez au-dessus du verre martini à l'aide d'une passoire à glaçons. Servez aussitôt.

Variante : le Merry Widow
En remplaçant le curaçao triple sec par de la liqueur Bénédictine et en ajoutant 2 ou 3 gouttes d'Angostura* bitters, on obtient un Merry Widow, un short drink au goût de plantes plus prononcé, idéal en digestif.

ORANGE BLOSSOM

Short drink à servir à tout moment

POUR 1 VERRE

3,5 cl de gin
3,5 cl de jus d'orange pressée
1 quartier d'orange non traitée
5 ou 6 glaçons

> Mettez les glaçons, le gin et le jus d'orange dans la partie inférieure du shaker.

> Ajustez la partie supérieure du shaker et secouez celui-ci pendant 8 à 10 secondes.

> Filtrez au-dessus du verre rocks à l'aide d'une passoire à glaçons.

> Faites une entaille dans le quartier d'orange pour le faire tenir sur le bord du verre. Servez aussitôt.

Variante : le Tropical Down
En retirant 0,5 cl de gin et 0,5 cl de jus d'orange et en ajoutant 1 cl de Campari, on obtient un Tropical Down, un short drink au goût amer, idéal en fin d'après-midi.

Lorsqu'il est servi dans un verre highball, ce cocktail est appelé Harvester.

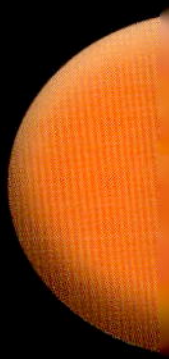

PARADISE

Short drink à servir en soirée

POUR 1 VERRE

4 cl de gin
2 cl de jus d'orange pressée
1 cl de liqueur apricot* brandy
5 ou 6 glaçons

> Mettez les glaçons et les ingrédients dans la partie inférieure du shaker.

> Ajustez la partie supérieure du shaker et secouez vivement celui-ci pendant 8 à 10 secondes.

> Filtrez au-dessus du verre martini à l'aide d'une passoire à glaçons. Servez aussitôt.

Ce short drink a été créé au début des années vingt. Le Paradise est le cocktail à base de liqueur apricot brandy le plus connu.

QUEEN COCKTAIL

Short drink à servir à tout moment

POUR 1 VERRE

3 cl de gin
1 cl de vermouth dry
1 cl de vermouth rosso
1 cl de jus d'orange pressée
1 cl de jus d'ananas
(pur jus de fruits)
5 ou 6 glaçons

> Mettez les glaçons et les ingrédients dans la partie inférieure du shaker.

> Ajustez la partie supérieure du shaker et secouez vivement celui-ci pendant 8 à 10 secondes.

> Filtrez au-dessus du verre martini à l'aide d'une passoire à glaçons. Servez aussitôt.

RAFFLES SLING

Long drink à servir à tout moment

POUR 1 VERRE

4 cl de gin
10 cl de jus d'ananas
(pur jus de fruits)
2 cl de liqueur cherry* brandy
0,5 cl de curaçao triple sec
0,5 cl de liqueur Bénédictine
0,5 cl de jus de citron vert pressé
0,5 cl de sirop de grenadine
3 gouttes d'Angostura* bitters
2 feuilles d'ananas
5 ou 6 glaçons

> Mettez les glaçons et les ingrédients dans la partie inférieure du shaker.

> Ajustez la partie supérieure du shaker et secouez vivement celui-ci pendant 8 à 10 secondes.

> Filtrez au-dessus du verre highball à l'aide d'une passoire à glaçons.

> Faites une entaille dans chaque feuille d'ananas pour les faire tenir sur le bord du verre. Servez aussitôt.

RED LION

Short drink à servir à tout moment

POUR 1 VERRE

3 cl de gin
2,5 cl de jus d'orange pressée
1 cl de liqueur Grand Marnier
Cordon Rouge
0,5 cl de jus de citron pressé
5 ou 6 glaçons

> Mettez les glaçons, le gin, le jus d'orange, la liqueur et le jus de citron dans la partie inférieure du shaker.

> Ajustez la partie supérieure du shaker et secouez vivement celui-ci pendant 8 à 10 secondes.

> Filtrez au-dessus du verre martini à l'aide d'une passoire à glaçons. Servez aussitôt.

Ce short drink est le plus populaire des cocktails élaborés avec de la liqueur Grand Marnier Cordon Rouge.

ACACIAS

Short drink à servir en digestif

POUR 1 VERRE

4 cl de gin
2 cl de liqueur Bénédictine
1 cl de kirsch
5 ou 6 glaçons

> Mettez les glaçons, le gin, la liqueur et le kirsch dans le verre à mélange.

> Remuez à l'aide d'une cuillère à mélange pendant 8 à 10 secondes.

> Filtrez au-dessus du verre martini à l'aide d'une passoire à glaçons. Servez aussitôt.

Ce short drink a été créé par mademoiselle Doudjam, qui remporta en 1928 un concours de cocktails amateur à Biarritz.

ALASKA

Short drink à servir en digestif

POUR 1 VERRE

4 cl de gin

2 cl de liqueur Chartreuse jaune

3 ou 4 glaçons

> Mettez les glaçons et les ingrédients dans le verre rocks.

> Remuez à l'aide d'une cuillère à mélange pendant 8 à 10 secondes. Servez aussitôt.

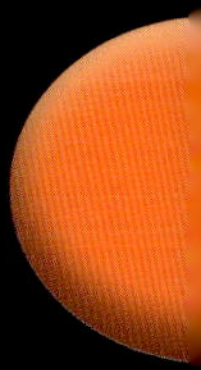

BEE'S KNEES

Short drink à servir en digestif

POUR 1 VERRE

- 4 cl de gin
- 2 cl de jus de citron pressé
- 1 cl de miel d'acacia liquide
- 5 ou 6 glaçons

> Mettez les glaçons, le gin, le jus de citron et le miel liquide dans la partie inférieure du shaker.

> Ajustez la partie supérieure du shaker et secouez vivement celui-ci pendant 8 à 10 secondes.

> Filtrez au-dessus du verre martini à l'aide d'une passoire à glaçons. Servez aussitôt.

BIJOU

Short drink à servir en digestif

POUR 1 VERRE

4 cl de gin
2 cl de vermouth rosso
1 cl de liqueur Chartreuse verte
2 ou 3 gouttes d'orange* bitters
5 ou 6 glaçons

> Mettez les glaçons et les ingrédients dans le verre à mélange.

> Remuez à l'aide d'une cuillère à mélange pendant 8 à 10 secondes.

> Filtrez au-dessus du verre martini à l'aide d'une passoire à glaçons. Servez aussitôt.

CARUSO

Short drink à servir en digestif

POUR 1 VERRE
4 cl de gin
2 cl de vermouth dry
1 cl de crème
de menthe verte
5 ou 6 glaçons

> Mettez les glaçons et les ingrédients dans le verre à mélange.

> Remuez à l'aide d'une cuillère à mélange pendant 8 à 10 secondes.

> Filtrez au-dessus du verre martini à l'aide d'une passoire à glaçons. Servez aussitôt.

Variante : le Knock-Out
En retirant 1 cl de gin et en ajoutant 1 cl de spiritueux aux plantes d'absinthe, on obtient un Knock-Out, un short drink puissant au goût anisé, idéal pour terminer une soirée. Ce cocktail a été inventé dans les années vingt par Jeff Dickson à la salle Wagram, à Paris.

Short drink à servir en soirée

POUR 1 VERRE

6 cl de gin

3 ou 4 feuilles de menthe

1 cl de liqueur cherry* brandy

> Placez le gin 1 heure au congélateur.

> Pilez les feuilles de menthe avec la liqueur cherry brandy dans le verre à mélange.

> Filtrez au-dessus du verre martini à l'aide d'une passoire à pulpe.

> Versez lentement le gin glacé dans le verre martini. Servez aussitôt.

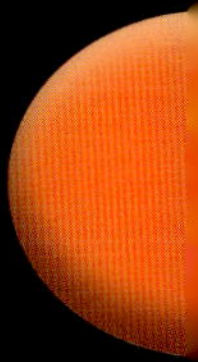

FALLEN ANGEL

Short drink à servir en soirée

POUR 1 VERRE

4 cl de gin
1,5 cl de jus de citron pressé
1,5 cl de crème de menthe blanche
2 ou 3 gouttes d'Angostura* bitters
5 ou 6 glaçons

> Mettez les glaçons, le gin, le jus de citron, la crème de menthe et l'Angostura bitters dans la partie inférieure du shaker.

> Ajustez la partie supérieure du shaker et secouez vivement celui-ci pendant 8 à 10 secondes.

> Filtrez au-dessus du verre martini à l'aide d'une passoire à glaçons. Servez aussitôt.

FRENCH KISS

Short drink à servir en digestif

POUR 1 VERRE

4 cl de gin
2 cl de liqueur
Grand Marnier Cordon Rouge
1 zeste d'orange non traitée
3 ou 4 glaçons

> Mettez les glaçons, le gin et la liqueur dans le verre rocks.

> Remuez à l'aide d'une cuillère à mélange pendant 8 à 10 secondes.

> Prélevez le zeste d'orange avec un couteau Économe. Pressez, au-dessus du verre, le zeste entre deux doigts pour extraire son essence puis placez-le dans le verre. Servez aussitôt.

Variante : l'Elegant

En remplaçant 1 cl de gin et 1 cl de liqueur Grand Marnier Cordon Rouge par 2 cl de vermouth dry, on obtient un Elegant, un short drink plus sec, idéal au moment de l'apéritif.

JUST TRY

Short drink à servir en digestif

POUR 1 VERRE

4 cl de gin
1 cl de vermouth dry
1 cl de liqueur Chartreuse jaune
1 cl de liqueur Grand Marnier Cordon Rouge
1 zeste d'orange non traitée
5 ou 6 glaçons

> Mettez les glaçons, le gin, le vermouth et les deux sortes de liqueur dans le verre à mélange.

> Remuez à l'aide d'une cuillère à mélange pendant 8 à 10 secondes.

> Filtrez au-dessus du verre martini à l'aide d'une passoire à glaçons.

> Prélevez le zeste d'orange avec un couteau Économe. Pressez, au-dessus du verre, le zeste entre deux doigts pour extraire son essence puis placez-le dans le verre. Servez aussitôt.

LEMONY SNICKET

Short drink à servir en digestif

POUR 1 VERRE

4 cl de gin
1 cl de liqueur Chartreuse jaune
1 cl de liqueur limoncello*
1 cl de jus de citron pressé
1 cerise au marasquin
5 ou 6 glaçons

> Mettez les glaçons, le gin, les deux sortes de liqueur et le jus de citron dans la partie inférieure du shaker.

> Ajustez la partie supérieure du shaker et secouez vivement celui-ci pendant 8 à 10 secondes.

> Filtrez au-dessus du verre martini à l'aide d'une passoire à glaçons.

> Placez la cerise au marasquin dans le verre. Servez aussitôt.

PRINCETON

Short drink à servir en digestif

POUR 1 VERRE

4,5 cl de gin
2,5 cl de porto rouge
2 ou 3 gouttes d'orange* bitters
5 ou 6 glaçons

> Mettez les glaçons et les ingrédients dans le verre à mélange.

> Remuez à l'aide d'une cuillère à mélange pendant 8 à 10 secondes.

> Filtrez au-dessus du verre martini à l'aide d'une passoire à glaçons. Servez aussitôt.

SPRING FEELING

Short drink à servir en digestif

POUR 1 VERRE

4 cl de gin
2 cl de jus
de citron pressé
1 cl de liqueur
Chartreuse verte
5 ou 6 glaçons

> Mettez les glaçons, le gin, le jus de citron et la liqueur dans la partie inférieure du shaker.

> Ajustez la partie supérieure du shaker et secouez vivement celui-ci pendant 8 à 10 secondes.

> Filtrez au-dessus du verre martini à l'aide d'une passoire à glaçons. Servez aussitôt.

ALEXANDER

Short drink à servir en digestif

POUR 1 VERRE

3 cl de gin
2 cl de crème de cacao blanche
2 cl de crème liquide UHT
1 noix muscade
5 ou 6 glaçons

> Mettez les glaçons, le gin, la crème de cacao et la crème liquide dans la partie inférieure du shaker.

> Ajustez la partie supérieure du shaker et secouez vivement celui-ci pendant 8 à 10 secondes.

> Filtrez au-dessus du verre martini à l'aide d'une passoire à glaçons.

> Râpez l'équivalent d'une pincée de noix muscade au-dessus de la boisson. Servez aussitôt.

CLOVER CLUB

Short drink à servir à tout moment

POUR 1 VERRE

4 cl de gin
1 blanc d'œuf
1,5 cl de jus de citron pressé
0,5 cl de sirop de grenadine
5 ou 6 glaçons

> Dans un bol, fouettez à la fourchette le blanc d'œuf.

> Mettez les glaçons, le gin, 0,5 cl de blanc d'œuf battu, le jus de citron et le sirop de grenadine dans la partie inférieure du shaker.

> Ajustez la partie supérieure du shaker et secouez vivement celui-ci pendant 8 à 10 secondes.

> Filtrez au-dessus du verre martini à l'aide d'une passoire à glaçons. Servez aussitôt.

RAMOS GIN FIZZ

Long drink à servir en matinée

POUR 1 VERRE

4 cl de gin
1 blanc d'œuf
1,5 cl de jus de citron pressé
1 cl de jus de citron vert pressé
1 cl de sirop de sucre de canne
1 cl de crème liquide UHT
3 ou 4 gouttes d'eau de fleur d'oranger
8 cl d'eau gazeuse
5 ou 6 glaçons

> Dans un bol, fouettez à la fourchette le blanc d'œuf.

> Mettez les glaçons, 1,5 cl de blanc d'œuf battu et tous les autres ingrédients, sauf l'eau gazeuse, dans la partie inférieure du shaker.

> Ajustez la partie supérieure du shaker et secouez celui-ci pendant 10 secondes.

> Filtrez au-dessus du verre highball à l'aide d'une passoire à glaçons.

> Ajoutez l'eau gazeuse. Servez aussitôt.

RED SNAPPER

Long drink à servir à tout moment

POUR 1 VERRE

4 cl de gin
12 cl de jus de tomate
0,5 cl de jus de citron pressé
0,5 cl de Worcestershire* sauce
3 gouttes de sauce Tabasco rouge
1 pincée de sel de céleri
1 pincée de poivre noir
1 petit morceau de céleri-branche
5 ou 6 glaçons

> Mettez les glaçons et tous les ingrédients, sauf le céleri-branche, dans le verre à mélange. Remuez à l'aide d'une cuillère à mélange pendant 8 à 10 secondes.

> Filtrez au-dessus du verre highball à l'aide d'une passoire à glaçons.

> Rincez la branche de céleri puis placez-la dans le verre.

Fernand Petiot (ex-barman du Harry's Bar à Paris) aurait rebaptisé le Bloody Mary en Red Snapper, car la direction de l'hôtel Saint-Regis à New York, où il travaillait depuis 1934, trouvait le nom Bloody Mary trop familier pour sa clientèle. Créé avec de la vodka, le Red Snapper se prépare aujourd'hui avec du gin pour

WHISKY

BLACKTHORN

Short drink à servir en apéritif

POUR 1 VERRE

4,5 cl d'Irish whiskey
2,5 cl de vermouth dry
2 ou 3 gouttes de spiritueux aux plantes d'absinthe
2 ou 3 gouttes d'Angostura* bitters
1 zeste de citron non traité
5 ou 6 glaçons

> Mettez les glaçons et les ingrédients (sauf le citron) dans le verre à mélange.

> Remuez à l'aide d'une cuillère à mélange pendant 8 à 10 secondes.

> Filtrez au-dessus du verre martini à l'aide d'une passoire à glaçons.

> Prélevez le zeste de citron à l'aide d'un couteau Économe. Pressez, au-dessus du verre, le zeste entre deux doigts pour extraire son essence puis placez-le dans le verre martini. Servez aussitôt.

CHURCHILL

Short drink à servir à tout moment

POUR 1 VERRE

4 cl de Scotch whisky
2 cl de vermouth rosso
0,5 cl de curaçao triple sec
0,5 cl de jus de citron vert pressé
5 ou 6 glaçons

> Mettez les glaçons, le whisky, le vermouth, le curaçao et le jus de citron dans la partie inférieure du shaker.

> Ajustez la partie supérieure du shaker et secouez vivement celui-ci pendant 8 à 10 secondes.

> Filtrez au-dessus du verre martini à l'aide d'une passoire à glaçons. Servez aussitôt.

EUROPEAN BEAUTY

Short drink à servir en apéritif

POUR 1 VERRE

5,5 cl de Scotch malt whisky
1,5 cl de Dubonnet
1 zeste d'orange non traitée
5 ou 6 glaçons

> Mettez les glaçons, le whisky et le Dubonnet dans le verre à mélange.

> Remuez à l'aide d'une cuillère à mélange pendant 8 à 10 secondes.

> Filtrez au-dessus du verre martini à l'aide d'une passoire à glaçons.

> Prélevez le zeste d'orange avec un couteau Économe. Pressez, au-dessus du verre, le zeste entre deux doigts pour extraire son essence puis placez-le dans le verre martini. Servez aussitôt.

GASLIGHT

Short drink à servir à tout moment

POUR 1 VERRE

4 cl de Scotch whisky
2 cl de vermouth rosso
1 cl de curaçao orange
1 zeste d'orange non traitée
5 ou 6 glaçons

> Mettez les glaçons, le whisky, le vermouth et le curaçao dans le verre à mélange.

> Remuez à l'aide d'une cuillère à mélange pendant 8 à 10 secondes.

> Filtrez au-dessus du verre martini à l'aide d'une passoire à glaçons.

> Prélevez le zeste d'orange avec un couteau Économe. Pressez, au-dessus du verre, le zeste entre deux doigts pour extraire son essence puis placez-le dans le verre. Servez aussitôt.

HONDARRIBIA

Short drink à servir en apéritif

POUR 1 VERRE

4 cl de Scotch whisky
1,5 cl de Campari
1,5 cl de vermouth rosso
1 zeste de citron non traité
5 ou 6 glaçons

> Mettez les glaçons, le whisky, le Campari et le vermouth dans le verre à mélange.

> Remuez à l'aide d'une cuillère à mélange pendant 8 à 10 secondes.

> Filtrez au-dessus du verre martini à l'aide d'une passoire à glaçons.

> Prélevez le zeste de citron avec un couteau Économe. Pressez, au-dessus du verre, le zeste entre deux doigts pour extraire son essence puis placez-le dans le verre martini. Servez aussitôt.

Variante : le Old Pal
En remplaçant le Scotch whisky par du Canadian whisky et le vermouth rosso par du vermouth dry, on obtient un Old Pal, un short drink plus sec, idéal au moment de l'apéritif.

MANHATTAN

Short drink à servir en apéritif

POUR 1 VERRE

5 cl de rye whiskey
2 cl de vermouth rosso
2 ou 3 gouttes d'Angostura* bitters
1 cerise au marasquin
5 ou 6 glaçons

> Mettez les glaçons, le whiskey, le vermouth et l'Angostura dans le verre à mélange.

> Remuez à l'aide d'une cuillère à mélange pendant 8 à 10 secondes.

> Filtrez au-dessus du verre martini à l'aide d'une passoire à glaçons.

> Placez la cerise au marasquin dans le verre. Servez aussitôt.

Variante : le Perfect Manhattan
En retirant 1 cl de vermouth rosso et en ajoutant 1 cl de vermouth dry, on obtient un Perfect Manhattan, un short drink plus sec, idéal à tout moment.

OLD-FASHIONED

Short drink à servir à tout moment

POUR 1 VERRE

5 cl de rye whiskey
4 ou 5 gouttes d'Angostura* bitters
1 morceau de sucre
2 cl d'eau minérale plate
1 zeste d'orange non traitée
1 cerise au marasquin
3 ou 4 glaçons

> Versez l'Angostura bitters sur le morceau de sucre et placez celui-ci dans le verre rocks. Écrasez le morceau de sucre imbibé à l'aide d'un pilon.

> Ajoutez les glaçons, le whiskey et l'eau dans le verre. Remuez à l'aide d'une cuillère à mélange pendant 10 secondes.

> Prélevez le zeste d'orange avec un couteau Économe. Pressez, au-dessus du verre, le zeste entre deux doigts pour extraire son essence puis placez-le dans le verre. Ajoutez la cerise au marasquin. Servez aussitôt.

ROB ROY

Short drink à servir en apéritif

POUR 1 VERRE

5 cl de Scotch whisky
2 cl de vermouth rosso
2 ou 3 gouttes d'Angostura* bitters
1 cerise au marasquin
5 ou 6 glaçons

> Mettez les glaçons, le whisky, le vermouth et l'Angostura dans le verre à mélange.

> Remuez à l'aide d'une cuillère à mélange pendant 8 à 10 secondes.

> Filtrez au-dessus du verre martini à l'aide d'une passoire à glaçons.

> Placez la cerise au marasquin dans le verre. Servez aussitôt.

Variante : le Rory O'More
En remplaçant le Scotch whisky par de l'Irish whiskey, on obtient un Rory O'More, un short drink plus léger en arômes, idéal à tout moment.

SAZERAC

Short drink à servir à tout moment

POUR 1 VERRE

5 cl de rye whiskey
2 ou 3 gouttes de Peychaud's* bitters
1 morceau de sucre
2 cl d'eau minérale plate
3 gouttes de spiritueux aux plantes d'absinthe
1 zeste de citron non traité
5 ou 6 glaçons

> Versez le Peychaud's bitters sur le morceau de sucre et placez celui-ci dans le verre à mélange. Écrasez le morceau de sucre imbibé à l'aide d'un pilon.

> Ajoutez les glaçons, l'eau, le whiskey et le spiritueux aux plantes d'absinthe dans le verre. Remuez à l'aide d'une cuillère à mélange pendant 10 secondes.

> Prélevez le zeste de citron à l'aide d'un couteau Économe. Pressez, au-dessus du verre à mélange, le zeste entre deux doigts pour extraire son essence, mais ne le mettez pas dans le verre.

> Filtrez au-dessus du verre rocks. Servez aussitôt.

SCOFF-LAW

Short drink à servir à tout moment

POUR 1 VERRE

4 cl de Canadian whisky
2 cl de vermouth dry
0,5 cl de jus de citron pressé
0,5 cl de sirop de grenadine
2 ou 3 gouttes d'Angostura* bitters
5 ou 6 glaçons

> Mettez les glaçons et les ingrédients dans la partie inférieure du shaker.

> Ajustez la partie supérieure du shaker et secouez vivement celui-ci pendant 8 à 10 secondes.

> Filtrez au-dessus du verre martini à l'aide d'une passoire à glaçons. Servez aussitôt.

UP-TO-DATE

Short drink à servir à tout moment

POUR 1 VERRE

4 cl de Canadian whisky
2 cl de xérès (ou sherry)
1 cl de liqueur Grand Marnier
Cordon Rouge
2 ou 3 gouttes d'Angostura* bitters
5 ou 6 glaçons

> Mettez les glaçons et les ingrédients dans le verre à mélange.

> Remuez à l'aide d'une cuillère à mélange pendant 8 à 10 secondes.

> Filtrez au-dessus du verre martini à l'aide d'une passoire à glaçons. Servez aussitôt.

WHIZ-BANG

Short drink à servir à tout moment

POUR 1 VERRE

4 cl de Scotch whisky
2 cl de vermouth dry
0,5 cl de sirop de grenadine
0,5 cl de spiritueux aux plantes d'absinthe
2 ou 3 gouttes d'orange* bitters
5 ou 6 glaçons

> Mettez les glaçons et les ingrédients dans le verre à mélange.

> Remuez à l'aide d'une cuillère à mélange pendant 8 à 10 secondes.

> Filtrez au-dessus du verre martini à l'aide d'une passoire à glaçons. Servez aussitôt.

CABLEGRAM

Long drink à servir à tout moment

POUR 1 VERRE

4 cl de rye whiskey
1,5 cl de jus de citron pressé
0,5 cl de sirop de sucre de canne
12 cl de ginger* ale
1 rondelle de citron non traité
4 ou 5 glaçons

> Mettez les glaçons, le whiskey, le jus de citron, le sirop de sucre et le ginger ale dans le verre highball.

> Remuez à l'aide d'une cuillère à mélange pendant 8 à 10 secondes.

> Placez la rondelle de citron dans le verre. Servez aussitôt.

Populaire dans les années vingt, ce long drink est un bon exemple de mariage réussi entre le ginger ale et le whiskey.

CALIFORNIA LEMONADE

Long drink à servir à tout moment

POUR 1 VERRE

4 cl de bourbon
1 cl de jus de citron pressé
1 cl de jus de citron vert pressé
1 cl de sirop de grenadine
11 cl d'eau gazeuse
4 ou 5 glaçons

> Mettez les glaçons et les ingrédients dans le verre highball.

> Remuez à l'aide d'une cuillère à mélange pendant 8 à 10 secondes. Servez aussitôt.

COMMODORE

Short drink à servir à tout moment

POUR 1 VERRE

4 cl de Canadian whisky
2 cl de jus de citron vert pressé
1 cl de sirop de sucre de canne
2 ou 3 gouttes d'orange* bitters
5 ou 6 glaçons

> Mettez les glaçons et les ingrédients dans la partie inférieure du shaker.

> Ajustez la partie supérieure du shaker et secouez vivement celui-ci pendant 8 à 10 secondes.

> Filtrez au-dessus du verre martini à l'aide d'une passoire à glaçons. Servez aussitôt.

CREATIVITY

Long drink à servir à tout moment

POUR 1 VERRE

3,5 cl de bourbon
1 cl de liqueur Grand Marnier Cordon Rouge
0,5 cl de sirop lime* cordial
13 cl de ginger* ale
2 fines rondelles de citron vert non traité
2 cerises au marasquin
4 ou 5 glaçons

> Mettez les glaçons, le bourbon, le Grand Marnier Cordon Rouge, le sirop lime cordial et le ginger ale dans le verre highball.

> Remuez à l'aide d'une cuillère à mélange pendant 8 à 10 secondes.

> Placez les 2 rondelles de citron vert et les 2 cerises dans le verre. Servez aussitôt.

FRANCIS THE MULE

Short drink à servir à tout moment

POUR 1 VERRE

4 cl de bourbon
1 cl de jus de citron pressé
1 cl de sirop d'orgeat
1 cl de café expresso froid
2 ou 3 gouttes d'orange* bitters
1 zeste de citron non traité
5 ou 6 glaçons

> Mettez les glaçons et les ingrédients (sauf le citron) dans la partie inférieure du shaker.

> Ajustez la partie supérieure du shaker et secouez vivement celui-ci pendant 8 à 10 secondes.

> Filtrez au-dessus du verre martini à l'aide d'une passoire à glaçons.

> Prélevez le zeste de citron avec un couteau Économe. Pressez, au-dessus du verre, le zeste entre deux doigts pour extraire son essence puis placez-le dans le verre. Servez aussitôt.

FRISCO

Short drink à servir en digestif

POUR 1 VERRE

4 cl de bourbon
2 cl de jus de citron pressé
1 cl de liqueur Bénédictine
5 ou 6 glaçons

> Mettez les glaçons et les ingrédients dans la partie inférieure du shaker.

> Ajustez la partie supérieure du shaker et secouez vivement celui-ci pendant 8 à 10 secondes.

> Filtrez au-dessus du verre martini à l'aide d'une passoire à glaçons. Servez aussitôt.

HEMINGWAY SOUR

Short drink à servir à tout moment

POUR 1 VERRE

4 cl de bourbon
2 cl de jus de citron pressé
1 cl de liqueur Drambuie*
5 ou 6 glaçons

> Mettez les glaçons et les ingrédients dans la partie inférieure du shaker.

> Ajustez la partie supérieure du shaker et secouez vivement celui-ci pendant 8 à 10 secondes.

> Filtrez au-dessus du verre martini à l'aide d'une passoire à glaçons. Servez aussitôt.

HIGHLAND COOLER

Long drink à servir à tout moment

POUR 1 VERRE

4 cl de Scotch whisky
1 cl de jus de citron pressé
1 cl de sirop de sucre de canne
12 cl de ginger* ale
4 ou 5 glaçons

> Mettez les glaçons et les ingrédients dans le verre highball.

> Remuez à l'aide d'une cuillère à mélange pendant 8 à 10 secondes. Servez aussitôt.

HIGH VOLTAGE

Short drink à servir à tout moment

POUR 1 VERRE

4 cl de Scotch whisky
1/4 de citron vert non traité
1 cl de curaçao triple sec
6 cl d'eau gazeuse
3 ou 4 glaçons

> Pressez le quart de citron vert dans le verre rocks.

> Ajoutez les glaçons et les autres ingrédients dans le verre.

> Remuez à l'aide d'une cuillère à mélange pendant 8 à 10 secondes. Servez aussitôt.

IRISH ROSE

Short drink à servir à tout moment

POUR 1 VERRE

4 cl d'Irish whiskey
1,5 cl de jus de citron pressé
1,5 cl de sirop de grenadine
1 zeste de citron non traité
5 ou 6 glaçons

> Mettez les glaçons, le whiskey, le jus de citron et le sirop de grenadine dans la partie inférieure du shaker.

> Ajustez la partie supérieure du shaker et secouez vivement celui-ci pendant 8 à 10 secondes.

> Filtrez au-dessus du verre martini à l'aide d'une passoire à glaçons.

> Prélevez le zeste de citron avec un couteau Économe. Pressez, au-dessus du verre, le zeste entre deux doigts pour extraire son essence, mais ne le mettez pas dans le verre. Servez aussitôt.

KENTUCKY TEA

Long drink à servir à tout moment

POUR 1 VERRE

4 cl de bourbon
2 cl de jus de citron vert pressé
1 cl de curaçao orange
11 cl de ginger* ale
4 ou 5 glaçons

> Mettez les glaçons et les ingrédients dans le verre highball.

> Remuez à l'aide d'une cuillère à mélange pendant 8 à 10 secondes. Servez aussitôt.

KLONDIKE COOLER

Long drink à servir à tout moment

POUR 1 VERRE

4,5 cl de rye whiskey
0,5 cl de sirop de sucre de canne
13 cl de ginger* ale
1 zeste de citron non traité
4 ou 5 glaçons

> Mettez les glaçons, le rye whiskey, le sirop de sucre et le ginger ale dans le verre highball.

> Remuez à l'aide d'une cuillère à mélange pendant 8 à 10 secondes.

> Prélevez le zeste de citron avec un couteau Économe. Pressez, au-dessus du verre, le zeste entre deux doigts pour extraire son essence puis placez-le dans le verre. Servez aussitôt.

LYNCHBURG LEMONADE

Long drink à servir à tout moment

POUR 1 VERRE

4 cl de Tennessee* whiskey
2 cl de jus de citron pressé
1 cl de curaçao triple sec
11 cl de lemon*-lime soda
1/2 rondelle de citron non traité
4 ou 5 glaçons

> Mettez les glaçons, le whiskey, le jus de citron, le curaçao et le lemon-lime soda dans le verre highball.

> Remuez à l'aide d'une cuillère à mélange pendant 8 à 10 secondes.

> Placez la demi-rondelle de citron dans le verre. Servez aussitôt.

MINT JULEP

Short drink à servir à tout moment

POUR 1 VERRE

5 cl de bourbon
6 à 8 feuilles de menthe
2 cuill. à mélange de sucre en poudre
3 ou 4 glaçons pilés **(▷ p. 96)**

> Rincez les feuilles de menthe à l'eau fraîche et séchez-les avec du papier absorbant. Pressez-les à l'aide d'un pilon dans le verre rocks.

> Ajoutez le sucre en poudre et remplissez le verre de glaçons pilés.

> Versez le bourbon et remuez à l'aide d'une cuillère à mélange pendant 8 à 10 secondes. Servez aussitôt.

NEW YORKER

Short drink à servir à tout moment

POUR 1 VERRE

4 cl de bourbon
2 cl de jus de citron vert pressé
1 cl de sirop de grenadine
5 ou 6 glaçons

> Mettez les glaçons et les ingrédients dans la partie inférieure du shaker.

> Ajustez la partie supérieure du shaker et secouez vivement celui-ci pendant 8 à 10 secondes.

> Filtrez au-dessus du verre martini à l'aide d'une passoire à glaçons. Servez aussitôt.

WHISKEY SOUR

Short drink à servir en soirée

POUR 1 VERRE

4 cl de bourbon
1,5 cl de jus de citron pressé
1,5 cl de sirop de sucre de canne
1 cerise au marasquin
3 ou 4 glaçons

> Mettez les glaçons et les ingrédients (sauf la cerise) dans la partie inférieure du shaker.

> Ajustez la partie supérieure du shaker et secouez vivement celui-ci pendant 8 à 10 secondes.

> Versez sans filtrer le contenu du shaker dans le verre rocks. Placez la cerise au marasquin dans le verre. Servez aussitôt.

ALGONQUIN

Short drink à servir à tout moment

POUR 1 VERRE

3 cl de rye whiskey

3 cl de jus d'ananas (pur jus de fruits)

1 cl de vermouth dry

5 ou 6 glaçons

> Mettez les glaçons et les ingrédients dans la partie inférieure du shaker.

> Ajustez la partie supérieure du shaker et secouez vivement celui-ci pendant 8 à 10 secondes.

> Filtrez au-dessus du verre rocks à l'aide d'une passoire à glaçons. Servez aussitôt.

BEAM ME UP SCOTTY

Long drink à servir à tout moment

POUR 1 VERRE

5 cl de Scotch whisky
3 cl de jus de citron pressé
1,5 cl de liqueur amaretto*
1,5 cl de liqueur cherry* brandy
7 cl de jus d'orange
(pur jus de fruits)
5 ou 6 glaçons

> Mettez les glaçons et les ingrédients dans la partie inférieure du shaker.

> Ajustez la partie supérieure du shaker et secouez vivement celui-ci pendant 8 à 10 secondes.

> Filtrez au-dessus du verre highball à l'aide d'une passoire à glaçons. Servez aussitôt.

BLOOD & SAND

Short drink à servir à tout moment

POUR 1 VERRE

4 cl de Scotch whisky
1,5 cl de jus d'orange pressée
1 cl de liqueur cherry* brandy
0,5 cl de vermouth rosso
5 ou 6 glaçons

> Mettez les glaçons et les ingrédients dans la partie inférieure du shaker.

> Ajustez la partie supérieure du shaker et secouez vivement celui-ci pendant 8 à 10 secondes.

> Filtrez au-dessus du verre martini à l'aide d'une passoire à glaçons. Servez aussitôt.

INK STREET

Short drink à servir à tout moment

POUR 1 VERRE

3 cl de Canadian whisky
3 cl de jus d'orange pressée
1 cl de jus de citron pressé
5 ou 6 glaçons

> Mettez les glaçons et les ingrédients dans la partie inférieure du shaker.

> Ajustez la partie supérieure du shaker et secouez vivement celui-ci pendant 8 à 10 secondes.

> Filtrez au-dessus du verre martini à l'aide d'une passoire à glaçons. Servez aussitôt.

POLLY SPECIAL

Short drink à servir à tout moment

POUR 1 VERRE

3 cl de Scotch whisky
3 cl de jus de pamplemousse pressé
1 cl de curaçao triple sec
5 ou 6 glaçons

> Mettez les glaçons et les ingrédients dans la partie inférieure du shaker.

> Ajustez la partie supérieure du shaker et secouez vivement celui-ci pendant 8 à 10 secondes.

> Filtrez au-dessus du verre martini à l'aide d'une passoire à glaçons. Servez aussitôt.

Variante : le Carlton
En remplaçant le Scotch whisky par du bourbon et le jus de pamplemousse par du jus d'orange pressée, on obtient un Carlton, un short drink moins amer, idéal à tout moment.

WARD EIGHT

Short drink à servir à tout moment

POUR 1 VERRE

4 cl de rye whiskey
2 cl de jus d'orange pressée
0,5 cl de jus de citron pressé
0,5 cl de sirop de grenadine
5 ou 6 glaçons

> Mettez les glaçons et les ingrédients dans la partie inférieure du shaker.

> Ajustez la partie supérieure du shaker et secouez vivement celui-ci pendant 8 à 10 secondes.

> Filtrez au-dessus du verre martini à l'aide d'une passoire à glaçons. Servez aussitôt.

Ce short drink des années vingt aurait été créé dans le huitième district (Ward Eight) de Washington, ce qui expliquerait son nom.

BOBBY BURNS

Short drink à servir en digestif

POUR 1 VERRE

4 cl de Scotch whisky
1,5 cl de liqueur Bénédictine
1,5 cl de vermouth rosso
5 ou 6 glaçons

> Mettez les glaçons et les ingrédients dans le verre à mélange.

> Remuez à l'aide d'une cuillère à mélange pendant 8 à 10 secondes.

> Filtrez au-dessus du verre martini à l'aide d'une passoire à glaçons. Servez aussitôt.

DELMARVA

Short drink à servir en soirée

POUR 1 VERRE

4 cl de rye whiskey
1 cl de crème de menthe blanche
1 cl de vermouth dry
1 cl de jus de citron pressé
5 ou 6 glaçons

> Mettez les glaçons et les ingrédients dans la partie inférieure du shaker.

> Ajustez la partie supérieure du shaker et secouez vivement celui-ci pendant 8 à 10 secondes.

> Filtrez au-dessus du verre martini à l'aide d'une passoire à glaçons. Servez aussitôt.

GODFATHER

Short drink à servir en digestif

POUR 1 VERRE

4 cl de Scotch whisky
2 cl de liqueur amaretto*
3 ou 4 glaçons

> Mettez les glaçons et les ingrédients dans le verre rocks.

> Remuez à l'aide d'une cuillère à mélange pendant 8 à 10 secondes. Servez aussitôt.

Le Godfather (« parrain » en anglais) est le plus populaire des cocktails préparés avec la liqueur italienne au goût d'amande amère.

KENTUCKY COLONEL

Short drink à servir en digestif

POUR 1 VERRE

4 cl de bourbon
2 cl de liqueur Bénédictine
3 ou 4 glaçons

> Mettez les glaçons et les ingrédients dans le verre rocks.

> Remuez à l'aide d'une cuillère à mélange pendant 8 à 10 secondes. Servez aussitôt.

POUR 1 VERRE

4 cl de Scotch whisky

2 cl de liqueur Drambuie*

3 ou 4 glaçons

> Mettez les glaçons et les ingrédients dans le verre rocks.

> Remuez à l'aide d'une cuillère à mélange pendant 8 à 10 secondes. Servez aussitôt.

Variante : le Golden Nail

En remplaçant la liqueur Drambuie par de la liqueur Southern* Comfort, on obtient un Golden Nail, un short drink aux arômes de pêche, idéal en soirée.

TIPPERARY

Short drink à servir en digestif

POUR 1 VERRE

4 cl de rye whiskey
2 cl de vermouth rosso
1 cl de liqueur
Chartreuse verte
5 ou 6 glaçons

> Mettez les glaçons et les ingrédients dans le verre à mélange.

> Remuez à l'aide d'une cuillère à mélange pendant 8 à 10 secondes.

> Filtrez au-dessus du verre martini à l'aide d'une passoire à glaçons. Servez aussitôt.

Variante : le Shamrock
En remplaçant le vermouth rosso par du vermouth dry, et en utilisant de l'Irish whiskey à la place du rye whiskey, on obtient un Shamrock (« trèfle » en anglais), un short drink légèrement plus sec, idéal en digestif.

TWISTIN'

Short drink à servir à tout moment

POUR 1 VERRE

4 cl de Canadian whisky
1 cl de liqueur melocoton*
0,5 cl de liqueur manzana* verde
0,5 cl de sirop lime* cordial
1 zeste d'orange non traitée
1 cerise au marasquin
5 ou 6 glaçons

> Mettez les glaçons et les ingrédients dans le verre à mélange.

> Remuez à l'aide d'une cuillère à mélange pendant 8 à 10 secondes.

> Filtrez au-dessus du verre martini à l'aide d'une passoire à glaçons.

> Prélevez le zeste d'orange à l'aide d'un couteau Économe. Coupez-le en petits bâtonnets puis placez ceux-ci dans le verre. Ajoutez la cerise. Servez aussitôt.

BOSTON SOUR

Short drink à servir à tout moment

POUR 1 VERRE

- 3,5 cl de bourbon
- 1 blanc d'œuf
- 1,5 cl de jus de citron pressé
- 1 cl de sirop de sucre de canne
- 1/2 rondelle de citron non traité
- 3 ou 4 glaçons

> Dans un bol, battez quelques secondes le blanc d'œuf avec une fourchette.

> Mettez les glaçons, le bourbon, 1 cl de blanc d'œuf, le jus de citron et le sirop de sucre dans la partie inférieure du shaker.

> Ajustez la partie supérieure du shaker et secouez vivement celui-ci pendant 8 à 10 secondes.

> Versez sans filtrer le contenu du shaker dans le verre rocks. Placez la demi-rondelle de citron dans le verre. Servez aussitôt.

ELK'S OWN

Short drink à servir en soirée

POUR 1 VERRE
3 cl de rye whiskey
1 blanc d'œuf
2 cl de porto rouge
0,5 cl de jus de citron pressé
0,5 cl de sirop de sucre de canne
5 ou 6 glaçons

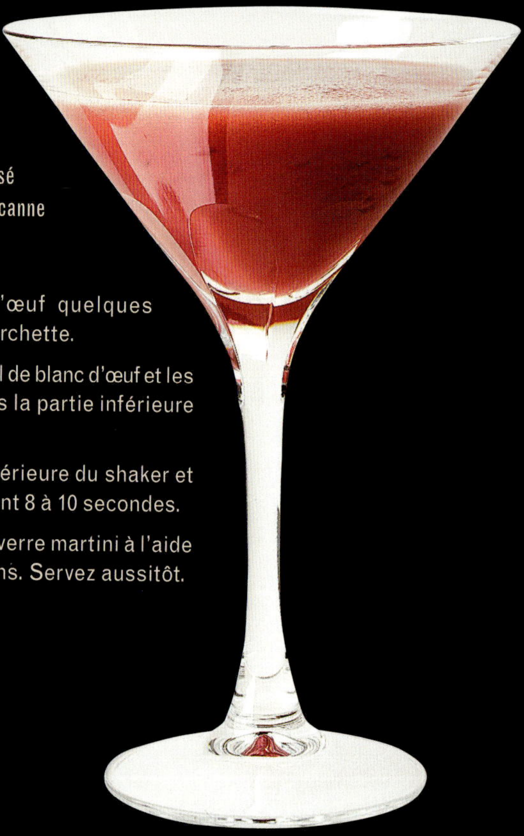

> Battez le blanc d'œuf quelques secondes avec une fourchette.

> Mettez les glaçons, 1 cl de blanc d'œuf et les autres ingrédients dans la partie inférieure du shaker.

> Ajustez la partie supérieure du shaker et secouez celui-ci pendant 8 à 10 secondes.

> Filtrez au-dessus du verre martini à l'aide d'une passoire à glaçons. Servez aussitôt.

MILLIONNAIRE

Short drink à servir en soirée

POUR 1 VERRE

4 cl de rye whiskey
1 blanc d'œuf
1 cl de jus de citron pressé
0,5 cl de curaçao triple sec
0,5 cl de sirop de grenadine
5 ou 6 glaçons

> Battez quelques secondes le blanc d'œuf avec une fourchette.

> Mettez les glaçons, 1 cl de blanc d'œuf et les autres ingrédients dans la partie inférieure du shaker.

> Ajustez la partie supérieure du shaker et secouez celui-ci pendant 8 à 10 secondes.

> Filtrez au-dessus du verre martini à l'aide d'une passoire à glaçons. Servez aussitôt.

MOCHA MARTINI

Short drink à servir en soirée

POUR 1 VERRE

3 cl de bourbon
2 cl de liqueur Irish* Cream
1 cl de crème de cacao brune
1 cl de café expresso froid
5 ou 6 glaçons

> Mettez les glaçons et les ingrédients dans la partie inférieure du shaker.

> Ajustez la partie supérieure du shaker et secouez vivement celui-ci pendant 8 à 10 secondes.

> Filtrez au-dessus du verre martini à l'aide d'une passoire à glaçons. Servez aussitôt.

MORNING GLORY FIZZ

Long drink à servir en matinée

POUR 1 VERRE

4 cl de Scotch whisky
1 blanc d'œuf
1,5 cl de jus de citron pressé
1 cl de sirop de sucre de canne
10 cl d'eau gazeuse
5 ou 6 glaçons

> Battez quelques secondes le blanc d'œuf avec une fourchette.

> Mettez les glaçons, 1,5 cl de blanc d'œuf et les autres ingrédients (sauf l'eau gazeuse) dans la partie inférieure du shaker.

> Ajustez la partie supérieure du shaker et secouez celui-ci pendant 8 à 10 secondes.

> Versez le contenu du shaker dans le verre highball. Ajoutez l'eau gazeuse. Servez aussitôt.

MOUNTAIN

Short drink à servir en soirée

POUR 1 VERRE

3,5 cl de rye whiskey
1 blanc d'œuf
1 cl de vermouth dry
1 cl de vermouth rosso
0,5 cl de jus de citron pressé
5 ou 6 glaçons

> Battez quelques secondes le blanc d'œuf avec une fourchette.

> Mettez les glaçons, 1 cl de blanc d'œuf, le rye whiskey, les deux sortes de vermouth et le jus de citron dans la partie inférieure du shaker.

> Ajustez la partie supérieure du shaker et secouez vivement celui-ci pendant 8 à 10 secondes.

> Filtrez au-dessus du verre martini à l'aide d'une passoire à glaçons. Servez aussitôt.

BLUE BLAZER

Long drink à servir en hiver

POUR 1 VERRE

6 cl de Scotch whisky

6 cl d'eau bouillante

2 cuill. à mélange de sucre en poudre

1 citron non traité

> Ébouillantez d'abord deux timbales en métal munies d'une anse, puis jetez l'eau.

> Dans l'une des timbales, versez les 6 cl d'eau bouillante, puis le Scotch whisky.

> Enflammez le mélange à l'aide d'une allumette ou d'un briquet et transvasez 4 ou 5 fois le mélange en feu d'une timbale à l'autre (et de manière continue), puis versez-le dans le verre toddy.

> Ajoutez le sucre et remuez à l'aide d'une cuillère à mélange pour le dissoudre.

> Prélevez un zeste de citron à l'aide d'un couteau Économe. Pressez, au-dessus du verre toddy, le zeste entre deux doigts pour extraire son essence puis placez-le dans le verre. Servez aussitôt.

IRISH COFFEE

Long drink à servir à tout moment

POUR 1 VERRE

4 cl d'Irish whiskey
5 cl de crème liquide UHT
2 cuill. à mélange de sucre en poudre
12 cl de café expresso chaud

> Placez la crème 5 min au congélateur. Battez-la avec une fourchette jusqu'à ce qu'elle devienne onctueuse.

> Mettez le sucre dans le verre toddy, versez dessus le café expresso, puis ajoutez l'Irish whiskey. Remuez à l'aide d'une cuillère à mélange pendant 5 ou 6 secondes. Avec la même cuillère, déposez la crème battue sur le mélange.

RHUM

CUBAN MANHATTAN

Short drink à servir en apéritif

POUR 1 VERRE

5 cl de rhum ambré cubain
2 cl de vermouth rosso
2 ou 3 gouttes
d'Angostura* bitters
1 cerise au marasquin
5 ou 6 glaçons

> Mettez les glaçons, le rhum, le vermouth et l'Angostura dans le verre à mélange.

> Remuez à l'aide d'une cuillère à mélange pendant 8 à 10 secondes.

> Filtrez au-dessus du verre martini à l'aide d'une passoire à glaçons.

> Placez la cerise au marasquin dans le verre. Servez aussitôt.

Variante : le Martinican
En remplaçant le rhum ambré cubain par du rhum vieux agricole, on obtient un Martinican, un short drink plus aromatique, idéal en soirée.

PRESIDENTE

Short drink à servir en apéritif

POUR 1 VERRE

4,5 cl de rhum blanc cubain
2 cl de vermouth dry
0,5 cl de sirop de grenadine
1 zeste d'orange non traitée
1 cerise au marasquin
5 ou 6 glaçons

> Mettez les glaçons, le rhum, le vermouth et le sirop de grenadine dans le verre à mélange.

> Remuez à l'aide d'une cuillère à mélange pendant 8 à 10 secondes.

> Filtrez au-dessus du verre martini à l'aide d'une passoire à glaçons.

> Prélevez le zeste d'orange avec un couteau Économe. Pressez, au-dessus du verre, le zeste entre deux doigts pour extraire son essence mais ne le mettez pas dans le verre.

> Placez la cerise au marasquin dans le verre. Servez aussitôt.

REDWOOD

Short drink à servir à tout moment

POUR 1 VERRE

5 cl de rhum ambré jamaïcain
1 cl de crème de fraise
2 ou 3 gouttes d'Angostura* bitters
1 zeste de citron non traité
3 ou 4 glaçons pilés (▷ p. 96)

> Mettez les glaçons pilés, le rhum, la crème de fraise et l'Angostura dans le verre rocks.

> Remuez à l'aide d'une cuillère à mélange pendant 8 à 10 secondes.

> Prélevez le zeste de citron à l'aide d'un couteau Économe. Pressez, au-dessus du verre, le zeste entre deux doigts pour extraire son essence et placez-le dans le verre. Servez aussitôt.

TREACLE

Short drink à servir à tout moment

POUR 1 VERRE

5 cl de rhum brun jamaïcain
2 ou 3 gouttes d'Angostura* bitters
1 morceau de sucre
2 cl de jus de pomme
(pur jus de fruits)
1 zeste de citron non traité
3 ou 4 glaçons

> Versez l'Angostura sur le morceau de sucre et placez celui-ci dans le verre rocks. Écrasez le morceau de sucre imbibé à l'aide d'un pilon.

> Ajoutez les glaçons, le rhum et le jus de pomme dans le verre. Remuez à l'aide d'une cuillère à mélange pendant 10 secondes.

> Prélevez le zeste de citron avec un couteau Économe. Pressez, au-dessus du verre, le zeste entre deux doigts pour extraire son essence et placez-le dans le verre. Servez aussitôt.

AÑEJO HIGHBALL

Long drink idéal à tout moment

POUR 1 VERRE

4 cl de rhum ambré cubain
1,5 cl de curaçao orange
1,5 cl de jus de citron vert pressé
3 ou 4 gouttes d'Angostura* bitters
11 cl de ginger * beer
1/2 rondelle de citron non traité
4 ou 5 glaçons

> Mettez les glaçons et les ingrédients (sauf la demi-rondelle de citron) dans le verre highball.

> Remuez à l'aide d'une cuillère à mélange pendant 8 à 10 secondes.

> Placez la demi-rondelle de citron dans le verre. Servez aussitôt.

BACARDI COCKTAIL

Short drink à servir à tout moment

POUR 1 VERRE

4 cl de rhum blanc portoricain (rhum Bacardi)
2 cl de jus de citron vert pressé
1 cl de sirop de grenadine
1 zeste de citron vert non traité
5 ou 6 glaçons

> Mettez les glaçons, le rhum, le jus de citron et le sirop de grenadine dans la partie inférieure du shaker.

> Ajustez la partie supérieure du shaker et secouez vivement celui-ci pendant 8 à 10 secondes.

> Filtrez au-dessus du verre martini à l'aide d'une passoire à glaçons.

> Prélevez le zeste de citron vert avec un couteau Économe. Pressez, au-dessus du verre, le zeste entre deux doigts pour extraire son essence et placez-le dans le verre. Servez aussitôt.

BEJA FLOR

Short drink à servir en soirée

POUR 1 VERRE

4 cl de rhum cachaça
1 cl de crème de banane
1 cl de curaçao triple sec
2 cl de jus de citron vert pressé
5 ou 6 glaçons

> Mettez les glaçons et les ingrédients dans la partie inférieure du shaker.

> Ajustez la partie supérieure du shaker et secouez vivement celui-ci pendant 8 à 10 secondes.

> Filtrez au-dessus du verre martini à l'aide d'une passoire à glaçons. Servez aussitôt.

BLACK ROSE

Short drink à servir à tout moment

POUR 1 VERRE

3 cl de rhum blanc agricole
3 cl de café expresso froid
1 cl de sirop de sucre de canne
5 ou 6 glaçons

> Mettez les glaçons et les ingrédients dans la partie inférieure du shaker.

> Ajustez la partie supérieure du shaker et secouez vivement celui-ci pendant 8 à 10 secondes.

> Filtrez au-dessus du verre martini à l'aide d'une passoire à glaçons. Servez aussitôt.

Ce cocktail, créé dans les années trente par Franck Meier au bar Cambon de l'hôtel Ritz à Paris, était à l'origine servi en long drink.

BOSTON COOLER

Long drink à servir à tout moment

POUR 1 VERRE

4 cl de rhum ambré jamaïcain
1,5 cl de jus de citron vert pressé
0,5 cl de sirop de sucre de canne
12 cl de ginger* ale
1 rondelle de citron non traité
4 ou 5 glaçons

> Mettez les glaçons et les ingrédients (sauf la rondelle de citron) dans le verre highball.

> Remuez à l'aide d'une cuillère à mélange pendant 8 à 10 secondes. Placez la rondelle de citron dans le verre. Servez aussitôt.

CABLE CAR

Short drink à servir à tout moment

POUR 1 VERRE

3 cl de rhum épicé
2 cl de curaçao orange
1,5 cl de jus de citron pressé
0,5 cl de sirop de sucre de canne
1 zeste d'orange non traitée
5 ou 6 glaçons

> Mettez les glaçons et les ingrédients (sauf l'orange) dans la partie inférieure du shaker.

> Ajustez la partie supérieure du shaker et secouez vivement celui-ci pendant 8 à 10 secondes.

> Filtrez au-dessus du verre martini à l'aide d'une passoire à glaçons.

> Prélevez le zeste d'orange avec un couteau Économe. Pressez, au-dessus du verre, le zeste entre deux doigts pour extraire son essence et placez-le dans le verre. Servez aussitôt.

CAÏPIRINHA

Short drink à servir à tout moment

POUR 1 VERRE

5 cl de rhum cachaça
1/2 citron vert non traité
2 cuill. à mélange de sucre en poudre
3 ou 4 glaçons pilés (▷ p. 96)

> Découpez le demi-citron vert en quatre, puis placez les quartiers dans le verre rocks. Écrasez-les à l'aide d'un pilon.

> Mettez les glaçons pilés et les autres ingrédients dans le verre.

> Remuez à l'aide d'une cuillère à mélange pendant 8 à 10 secondes. Servez aussitôt.

Variante : la Caïpirissima
En remplaçant le rhum cachaça par du rhum portoricain, on obtient une Caïpirissima, un short drink au goût plus léger, idéal à tout moment.

CITRUS COOLER

Long drink à servir à tout moment

POUR 1 VERRE

3 cl de rhum portoricain
3 cl de jus d'orange pressée
1 cl de jus de citron vert pressé
1 cl de curaçao triple sec
10 cl de lemon*-lime soda
5 ou 6 glaçons

> Mettez les glaçons, le rhum, les jus d'orange et de citron ainsi que le curaçao dans la partie inférieure du shaker.

> Ajustez la partie supérieure du shaker et secouez vivement celui-ci pendant 8 à 10 secondes.

> Versez sans filtrer le contenu du shaker dans le verre highball.

> Ajoutez le lemon-lime soda et remuez. Servez aussitôt.

COSMO-RON

Short drink à servir à tout moment

POUR 1 VERRE

3 cl de rhum blanc portoricain
3 cl de jus de canneberge
(à base de jus de fruits concentré)
0,5 cl de jus de citron vert pressé
0,5 cl de curaçao orange
1 zeste de citron non traité
5 ou 6 glaçons

> Mettez les glaçons, le rhum, le jus de canneberge, le jus de citron et le curaçao dans la partie inférieure du shaker.

> Ajustez la partie supérieure du shaker et secouez vivement celui-ci pendant 8 à 10 secondes.

> Filtrez au-dessus du verre martini à l'aide d'une passoire à glaçons.

> Prélevez le zeste de citron avec un couteau Économe. Pressez, au-dessus du verre, le zeste entre deux doigts pour extraire son essence et placez-le dans le verre. Servez aussitôt.

CUBA LIBRE

Long drink à servir à tout moment

POUR 1 VERRE

4 cl de rhum blanc cubain
1/4 de citron vert non traité
13 cl de cola
4 ou 5 glaçons

> Découpez le quart de citron vert en deux, puis placez les quartiers dans le verre highball. Écrasez-les à l'aide d'un pilon.

> Mettez les glaçons et les autres ingrédients dans le verre.

> Remuez à l'aide d'une cuillère à mélange pendant 8 à 10 secondes. Servez aussitôt.

Variante : le Trinidad
En ajoutant 3 ou 4 gouttes d'Angostura* bitters, on obtient un Trinidad, un long drink au goût légèrement amer, idéal à tout moment.

Ce cocktail est apparu à Cuba durant la prohibition américaine. Il est aujourd'hui appelé par certains Mentiroso (qui veut dire « menteur » en espagnol), pour signifier que Cuba n'est toujours pas libre.

DAIQUIRI

Short drink à servir à tout moment

POUR 1 VERRE

4 cl de rhum blanc cubain
2 cl de jus de citron vert pressé
1 cl de sirop de sucre de canne
5 ou 6 glaçons

> Mettez les glaçons et les ingrédients dans la partie inférieure du shaker.

> Ajustez la partie supérieure du shaker et secouez vivement celui-ci pendant 8 à 10 secondes.

> Filtrez au-dessus du verre martini à l'aide d'une passoire à glaçons. Servez aussitôt.

Variante : le Daiquiri n° 2
En remplaçant 0,5 cl de rhum blanc par 0,5 cl de curaçao orange et 0,5 cl de jus de citron vert pressé par 0,5 cl de jus d'orange pressée, on obtient un Daiquiri n° 2, un short drink plus doux, idéal l'après-midi.

DARK & STORMY

Long drink à servir à tout moment

POUR 1 VERRE

4 cl de rhum brun jamaïcain
1/2 citron vert non traité
2 cl de jus de citron vert pressé
1 cl de sirop de sucre de canne
11 cl de ginger* beer
4 ou 5 glaçons

> Découpez le demi-citron en quatre, puis placez les quartiers dans le verre highball. Écrasez-les à l'aide d'un pilon.

> Mettez les glaçons et les autres ingrédients dans le verre.

> Remuez à l'aide d'une cuillère à mélange pendant 8 à 10 secondes. Servez aussitôt.

Ce cocktail est la boisson nationale aux îles Bermudes.

DOCTOR FUNK

Long drink à servir à tout moment

POUR 1 VERRE

2,5 cl de rhum blanc jamaïcain
2,5 cl de rhum blanc cubain
1,5 cl de jus de citron vert pressé
1 cl de sirop de grenadine
0,5 cl de spiritueux aux plantes d'absinthe
5 cl d'eau gazeuse
2 fines rondelles de citron vert non traité
4 ou 5 glaçons pilés (▷ p. 96)

> Mettez les glaçons pilés et les ingrédients (sauf les rondelles de citron) dans le verre highball.

> Remuez à l'aide d'une cuillère à mélange pendant 8 à 10 secondes.

> Placez les fines rondelles de citron vert dans le verre. Servez aussitôt.

FLORIDITA DAIQUIRI

Short drink à servir à tout moment

POUR 1 VERRE

4 cl de rhum blanc cubain
1,5 cl de jus de citron vert pressé
0,5 cl de jus de pamplemousse pressé
0,5 cl de sirop de sucre de canne
0,5 cl de liqueur marasquin*
5 ou 6 glaçons

> Mettez les glaçons et les ingrédients dans la partie inférieure du shaker.

> Ajustez la partie supérieure du shaker et secouez celui-ci pendant 8 à 10 secondes.

> Filtrez au-dessus du verre martini à l'aide d'une passoire à glaçons. Servez aussitôt.

Ce cocktail est également connu sous le nom de Daiquiri n° 3. Il est attribué au barman Benjamin Orbon, qui l'aurait inventé dans les années trente à Cuba.

FROZEN DAIQUIRI

Short drink à servir à tout moment

POUR 1 VERRE

4 cl de rhum blanc cubain
2 cl de jus de citron vert pressé
0,5 cl de sirop de sucre de canne
0,5 cl de liqueur marasquin*
3 ou 4 glaçons pilés (▷ p. 96)

> Mettez les glaçons pilés et les ingrédients dans le mixeur.

> Mixez en réglant sur vitesse lente pendant 5 à 10 secondes puis sur vitesse rapide 15 à 30 secondes.

> Versez le contenu du mixeur dans le verre martini. Servez aussitôt.

HEMINGWAY SPECIAL

Short drink à servir à tout moment

POUR 1 VERRE

5 cl de rhum blanc cubain
1 cl de jus de citron vert pressé
0,5 cl de jus de pamplemousse pressé
0,5 cl de liqueur marasquin*
3 ou 4 glaçons pilés (▷ p. 96)

> Mettez les glaçons pilés et les ingrédients dans le mixeur.

> Mixez en réglant sur vitesse lente pendant 5 à 10 secondes puis sur vitesse rapide 15 à 30 secondes.

> Versez le contenu du mixeur dans le verre martini. Servez aussitôt.

Ce cocktail a été spécialement créé pour l'écrivain Ernest Hemingway (1899-1961) par un barman cubain appelé Antonio Melan.

HONEYSUCKLE

Short drink à servir à tout moment

POUR 1 VERRE

3 cl de rhum ambré jamaïcain
2 cl de jus de citron vert pressé
2 cl de miel liquide toutes fleurs
5 ou 6 glaçons

> Mettez les glaçons et les ingrédients dans la partie inférieure du shaker.

> Ajustez la partie supérieure du shaker et secouez vivement celui-ci pendant 8 à 10 secondes.

> Filtrez au-dessus du verre martini à l'aide d'une passoire à glaçons. Servez aussitôt.

ISLE OF PINES

Short drink à servir à tout moment

POUR 1 VERRE

3 cl de rhum blanc cubain
3 cl de jus de pamplemousse pressé
1 cl de sirop de sucre de canne
5 ou 6 glaçons

> Mettez les glaçons et les ingrédients dans la partie inférieure du shaker.

> Ajustez la partie supérieure du shaker et secouez vivement celui-ci pendant 8 à 10 secondes.

> Filtrez au-dessus du verre martini à l'aide d'une passoire à glaçons. Servez aussitôt.

Variante : le Pinerito
En remplaçant le sirop de sucre de canne par du sirop de grenadine, on obtient un Pinerito, un short drink plus coloré, idéal au moment de l'apéritif.

JAMAICAN MULE

Long drink à servir à tout moment

POUR 1 VERRE

5 cl de rhum épicé
1/8 de citron vert non traité
1 cl de jus de citron vert pressé
3 ou 4 gouttes d'Angostura* bitters
12 cl de ginger* beer
4 ou 5 glaçons

> Placez le quartier de citron vert dans le verre highball. Écrasez-le légèrement à l'aide d'un pilon.

> Mettez les glaçons et les autres ingrédients dans le verre.

> Remuez à l'aide d'une cuillère à mélange pendant 8 à 10 secondes. Servez aussitôt.

MAI TAI

Short drink à servir à tout moment

POUR 1 VERRE

3 cl de rhum ambré jamaïcain
2 cl de rhum blanc agricole
1,5 cl de jus de citron vert pressé
1 cl de sirop d'orgeat
0,5 cl de curaçao orange
1/8 de citron vert non traité
1 petit brin de menthe fraîche
3 ou 4 glaçons pilés **(▷ p. 96)**

> Mettez les glaçons pilés, les deux sortes de rhum, le jus de citron, le sirop d'orgeat et le curaçao dans la partie inférieure du shaker.

> Ajustez la partie supérieure du shaker et secouez vivement celui-ci pendant 8 à 10 secondes.

> Versez le contenu du shaker dans le verre rocks. Faites une entaille dans le quartier de citron pour le faire tenir sur le bord du verre. Ajoutez le brin de menthe. Servez aussitôt.

MARAMA RUM PUNCH

Long drink à servir à tout moment

POUR 1 VERRE

3 cl de rhum blanc jamaïcain
2 cl de curaçao triple sec
1,5 cl de jus de citron vert pressé
0,5 cl de sirop d'orgeat
3 ou 4 gouttes d'Angostura* bitters
11 cl de lemon*-lime soda
1 petit brin de menthe fraîche
8 à 10 glaçons

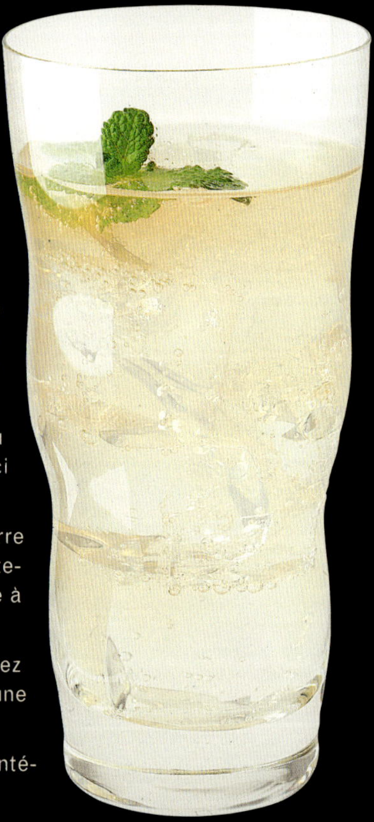

> Mettez 5 ou 6 glaçons, le rhum, le curaçao, le jus de citron, le sirop d'orgeat et l'Angostura dans la partie inférieure du shaker.

> Ajustez la partie supérieure du shaker et secouez vivement celui-ci pendant 8 à 10 secondes.

> Mettez 3 ou 4 glaçons dans le verre highball, puis filtrez au-dessus le contenu du shaker à l'aide d'une passoire à glaçons.

> Ajoutez le lemon-lime soda et remuez pendant 3 ou 4 secondes à l'aide d'une cuillère à mélange.

> Rincez la menthe et placez-la à l'intérieur du verre. Servez aussitôt.

MOJITO

Long drink à servir à tout moment

POUR 1 VERRE

4 cl de rhum blanc cubain
8 à 10 feuilles de menthe fraîche
2 cuill. à mélange de sucre en poudre
2 cl de jus de citron vert pressé
6 cl d'eau gazeuse
4 ou 5 glaçons pilés (▷ p. 96)

> Rincez les feuilles de menthe à l'eau fraîche et placez-les dans le verre highball.

> Écrasez-les à l'aide d'un pilon, puis ajoutez le sucre en poudre.

> Mettez les glaçons et les autres ingrédients dans le verre. Remuez à l'aide d'une cuillère à mélange pendant 8 à 10 secondes. Servez aussitôt.

Variante : le Mojito Criollo
En ajoutant 3 ou 4 gouttes d'Angostura* bitters, on obtient un Mojito Criollo (créole), un long drink légèrement amer, idéal à tout moment.

MONTEGO BAY

Short drink à servir à tout moment

POUR 1 VERRE

4 cl de rhum ambré agricole
2 cl de jus de citron vert pressé
0,5 cl de sirop de sucre de canne
0,5 cl de curaçao triple sec
2 ou 3 gouttes d'Angostura* bitters
5 ou 6 glaçons

> Mettez les glaçons et les ingrédients dans la partie inférieure du shaker.

> Ajustez la partie supérieure du shaker et secouez vivement celui-ci pendant 8 à 10 secondes.

> Filtrez au-dessus du verre martini à l'aide d'une passoire à glaçons. Servez aussitôt.

PERIODISTA

Short drink à servir à tout moment

POUR 1 VERRE

- 4 cl de rhum blanc cubain
- 2 cl de jus de citron vert pressé
- 0,5 cl de curaçao orange
- 0,5 cl de liqueur apricot* brandy
- 5 ou 6 glaçons

> Mettez les glaçons et les ingrédients dans la partie inférieure du shaker.

> Ajustez la partie supérieure du shaker et secouez vivement celui-ci pendant 8 à 10 secondes.

> Filtrez au-dessus du verre martini à l'aide d'une passoire à glaçons. Servez aussitôt.

PINK DAIQUIRI

Short drink à servir à tout moment

POUR 1 VERRE

4,5 cl de rhum blanc cubain
2 cl de jus de citron vert pressé
0,5 cl de sirop de grenadine
0,5 cl de liqueur marasquin*
3 ou 4 gouttes de grenadine
5 ou 6 glaçons

> Mettez les glaçons et les ingrédients dans la partie inférieure du shaker.

> Ajustez la partie supérieure du shaker et secouez vivement celui-ci pendant 8 à 10 secondes.

> Filtrez au-dessus du verre martini à l'aide d'une passoire à glaçons. Servez aussitôt.

Inventé à la fin des années trente, ce cocktail est également connu sous le nom de Daiquiri n° 5.

PLANTER'S PUNCH

Long drink à servir à tout moment

POUR 1 VERRE

6 cl de rhum brun jamaïcain
2 cl de jus de citron vert pressé
1 cl de sirop de grenadine
2 ou 3 gouttes d'Angostura* bitters (facultatif)
5 cl d'eau minérale plate
4 ou 5 glaçons pilés (▷ p. 96)

> Mettez les glaçons pilés et les ingrédients dans le verre highball.

> Remuez à l'aide d'une cuillère à mélange pendant 8 à 10 secondes. Servez aussitôt.

Il existe de nombreuses versions de Planter's Punch. Celle-ci est adaptée à partir de la recette recommandée au XVIIe siècle : une mesure de douceur (sirop de grenadine), deux mesures d'acidité (jus de citron vert pressé), trois mesures de force (rhum ambré jamaïcain) et quatre mesures de rien (eau minérale plate et glace pilée).

QUARTER DECK

Short drink à servir à tout moment

POUR 1 VERRE

4 cl de rhum blanc portoricain
1,5 cl de jus de citron vert pressé
1,5 cl de xérès (ou sherry)
5 ou 6 glaçons

> Mettez les glaçons et les ingrédients dans la partie inférieure du shaker.

> Ajustez la partie supérieure du shaker et secouez vivement celui-ci pendant 8 à 10 secondes.

> Filtrez au-dessus du verre martini à l'aide d'une passoire à glaçons. Servez aussitôt.

RUMBLE

Long drink à servir à tout moment

POUR 1 VERRE

4 cl de rhum brun jamaïcain
1 cl de liqueur de café
12 cl d'eau gazeuse
1/2 citron vert non traité
4 ou 5 glaçons

> Mettez les glaçons, le rhum, la liqueur de café et l'eau gazeuse dans le verre highball.

> Remuez à l'aide d'une cuillère à mélange pendant 8 à 10 secondes.

> Coupez le demi-citron vert en 4 et placez les quartiers dans le verre. Servez aussitôt.

SUZIE TAYLOR

Long drink à servir à tout moment

POUR 1 VERRE

4 cl de rhum ambré jamaïcain
1 cl de jus de citron pressé
13 cl de ginger* ale
1/2 rondelle de citron non traité
4 ou 5 glaçons

> Mettez les glaçons, le rhum, le jus de citron et le ginger ale dans le verre highball.

> Remuez à l'aide d'une cuillère à mélange pendant 8 à 10 secondes.

> Placez la demi-rondelle de citron dans le verre. Servez aussitôt.

Variante : le Mamy Taylor
En remplaçant le rhum ambré par du gin, on obtient un Mamy Taylor, un long drink plus sec, idéal à tout moment.

TI PUNCH

Short drink à servir à tout moment

POUR 1 VERRE

5 cl de rhum blanc agricole
1/8 de citron vert non traité
2 cl de sirop de sucre de canne

> Placez le quartier de citron vert dans le verre rocks. Écrasez-le à l'aide d'un pilon.

> Mettez les autres ingrédients dans le verre.

> Remuez à l'aide d'une cuillère à mélange pendant 8 à 10 secondes.

> Servez aussitôt en l'accompagnant d'un verre d'eau fraîche, appelé « Ti craze ».

X.Y.Z.

Short drink à servir à tout moment

POUR 1 VERRE

4 cl de rhum blanc portoricain
1,5 cl de jus de citron pressé
1,5 cl de curaçao triple sec
5 ou 6 glaçons

> Mettez les glaçons et les ingrédients dans la partie inférieure du shaker.

> Ajustez la partie supérieure du shaker et secouez vivement celui-ci pendant 8 à 10 secondes.

> Filtrez au-dessus du verre martini à l'aide d'une passoire à glaçons. Servez aussitôt.

Variante : le Colombus

En remplaçant le curaçao triple sec par du curaçao orange, on obtient un Colombus, un short drink plus doux, idéal en soirée.

ARISTO

Long drink à servir à tout moment

POUR 1 VERRE

4 cl de rhum vieux jamaïcain
6 cl de jus d'orange
(pur jus de fruits)
6 cl de jus de pamplemousse
(pur jus de fruits)
1 cl de jus de citron pressé
1 cl de sirop de grenadine
2 ou 3 gouttes d'Angostura* bitters
1/2 rondelle de citron non traité
5 ou 6 glaçons

> Mettez les glaçons et les ingrédients (sauf la rondelle de citron) dans la partie inférieure du shaker.

> Ajustez la partie supérieure du shaker et secouez vivement celui-ci pendant 8 à 10 secondes.

> Filtrez au-dessus du verre highball à l'aide d'une passoire à glaçons.

> Faites une entaille dans la demi-rondelle de citron pour la faire tenir sur le bord du verre. Servez aussitôt.

ATOMIC DOG

Long drink à servir à tout moment

POUR 1 VERRE

2 cl de rhum blanc portoricain
2 cl de rhum aromatisé à la noix de coco
1 cl de jus de citron pressé
1 cl de liqueur de melon verte
12 cl de jus d'ananas (pur jus de fruits)
5 ou 6 glaçons

> Mettez les glaçons et les ingrédients (sauf la rondelle de citron) dans la partie inférieure du shaker.

> Ajustez la partie supérieure du shaker et secouez vivement celui-ci pendant 8 à 10 secondes.

> Filtrez au-dessus du verre highball à l'aide d'une passoire à glaçons. Servez aussitôt.

BACCARAT

Long drink à servir à tout moment

POUR 1 VERRE

3 cl de rhum blanc cubain
6 cl de jus d'orange (pur jus de fruits)
6 cl de jus de fruit de la Passion (pur jus de fruits)
1,5 cl de liqueur Bénédictine
1,5 cl de sirop de fraise
1 fraise fraîche
5 ou 6 glaçons

> Mettez les glaçons et les ingrédients (sauf la fraise) dans la partie inférieure du shaker.

> Ajustez la partie supérieure du shaker et secouez vivement celui-ci pendant 8 à 10 secondes.

> Filtrez au-dessus du verre highball à l'aide d'une passoire à glaçons.

> Rincez la fraise, faites une entaille dedans pour la faire tenir sur le bord du verre. Servez aussitôt.

BAHAMA MAMA

Long drink à servir à tout moment

POUR 1 VERRE

2 cl de rhum brun jamaïcain
2 cl de rhum aromatisé à la noix de coco
7 cl de jus d'orange (pur jus de fruits)
7 cl de jus d'ananas (pur jus de fruits)
3 ou 4 gouttes d'Angostura* bitters
5 ou 6 glaçons

> Mettez les glaçons, les deux sortes de rhum, les jus de fruits et l'Angostura dans la partie inférieure du shaker.

> Ajustez la partie supérieure du shaker et secouez vivement celui-ci pendant 8 à 10 secondes.

> Filtrez au-dessus du verre highball à l'aide d'une passoire à glaçons. Servez aussitôt.

BANANA DAIQUIRI

Short drink à servir l'après-midi

POUR 1 VERRE

3 cl de rhum blanc cubain
1/2 banane
0,5 cl de jus de citron vert pressé
0,5 cl de sirop de sucre de canne
3 ou 4 glaçons pilés (▷ p. 96)

> Épluchez la demi-banane et découpez-la en morceaux.

> Mettez les glaçons, les morceaux de banane et les autres ingrédients dans le mixeur. Mixez en réglant sur vitesse lente pendant 5 à 10 secondes puis sur vitesse rapide 15 à 30 secondes. Versez le contenu du mixeur dans le verre martini. Servez aussitôt.

Variante : le Peach Daiquiri
En remplaçant la demi-banane par une demi-pêche, on obtient un Peach Daiquiri, un short drink moins sucré, idéal l'après-midi.

BATIDA ABACI

Long drink à servir à tout moment

POUR 1 VERRE

5 cl de rhum cachaça
1 tranche d'ananas frais d'environ 1 cm d'épaisseur
1 cl de jus de citron vert pressé
1 cl de sirop de sucre de canne
4 ou 5 glaçons pilés (▷ p. 96)

> Retirez l'écorce de la tranche d'ananas et découpez celle-ci en morceaux.

> Mettez les glaçons pilés, les morceaux d'ananas et les autres ingrédients dans le mixeur. Mixez en réglant sur vitesse lente pendant 5 à 10 secondes puis sur vitesse rapide 15 à 30 secondes.

> Versez le contenu du mixeur dans le verre highball. Servez aussitôt

BOSSA NOVA

Long drink à servir à tout moment

POUR 1 VERRE

4 cl de rhum blanc portoricain
8 cl de jus d'ananas
(pur jus de fruits)
2 cl de liqueur Galliano*
1 cl de liqueur apricot* brandy
1 cl de jus de citron vert pressé
1 feuille d'ananas frais
5 ou 6 glaçons

> Mettez les glaçons et les ingrédients (sauf la feuille d'ananas) dans la partie inférieure du shaker.

> Ajustez la partie supérieure du shaker et secouez vivement celui-ci pendant 8 à 10 secondes.

> Filtrez au-dessus du verre highball à l'aide d'une passoire à glaçons.

> Faites une entaille dans la feuille d'ananas pour la faire tenir sur le bord du verre. Servez aussitôt.

CARIBBEAN BREEZE

Long drink à servir à tout moment

POUR 1 VERRE

4 cl de rhum ambré jamaïcain
6 cl de jus de canneberge
(à base de jus de fruits concentré)
6 cl de jus d'ananas
(pur jus de fruits)
1 cl de crème de banane
1 cl de sirop lime* cordial
1/8 de citron vert non traité
5 ou 6 glaçons

> Mettez les glaçons et les ingrédients (sauf le citron) dans la partie inférieure du shaker.

> Ajustez la partie supérieure du shaker et secouez vivement celui-ci pendant 8 à 10 secondes.

> Filtrez au-dessus du verre highball à l'aide d'une passoire à glaçons.

> Faites une entaille dans le quartier de citron pour le faire tenir sur le bord du verre. Servez aussitôt.

FLAMINGO

Long drink à servir à tout moment

POUR 1 VERRE

4 cl de rhum blanc cubain
12 cl de jus d'ananas
(pur jus de fruits)
1 cl de jus de citron vert pressé
1 cl de sirop de grenadine
5 ou 6 glaçons

> Mettez les glaçons et les ingrédients dans la partie inférieure du shaker.

> Ajustez la partie supérieure du shaker et secouez vivement celui-ci pendant 8 à 10 secondes.

> Filtrez au-dessus du verre highball à l'aide d'une passoire à glaçons. Servez aussitôt.

HAVANA BEACH

Short drink à servir à tout moment

POUR 1 VERRE

4 cl de rhum blanc cubain
2,5 cl de jus d'ananas
(pur jus de fruits)
0,5 cl de sirop de sucre de canne
5 ou 6 glaçons

> Mettez les glaçons, le rhum, le jus d'ananas et le sirop de sucre dans la partie inférieure du shaker.

> Ajustez la partie supérieure du shaker et secouez vivement celui-ci pendant 8 à 10 secondes.

> Filtrez au-dessus du verre martini à l'aide d'une passoire à glaçons. Servez aussitôt.

HURRICANE

Long drink à servir en soirée

POUR 1 VERRE

2 cl de rhum blanc portoricain
1,5 cl de rhum ambré cubain
1,5 cl de rhum brun jamaïcain
5 cl de jus d'orange
(pur jus de fruits)
5 cl de jus d'ananas
(pur jus de fruits)
1,5 cl de jus de citron vert pressé
0,5 cl de curaçao triple sec
0,5 cl de sirop de sucre de canne
0,5 cl de sirop de grenadine
4 ou 5 glaçons pilés (▷ p. 96)

> Mettez les glaçons pilés et les ingrédients dans le mixeur. Mixez en réglant sur vitesse lente pendant 5 à 10 secondes puis sur vitesse rapide 15 à 30 secondes.

> Versez le contenu du mixeur dans le verre highball. Servez aussitôt.

ISLAND IN THE SUN

Long drink à servir à tout moment

POUR 1 VERRE

4 cl de rhum ambré jamaïcain
1 tranche d'ananas frais d'environ 1 cm d'épaisseur
11 cl de jus d'ananas (pur jus de fruits)
1 cl de liqueur Galliano*
1 cl de liqueur apricot* brandy
0,5 cl de jus de citron pressé
0,5 cl de sirop de sucre de canne
5 ou 6 glaçons

> Coupez un morceau triangulaire dans la tranche d'ananas, sans retirer l'écorce.

> Mettez les glaçons et les autres ingrédients dans la partie inférieure du shaker.

> Ajustez la partie supérieure du shaker et secouez vivement celui-ci pendant 8 à 10 secondes.

> Filtrez au-dessus du verre highball à l'aide d'une passoire à glaçons.

> Faites une entaille dans le morceau d'ananas pour le faire tenir sur le bord du verre.

JAM DAIQUIRI

Short drink à servir à tout moment

POUR 1 VERRE

4 cl de rhum blanc portoricain
1,5 cl de jus de citron vert pressé
0,5 cl de liqueur marasquin*
2 cuill. à mélange de confiture de groseilles noires
3 ou 4 glaçons pilés (▷ p. 96)

> Mettez les glaçons pilés et les ingrédients dans le mixeur.

> Mixez en réglant sur vitesse lente pendant 5 à 10 secondes puis sur vitesse rapide 15 à 30 secondes.

> Versez le contenu du mixeur dans le verre martini. Servez aussitôt.

JOE KANOO

Long drink à servir à tout moment

POUR 1 VERRE

4 cl de rhum blanc jamaïcain
13 cl de jus d'orange
(pur jus de fruits)
1 cl de liqueur Galliano*
1 quartier d'orange
non traitée
5 ou 6 glaçons

> Mettez les glaçons et les ingrédients (sauf le quartier d'orange) dans la partie inférieure du shaker.

> Ajustez la partie supérieure du shaker et secouez vivement celui-ci pendant 8 à 10 secondes.

> Filtrez au-dessus du verre highball à l'aide d'une passoire à glaçons.

> Faites une entaille dans le quartier d'orange pour le faire tenir sur le bord du verre. Servez aussitôt.

MARY PICKFORD

Short drink à servir à tout moment

POUR 1 VERRE

5 cl de rhum blanc cubain
2,5 cl de jus d'ananas
(pur jus de fruits)
0,5 cl de sirop de grenadine
5 ou 6 glaçons

> Mettez les glaçons et les ingrédients dans la partie inférieure du shaker.

> Ajustez la partie supérieure du shaker et secouez vivement celui-ci pendant 8 à 10 secondes.

> Filtrez au-dessus du verre martini à l'aide d'une passoire à glaçons. Servez aussitôt.

Variante : le National
En remplaçant le sirop de grenadine par de la liqueur apricot* brandy, on obtient un National, un short drink plus doux, idéal en soirée.

PAIN KILLER

Long drink à servir à tout moment

POUR 1 VERRE

4 cl de rhum blanc portoricain
9 cl de jus d'ananas
(pur jus de fruits)
3 cl de jus d'orange pressée
8 cuill. à mélange de crème de coco
(en conserve)
4 ou 5 glaçons

> Mettez les glaçons et les ingrédients dans la partie inférieure du shaker.

> Ajustez la partie supérieure du shaker et secouez vivement celui-ci pendant 8 à 10 secondes.

> Filtrez au-dessus du verre highball à l'aide d'une passoire à glaçons. Servez aussitôt.

Variante : le Blue Hawaiian

En remplaçant le jus d'orange par du jus d'ananas (pur jus de fruits) et en ajoutant 1 cl de curaçao bleu, on obtient un Blue Hawaiian, un long drink plus coloré, idéal à tout moment.

PEARL DIVER

Long drink à servir à tout moment

POUR 1 VERRE

- 2 cl de rhum blanc portoricain
- 1 cl de rhum ambré cubain
- 1 cl de rhum brun jamaïcain
- 4 cl de jus d'orange pressée
- 2 cl de jus de citron vert pressé
- 2 cl de jus de pamplemousse pressé
- 3 ou 4 gouttes d'Angostura* bitters
- 4 ou 5 glaçons pilés (▷ p. 96)

> Mettez les glaçons et les ingrédients dans le mixeur.

> Mixez en réglant sur vitesse lente pendant 5 à 10 secondes puis sur vitesse rapide 15 à 30 secondes.

> Versez le contenu du mixeur dans le verre highball. Servez aussitôt.

PIÑA COLADA

Long drink à servir à tout moment

POUR 1 VERRE

4 cl de rhum blanc portoricain
1 tranche d'ananas frais d'environ 1 cm d'épaisseur
12 cl de jus d'ananas (pur jus de fruits)
8 cuill. à mélange de crème de coco (en conserve)
5 ou 6 glaçons

> Coupez un morceau triangulaire dans la tranche d'ananas, sans retirer l'écorce.

> Mettez les glaçons, le rhum, le jus d'ananas et la crème de coco dans la partie inférieure du shaker.

> Ajustez la partie supérieure du shaker et secouez vivement celui-ci pendant 8 à 10 secondes.

> Filtrez au-dessus du verre highball à l'aide d'une passoire à glaçons.

> Faites une entaille dans le morceau d'ananas pour le faire tenir sur le bord du verre. Servez aussitôt.

PLANTEUR

Long drink à servir à tout moment

POUR 1 VERRE

4 cl de rhum blanc agricole
13 cl de jus d'orange
(pur jus de fruits)
1 cl de sirop de grenadine
1 quartier d'orange non traitée
5 ou 6 glaçons

> Mettez les glaçons, le rhum, le jus d'orange et le sirop de grenadine dans la partie inférieure du shaker.

> Ajustez la partie supérieure du shaker et secouez vivement celui-ci pendant 8 à 10 secondes.

> Filtrez au-dessus du verre highball à l'aide d'une passoire à glaçons.

> Faites une entaille dans le quartier d'orange pour le faire tenir sur le bord du verre. Servez aussitôt.

Ce cocktail est très populaire dans les Antilles françaises.

RUM RUNNER

Long drink à servir à tout moment

POUR 1 VERRE

5 cl de rhum ambré jamaïcain
11 cl de jus d'ananas (pur jus de fruits)
2 cl de jus de citron vert pressé
3 ou 4 gouttes d'Angostura* bitters
5 ou 6 glaçons

> Mettez les glaçons et les ingrédients dans la partie inférieure du shaker.

> Ajustez la partie supérieure du shaker et secouez vivement celui-ci pendant 8 à 10 secondes.

> Filtrez au-dessus du verre highball à l'aide d'une passoire à glaçons. Servez aussitôt.

SCORPION

Short drink à servir à tout moment

POUR 1 VERRE

3 cl de rhum blanc portoricain
2 cl de cognac
2 cl de jus d'orange pressée
1,5 cl de jus de citron pressé
0,5 cl de sirop d'orgeat
3 ou 4 glaçons pilés (▷ p. 96)

> Mettez les glaçons et les ingrédients dans le mixeur. Mixez en réglant sur vitesse lente pendant 5 à 10 secondes puis sur vitesse rapide 15 à 30 secondes.

> Versez le contenu du mixeur dans le verre rocks. Servez aussitôt.

STERLING

Short drink à servir à tout moment

POUR 1 VERRE

3 cl de rhum ambré jamaïcain
3 cl de jus d'orange pressée
1 cl de liqueur Bénédictine
5 ou 6 glaçons

> Mettez les glaçons et les ingrédients dans la partie inférieure du shaker.

> Ajustez la partie supérieure du shaker et secouez vivement celui-ci pendant 8 à 10 secondes.

> Filtrez au-dessus du verre martini à l'aide d'une passoire à glaçons. Servez aussitôt.

TROPICANA

Short drink à servir à tout moment

POUR 1 VERRE

2 cl de rhum blanc cubain
1 cl de rhum cachaça
1 cl de pisco*
1 cl de jus de citron pressé
1,5 cl de sirop lime* cordial
0,5 cl de sirop de fruit de la Passion
3 ou 4 glaçons

> Mettez les glaçons et les ingrédients dans la partie inférieure du shaker.

> Ajustez la partie supérieure du shaker et secouez vivement celui-ci pendant 8 à 10 secondes.

> Versez le contenu du shaker dans le verre rocks. Servez aussitôt.

Rhums des Antilles et du Brésil, pisco du Chili et sirop de fruit de la Passion font de ce short drink un cocktail particulièrement exotique.

VOODOO

Long drink à servir à tout moment

POUR 1 VERRE

4 cl de rhum ambré jamaïcain
10 cl de jus de pomme (pur jus de fruits)
2 cl de vermouth rosso
1 cl de jus de citron vert pressé
1 cl de sirop de sucre de canne
5 ou 6 glaçons

> Mettez les glaçons et les ingrédients dans la partie inférieure du shaker.

> Ajustez la partie supérieure du shaker et secouez vivement celui-ci pendant 8 à 10 secondes.

> Filtrez au-dessus du verre highball à l'aide d'une passoire à glaçons. Servez aussitôt.

ZOMBIE

Long drink à servir à tout moment

POUR 1 VERRE

3 cl de rhum blanc portoricain
3 cl de rhum brun jamaïcain
3 cl de rhum vieux cubain
3 cl de rhum vieux jamaïcain
2 cl de liqueur marasquin*
2 cl de jus de citron vert pressé
1 cl de jus de pamplemousse pressé
0,5 cl de sirop de grenadine
0,5 cl de sirop de sucre de canne
3 ou 4 gouttes d'Angostura* bitters
3 ou 4 gouttes de spiritueux aux plantes d'absinthe
5 ou 6 glaçons

> Mettez les glaçons et les ingrédients dans la partie inférieure du shaker.

> Ajustez la partie supérieure du shaker et secouez vivement celui-ci pendant 8 à 10 secondes.

> Filtrez au-dessus du verre highball à l'aide d'une passoire à glaçons. Servez aussitôt.

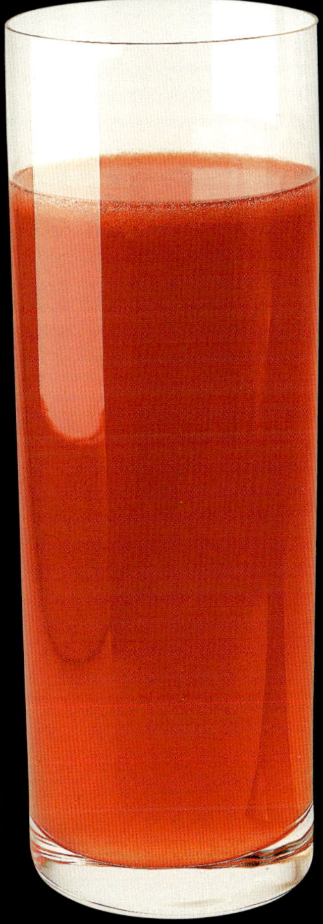

BLACK WIDOW

Short drink à servir en digestif

POUR 1 VERRE

4 cl de rhum brun jamaïcain
2 cl de crème de menthe blanche
3 ou 4 glaçons

> Mettez les glaçons et les ingrédients dans le verre rocks.

> Remuez à l'aide d'une cuillère à mélange pendant 8 à 10 secondes. Servez aussitôt.

CENTENARIO

Short drink à servir en digestif

POUR 1 VERRE

4 cl de rhum blanc cubain
1 cl de liqueur de café
1 cl de jus de citron vert pressé
0,5 cl de curaçao triple sec
0,5 cl de sirop de grenadine
5 ou 6 glaçons

> Mettez les glaçons et les ingrédients dans la partie inférieure du shaker.

> Ajustez la partie supérieure du shaker et secouez vivement celui-ci pendant 8 à 10 secondes.

> Filtrez au-dessus du verre martini à l'aide d'une passoire à glaçons. Servez aussitôt.

MACKINNON

Short drink à servir à tout moment

POUR 1 VERRE

4 cl de rhum ambré jamaïcain
2 cl de liqueur Drambuie*
1 cl de jus de citron vert pressé
5 ou 6 glaçons

> Mettez les glaçons et les ingrédients dans la partie inférieure du shaker.

> Ajustez la partie supérieure du shaker et secouez vivement celui-ci pendant 8 à 10 secondes.

> Filtrez au-dessus du verre martini à l'aide d'une passoire à glaçons. Servez aussitôt.

MULATA

Short drink à servir en digestif

POUR 1 VERRE

- 4 cl de rhum ambré cubain
- 2 cl de crème de cacao brune
- 1 cl de jus de citron vert pressé
- 1 zeste de citron vert non traité
- 5 ou 6 glaçons

> Mettez les glaçons, le rhum, la crème de cacao et le jus de citron dans la partie inférieure du shaker.

> Ajustez la partie supérieure du shaker et secouez vivement celui-ci pendant 8 à 10 secondes.

> Filtrez au-dessus du verre martini à l'aide d'une passoire à glaçons.

> Prélevez le zeste de citron avec un couteau Économe. Pressez, au-dessus du verre, le zeste entre deux doigts pour extraire son essence mais ne le mettez pas dans le verre. Servez aussitôt.

YELLOW BIRD

Short drink à servir en digestif

POUR 1 VERRE

4 cl de rhum blanc portoricain
1 cl de jus de citron pressé
1 cl de liqueur Galliano*
1 cl de curaçao triple sec
5 ou 6 glaçons

> Mettez les glaçons et les ingrédients dans la partie inférieure du shaker.

> Ajustez la partie supérieure du shaker et secouez vivement celui-ci pendant 8 à 10 secondes.

> Filtrez au-dessus du verre martini à l'aide d'une passoire à glaçons. Servez aussitôt.

BABY ALEXANDER

Short drink à servir en digestif

POUR 1 VERRE

3 cl de rhum ambré cubain
2 cl de crème de cacao brune
2 cl de crème liquide UHT
5 ou 6 glaçons

> Mettez les glaçons et les ingrédients dans la partie inférieure du shaker.

> Ajustez la partie supérieure du shaker et secouez vivement celui-ci pendant 8 à 10 secondes.

> Filtrez au-dessus du verre martini à l'aide d'une passoire à glaçons. Servez aussitôt.

CUBANITA

Long drink à servir en matinée

POUR 1 VERRE

5 cl de rhum blanc cubain
12 cl de jus de tomate
0,5 cl de jus de citron pressé
0,5 cl de Worcestershire* sauce
2 ou 3 gouttes de sauce Tabasco rouge
1 pincée de sel de céleri
1 pincée de poivre noir
5 ou 6 glaçons

> Mettez les glaçons et les ingrédients dans le verre à mélange.

> Remuez à l'aide d'une cuillère à mélange pendant 8 à 10 secondes.

> Filtrez au-dessus du verre highball à l'aide d'une passoire à glaçons. Servez aussitôt.

Le Cubanita est la version cubaine du Bloody Mary (▷ p. 158). À la fin des années trente, il était connu sous le nom de Mary Rose.

FISH HOUSE PUNCH

Long drink à servir en hiver

POUR 1 VERRE

2 cl de rhum brun jamaïcain
2 cl de cognac
1,5 cl de jus de citron pressé
0,5 cl de crème de pêche
1 cuill. à mélange de sucre en poudre
7 cl d'eau bouillante

> Mettez les ingrédients dans un verre toddy résistant à la chaleur.

> Remuez à l'aide d'une cuillère à mélange pendant 8 à 10 secondes. Servez aussitôt.

Ce cocktail se boit aussi froid. Sa recette aurait été inventée en 1732 par les membres du club de pêche Fish House à Philadelphie.

GROG AMÉRICAIN

Long drink à servir en hiver

POUR 1 VERRE

4,5 cl de rhum blanc jamaïcain
1,5 cl de jus de citron pressé
2 cuill. à mélange de sucre en poudre
1/8 de citron non traité
1 bâton de cannelle
2 ou 3 clous de girofle
7 cl d'eau bouillante

> Mettez le rhum, le jus de citron et le sucre dans un verre toddy résistant à la chaleur.

> Placez le quartier de citron, le bâton de cannelle et les clous de girofle dans le verre.

> Ajoutez l'eau bouillante. Remuez à l'aide d'une cuillère à mélange pendant 8 à 10 secondes. Servez aussitôt.

Ce cocktail est attribué à l'amiral Vernon, plus connu par son surnom Old Grog car le manteau qu'il portait était fait dans un tissu appelé « grogram » en anglais.

HOT BUTTERED RUM

Long drink à servir en hiver

POUR 1 VERRE

4 cl de rhum blanc portoricain
5 g de beurre pasteurisé
2 cuill. à mélange de sucre en poudre
1 pincée de noix muscade en poudre
1 pincée de cannelle en poudre
1 pincée de clous de girofle en poudre
1 pincée de sel
12 cl d'eau bouillante

> À l'aide d'une spatule, travaillez dans une assiette creuse le beurre avec le sucre, la noix muscade, la cannelle et la poudre de clous de girofle jusqu'à l'obtention d'une masse homogène.

> Mettez la pâte obtenue, le rhum, le sel et l'eau bouillante dans un verre toddy résistant à la chaleur.

> Remuez à l'aide d'une cuillère à mélange pendant 6 à 8 secondes. Servez aussitôt.

Variante : le Hot Buttered Rum Cow
En remplaçant l'eau bouillante par du lait entier UHT bouillant, on obtient un Hot Buttered Rum Cow, un long drink plus onctueux, idéal pour une soirée d'hiver.

TOM & JERRY

Long drink à servir en hiver

POUR 1 VERRE

- 2 cl de rhum ambré jamaïcain
- œuf
- cuill. à mélange de sucre en poudre
- pincée de cannelle en poudre
- pincée de clous de girofle en poudre
- 2 cl de cognac
- cl d'eau bouillante

> Cassez l'œuf et séparez le blanc du jaune. Dans un bol, battez le blanc en neige.

> À l'aide d'une spatule, travaillez dans une assiette creuse le jaune avec le sucre, la cannelle, la poudre de clous de girofle jusqu'à l'obtention d'une masse homogène.

> Mettez la pâte obtenue, le rhum et le cognac dans un verre toddy résistant à la chaleur.

> Ajoutez l'eau bouillante. Remuez à l'aide d'une cuillère à mélange pendant 6 à 8 secondes.

> Nappez la boisson avec le blanc d'œuf monté en neige. Servez aussitôt.

TEQUILA

CALIFORNIA DREAM

Short drink à servir en apéritif

POUR 1 VERRE

4 cl de tequila reposado 100 % agave
1,5 cl de vermouth dry
1,5 cl de vermouth rosso
1 zeste de citron non traité
5 ou 6 glaçons

> Mettez les glaçons, la tequila et les deux sortes de vermouth dans le verre à mélange.

> Remuez à l'aide d'une cuillère à mélange pendant 8 à 10 secondes.

> Filtrez au-dessus du verre martini à l'aide d'une passoire à glaçons.

> Prélevez le zeste de citron avec un couteau Économe. Pressez, au-dessus du verre, le zeste entre deux doigts pour extraire son essence et placez-le dans le verre. Servez aussitôt.

Variante : le Rosita
En remplaçant 0,5 cl de vermouth dry et 0,5 cl de vermouth rosso par 1 cl de Campari, on obtient un Rosita, un short drink plus amer, idéal au moment de l'apéritif.

MEXICO MANHATTAN

Short drink à servir en apéritif

POUR 1 VERRE

5 cl de tequila reposado 100 % agave
2 cl de vermouth rosso
2 ou 3 gouttes d'Angostura* bitters
1 cerise au marasquin
5 ou 6 glaçons

> Mettez les glaçons et les ingrédients (sauf la cerise) dans le verre à mélange.

> Remuez à l'aide d'une cuillère à mélange pendant 8 à 10 secondes.

> Filtrez au-dessus du verre martini à l'aide d'une passoire à glaçons.

> Placez la cerise au marasquin dans le verre. Servez aussitôt.

TEQUILA ET SANGRITA

Short drink à servir à tout moment

POUR 3 VERRES DE CHAQUE

2 cl (3 x 4 cl) de tequila añejo 100 % agave
cl de jus de tomate (pur jus de fruits)
cl de jus d'orange pressée
cl de jus de citron vert pressé
),5 cl de Worcestershire* sauce
),5 cl de miel d'acacia liquide
ou 4 gouttes de sauce Tabasco rouge
pincée de sel
ou 6 glaçons

> Répartissez la tequila dans 3 verres shot.

> Mettez les glaçons et les autres ingrédients dans
e verre à mélange.

> Remuez à l'aide d'une cuillère à mélange pendant 8 à
10 secondes.

> Filtrez cette sangrita au-dessus de chacun des 3 autres
verres shot à l'aide d'une passoire à glaçons.

> Servez aussitôt. On alterne les gorgées entre chaque
type de boisson, c'est-à-dire qu'on boit d'abord un peu
de tequila puis un peu de sangrita, et ainsi de suite.

Les Mexicains consomment la tequila le plus souvent pure, soit accompagnée d'un verre de Sangrita quand s la boivent pendant le repas, soit avec du sel et un quartier de itron vert comme pour la Tequila Straight (▷ p. 361).

TEQUILA STRAIGHT

Short drink à servir à tout moment

POUR 1 VERRE

4 cl de tequila añejo
100 % agave
1 pincée de sel
1/8 de citron vert non traité

> Versez la tequila dans le verre shot.

> Prenez du sel entre le pouce et l'index. Léchez-en un peu, avalez d'un seul trait le contenu du verre puis mordez dans le quartier de citron.

Cette manière de déguster la tequila est celle qui est traditionnellement pratiquée au Mexique. Très souvent, un toast est porté au premier verre de tequila pour la santé, au deuxième verre pour l'argent, au troisième pour l'amour, et, au quatrième, on souhaite avoir « du temps pour en profiter ».

TEQUINI

Short drink à servir en apéritif

POUR 1 VERRE

5,5 cl de tequila blanco 100 % agave
1,5 cl de vermouth dry
1 zeste de citron non traité
5 ou 6 glaçons

> Mettez les glaçons, la tequila et le vermouth dans le verre à mélange.

> Remuez à l'aide d'une cuillère à mélange pendant 8 à 10 secondes.

> Filtrez au-dessus du verre martini à l'aide d'une passoire à glaçons.

> Prélevez le zeste de citron avec un couteau Économe. Pressez, au-dessus du verre, le zeste entre deux doigts pour extraire son essence et placez-le dans le verre. Servez aussitôt.

AGAVE JULEP

Short drink à servir à tout moment

POUR 1 VERRE

4 cl de tequila blanco 100 % agave
8 à 10 feuilles de menthe fraîche
2 cuill. à mélange de sucre en poudre
1,5 cl de jus de citron vert pressé
3 ou 4 glaçons

> Rincez les feuilles de menthe à l'eau fraîche et mettez-les dans le verre rocks.

> Écrasez-les à l'aide d'un pilon, puis ajoutez les glaçons, le sucre, la tequila et le jus de citron dans le verre.

> Remuez à l'aide d'une cuillère à mélange pendant 8 à 10 secondes. Servez aussitôt.

ALAMO SPLASH

Long drink à servir à tout moment

POUR 1 VERRE

4 cl de tequila blanco
100 % agave
3 cl de jus d'orange pressée
11 cl de lemon*-lime soda
4 ou 5 glaçons

> Mettez les glaçons et les ingrédients dans le verre highball.

> Remuez à l'aide d'une cuillère à mélange pendant 8 à 10 secondes. Servez aussitôt.

CHANGUIRONGO

Short drink à servir à tout moment

POUR 1 VERRE

4 cl de tequila blanco 100 % agave
7 cl de lemon*-lime soda
1 cl de jus de citron vert pressé
3 ou 4 glaçons

> Mettez les glaçons et les ingrédients dans le verre rocks.

> Remuez à l'aide d'une cuillère à mélange pendant 8 à 10 secondes. Servez aussitôt.

EL DIABLO

Short drink à servir à tout moment

POUR 1 VERRE

4 cl de tequila blanco 100 % agave
1/4 de citron vert non traité
1 cl de crème de cassis
12 cl de ginger* ale
4 ou 5 glaçons

> Coupez le quartier de citron vert en 2 et placez les 2 morceaux dans le verre highball. Écrasez-les à l'aide d'un pilon.

> Mettez les glaçons et les autres ingrédients dans le verre.

> Remuez à l'aide d'une cuillère à mélange pendant 8 à 10 secondes. Servez aussitôt.

Variante : le Mexican Mule
En retirant la crème de cassis, on obtient un Mexican Mule, un long drink plus acide, idéal à tout moment.

FROZEN MARGARITA

Short drink à servir à tout moment

POUR 1 VERRE

4 cl de tequila blanco 100 % agave
2 cl de jus de citron vert pressé
1 cl de curaçao triple sec
3 ou 4 glaçons pilés (▷ p. 96)

> Mettez les glaçons pilés et les ingrédients dans le mixeur. Mixez sur vitesse lente pendant 5 à 10 secondes puis sur vitesse rapide 15 à 30 secondes.

> Versez le contenu du mixeur dans le verre martini. Servez aussitôt.

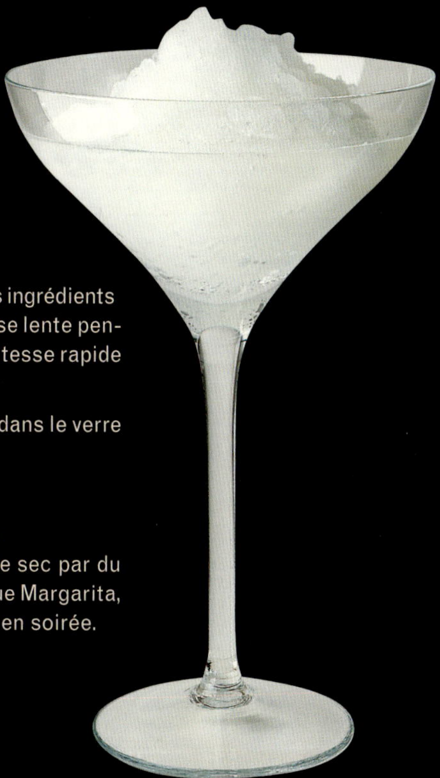

Variante : le Blue Margarita
En remplaçant le curaçao triple sec par du curaçao bleu, on obtient un Blue Margarita, un short drink plus doux, idéal en soirée.

JAPANESE SLIPPER

Short drink à servir à tout moment

POUR 1 VERRE

4 cl de tequila blanco
100 % agave
2 cl de jus de citron vert pressé
1 cl de liqueur de melon verte
5 ou 6 glaçons

> Mettez les glaçons et les ingrédients dans la partie inférieure du shaker.

> Ajustez la partie supérieure du shaker et agitez vivement celui-ci pendant 8 à 10 secondes.

> Filtrez au-dessus du verre martini à l'aide d'une passoire à glaçons. Servez aussitôt.

MARGARITA

Short drink à servir à tout moment

POUR 1 VERRE

4 cl de tequila blanco 100 % agave
2 cl de jus de citron vert pressé
1 cl de curaçao triple sec
Sel fin
5 ou 6 glaçons

> Givrez le bord du verre avec du sel fin (▷ p. 97).

> Mettez les glaçons et les ingrédients dans la partie inférieure du shaker.

> Ajustez la partie supérieure du shaker et agitez vivement celui-ci pendant 8 à 10 secondes.

> Filtrez au-dessus du verre martini à l'aide d'une passoire à glaçons. Servez aussitôt.

Variante : la Stargarita
En remplaçant 0,5 cl de curaçao triple sec par 0,5 cl de Campari, on obtient une Stargarita, un short drink avec une pointe d'amertume, idéal au moment de l'apéritif.

MEXICOLA

Long drink à servir à tout moment

POUR 1 VERRE

4 cl de tequila blanco
100 % agave
1/4 de citron vert non traité
13 cl de cola
4 ou 5 glaçons

> Coupez le quartier de citron vert en 2 et placez les 2 morceaux dans le verre highball. Écrasez-les à l'aide d'un pilon.

> Mettez les glaçons et les autres ingrédients dans le verre.

> Remuez à l'aide d'une cuillère à mélange pendant 8 à 10 secondes. Servez aussitôt.

Variante : le Tijuana Tea
En remplaçant 1 cl de cola par 1 cl de curaçao triple sec, on obtient un Tijuana Tea, un long drink plus doux, idéal en soirée.

PURPLE PANCHO

Short drink à servir à tout moment

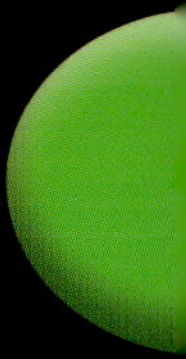

POUR 1 VERRE

4 cl de tequila blanco
100 % agave
2 cl de jus de citron vert pressé
1 cl de crème de cassis
3 ou 4 glaçons

> Mettez les glaçons et les ingrédients dans le verre rocks.

> Remuez à l'aide d'une cuillère à mélange pendant 8 à 10 secondes. Servez aussitôt.

RUDE COSMOPOLITAN

Short drink à servir à tout moment

POUR 1 VERRE

3 cl de tequila blanco 100 % agave
3 cl de jus de canneberge
(à base de jus de fruits concentré)
0,5 cl de jus de citron vert pressé
0,5 cl de curaçao triple sec
1 zeste de citron vert non traité
5 ou 6 glaçons

> Mettez les glaçons, la tequila, les jus de canneberge et de citron ainsi que le curaçao dans la partie inférieure du shaker.

> Ajustez la partie supérieure du shaker et agitez vivement le shaker pendant 8 à 10 secondes.

> Filtrez au-dessus du verre martini à l'aide d'une passoire à glaçons.

> Prélevez le zeste de citron avec un couteau Économe. Pressez, au-dessus du verre, le zeste entre deux doigts pour extraire son essence et placez-le dans le verre. Servez aussitôt.

Variante : le Magic Bus

En remplaçant 1,5 cl de jus de canneberge par 1,5 cl de jus d'orange pressée, on obtient un Magic Bus, un short drink plus doux, idéal à tout moment.

TEQUILA SUNSET

Short drink à servir à tout moment

POUR 1 VERRE

4 cl de tequila blanco 100 % agave
2,5 cl de jus de citron pressé
0,5 cl de sirop de grenadine
3 ou 4 glaçons pilés (▷ p. 96)

> Mettez les glaçons pilés et les ingrédients dans le mixeur. Mixez sur vitesse lente pendant 5 à 10 secondes puis sur vitesse rapide 15 à 30 secondes.

> Versez le contenu du mixeur dans le verre rocks. Servez aussitôt.

POUR 1 VERRE

4 cl de tequila blanco
100 % agave
1/8 de citron vert non traité
14 cl de tonic* water
4 ou 5 glaçons

> Placez le quartier de citron dans le verre highball.

> Mettez les glaçons et les autres ingrédients dans le verre.

> Remuez à l'aide d'une cuillère à mélange pendant 8 à 10 secondes. Servez aussitôt.

Variante : le Muppet

En remplaçant le tonic water par du lemon*-lime soda, on obtient un Muppet, un long drink sans amertume, idéal à tout moment.

VIVA VILLA

Short drink à servir à tout moment

POUR 1 VERRE

4 cl de tequila blanco 100 % agave
2 cl de jus de citron vert pressé
1 cl de sirop de sucre de canne
5 ou 6 glaçons

> Mettez les glaçons et les ingrédients dans la partie inférieure du shaker.

> Ajustez la partie supérieure du shaker et agitez vivement celui-ci pendant 8 à 10 secondes.

> Filtrez au-dessus du verre martini à l'aide d'une passoire à glaçons. Servez aussitôt.

ACAPULCO

Long drink à servir à tout moment

POUR 1 VERRE

4 cl de tequila reposado 100 % agave
8 cl de jus d'ananas (pur jus de fruits)
4 cl de jus de pamplemousse pressé
1 feuille d'ananas
5 ou 6 glaçons

> Mettez les glaçons, la tequila et les jus de fruits dans la partie inférieure du shaker.

> Ajustez la partie supérieure du shaker et agitez vivement celui-ci pendant 8 à 10 secondes.

> Filtrez au-dessus du verre highball à l'aide d'une passoire à glaçons.

> Faites une entaille dans la feuille d'ananas pour la faire tenir sur le bord du verre. Servez aussitôt.

AGAVE PUNCH

Long drink à servir à tout moment

POUR 1 VERRE

4 cl de tequila blanco
100 % agave
10 cl de jus d'orange
2 cl de jus de citron pressé
1,5 cl de porto ruby
0,5 cl de sirop de sucre de canne
5 ou 6 glaçons

> Mettez les glaçons et les ingrédients dans la partie inférieure du shaker.

> Ajustez la partie supérieure du shaker et agitez vivement celui-ci pendant 8 à 10 secondes.

> Filtrez au-dessus du verre highball à l'aide d'une passoire à glaçons. Servez aussitôt.

AMBASSADOR

Long drink à servir à tout moment

POUR 1 VERRE

4 cl de tequila blanco
100 % agave
14 cl de jus d'orange
(pur jus de fruits)
5 ou 6 glaçons

> Mettez les glaçons et les ingrédients dans la partie inférieure du shaker.

> Ajustez la partie supérieure du shaker et agitez vivement celui-ci pendant 8 à 10 secondes.

> Filtrez au-dessus du verre highball à l'aide d'une passoire à glaçons. Servez aussitôt.

Variante : le Desert Glow
En remplaçant 2 cl de jus d'orange pressée par 2 cl de liqueur melocoton*, on obtient un Desert Glow, un long drink plus fruité, idéal à tout moment.

ARRIBA !

Short drink à servir à tout moment

POUR 1 VERRE

3 cl de tequila blanco 100 % agave
3 cl de jus d'orange pressée
1 cl de curaçao orange
1 zeste d'orange non traitée
5 ou 6 glaçons

> Mettez les glaçons, la tequila, le jus d'orange et le curaçao dans la partie inférieure du shaker.

> Ajustez la partie supérieure du shaker et agitez vivement celui-ci pendant 8 à 10 secondes.

> Filtrez au-dessus du verre martini à l'aide d'une passoire à glaçons.

> Prélevez un long zeste d'orange avec un couteau Économe. Pressez légèrement, au-dessus du verre, le zeste entre deux doigts pour extraire son essence. Placez-le sur le bord du verre. Servez aussitôt.

BROADWAY THIRST

Short drink à servir à tout moment

POUR 1 VERRE

4 cl de tequila blanco 100 % agave
2 cl de jus d'orange pressée
0,5 cl de jus de citron pressé
0,5 cl de sirop de sucre de canne
5 ou 6 glaçons

> Mettez les glaçons et les ingrédients dans la partie inférieure du shaker.

> Ajustez la partie supérieure du shaker et agitez vivement celui-ci pendant 8 à 10 secondes.

> Filtrez au-dessus du verre martini à l'aide d'une passoire à glaçons. Servez aussitôt.

CACTUS BANGER

Long drink à servir à tout moment

POUR 1 VERRE

4 cl de tequila blanco 100 % agave
13 cl de jus d'orange (pur jus de fruits)
1 cl de liqueur Galliano*
1 quartier d'orange non traitée
5 ou 6 glaçons

> Mettez les glaçons et les ingrédients (sauf l'orange) dans la partie inférieure du shaker.

> Ajustez la partie supérieure du shaker et agitez vivement celui-ci pendant 8 à 10 secondes.

> Filtrez au-dessus du verre highball à l'aide d'une passoire à glaçons.

> Faites une entaille dans le quartier d'orange pour le faire tenir sur le bord du verre. Servez aussitôt.

Ce cocktail est également appelé Freddy Fudpucker.

CHIHUAHUA

Long drink à servir à tout moment

POUR 1 VERRE

4 cl de tequila blanco 100 % agave
14 cl de jus de pamplemousse
(pur jus de fruits)
Sel fin
5 ou 6 glaçons

> Givrez le bord du verre highball avec du sel fin (▷ p. 97).

> Mettez les glaçons et les autres ingrédients dans la partie inférieure du shaker.

> Ajustez la partie supérieure du shaker et agitez vivement celui-ci pendant 8 à 10 secondes.

> Filtrez au-dessus du verre highball à l'aide d'une passoire à glaçons. Servez aussitôt.

CHIMAYO

Short drink à servir à tout moment

POUR 1 VERRE

3 cl de tequila blanco
100 % agave
3 cl de jus de pomme
(pur jus de fruits)
1 cl de crème de cassis
5 ou 6 glaçons

> Mettez les glaçons et les ingrédients dans la partie inférieure du shaker.

> Ajustez la partie supérieure du shaker et agitez vivement celui-ci pendant 8 à 10 secondes.

> Filtrez au-dessus du verre martini à l'aide d'une passoire à glaçons. Servez aussitôt.

COCO MEXICO

Long drink à servir à tout moment

POUR 1 VERRE

4 cl de tequila blanco 100 % agave
12 cl de jus d'ananas (pur jus de fruits)
2 cuill. à mélange de crème de coco (en conserve)
1 feuille d'ananas
5 ou 6 glaçons

> Mettez les glaçons, la tequila, le jus d'ananas et la crème de coco dans la partie inférieure du shaker.

> Ajustez la partie supérieure du shaker et agitez vivement celui-ci pendant 8 à 10 secondes.

> Filtrez au-dessus du verre highball à l'aide d'une passoire à glaçons.

> Faites une entaille dans la feuille d'ananas pour la faire tenir sur le bord du verre. Servez aussitôt.

ICE-BREAKER

Short drink à servir à tout moment

POUR 1 VERRE

4 cl de tequila blanco 100 % agave
4 cl de jus de pamplemousse pressé
0,5 cl de curaçao triple sec
0,5 cl de sirop de grenadine
5 ou 6 glaçons

> Mettez les glaçons et les ingrédients dans la partie inférieure du shaker.

> Ajustez la partie supérieure du shaker et agitez vivement celui-ci pendant 8 à 10 secondes.

> Filtrez au-dessus du verre rocks à l'aide d'une passoire à glaçons. Servez aussitôt.

JUNGLE JUICE

Long drink à servir à tout moment

POUR 1 VERRE

4 cl de tequila blanco 100 % agave
4 cl de jus d'orange pressée
4 cl de jus d'ananas
(pur jus de fruits)
3 cl de jus de canneberge (à base de jus de fruits concentré)
3 cl de lemon*-lime soda
1/8 de citron vert
5 ou 6 glaçons

> Mettez les glaçons et les ingrédients (sauf le quartier de citron vert) dans la partie inférieure du shaker.

> Ajustez la partie supérieure du shaker et agitez vivement celui-ci pendant 8 à 10 secondes.

> Filtrez au-dessus du verre highball à l'aide d'une passoire à glaçons.

> Pressez légèrement le quartier de citron vert au-dessus du verre puis faites-lui une entaille pour le faire tenir sur le bord de celui-ci. Servez aussitôt.

MEXICAN

Short drink à servir à tout moment

POUR 1 VERRE

3,5 cl de tequila blanco
100 % agave
3 cl de jus d'ananas
(pur jus de fruits)
0,5 cl de sirop de grenadine
5 ou 6 glaçons

> Mettez les glaçons et les ingrédients dans la partie inférieure du shaker.

> Ajustez la partie supérieure du shaker et agitez vivement celui-ci pendant 8 à 10 secondes.

> Filtrez au-dessus du verre martini à l'aide d'une passoire à glaçons. Servez aussitôt.

Variante : la Mexicana
En préparant le cocktail dans un verre highball et en ajoutant 10 cl de jus d'ananas (pur jus de fruits), 0,5 cl de sirop de grenadine et 0,5 cl de jus de citron vert pressé, on obtient une Mexicana, un long drink plus doux, idéal en soirée.

PIÑATA

Short drink à servir à tout moment

POUR 1 VERRE

4 cl de tequila blanco
100 % agave
6 cl de jus d'ananas (pur jus de fruits)
5 ou 6 glaçons

> Mettez les glaçons et les ingrédients dans la partie inférieure du shaker.

> Ajustez la partie supérieure du shaker et agitez vivement celui-ci pendant 8 à 10 secondes.

> Filtrez au-dessus du verre rocks à l'aide d'une passoire à glaçons. Servez aussitôt.

Variante : le Matador
En remplaçant 1 cl de jus d'ananas (pur jus de fruits) par 0,5 cl de curaçao triple sec et 0,5 cl de jus de citron vert pressé, on obtient un Matador, un short drink moins doux, idéal à tout moment.

PLAYA DEL MAR

Short drink à servir à tout moment

POUR 1 VERRE

3 cl de tequila blanco
100 % agave
1,5 cl de jus de canneberge
(à base de jus de fruits concentré)
1,5 cl de jus d'ananas
(pur jus de fruits)
0,5 cl de curaçao triple sec
0,5 cl de jus de citron vert pressé
5 ou 6 glaçons

> Mettez les glaçons et les ingrédients dans la partie inférieure du shaker.

> Ajustez la partie supérieure du shaker et agitez vivement celui-ci pendant 8 à 10 secondes.

> Filtrez au-dessus du verre martini à l'aide d'une passoire à glaçons. Servez aussitôt.

STRAWBERRY MARGARITA

Short drink à servir à tout moment

POUR 1 VERRE

4 cl de tequila blanco 100 % agave
4 ou 5 fraises fraîches
0,5 cl de curaçao triple sec
0,5 cl de jus de citron vert pressé
3 ou 4 glaçons pilés (▷ p. 96)

> Rincez les fraises à l'eau fraîche et mettez-en une demie de côté.

> Mettez les glaçons pilés et les autres ingrédients dans le mixeur. Mixez sur vitesse lente pendant 5 à 10 secondes puis sur vitesse rapide 15 à 30 secondes.

> Versez le contenu du mixeur dans le verre martini. Ajoutez la demi-fraise. Servez aussitôt.

Variante : le Pineapple Margarita
En remplaçant les fraises fraîches par le tiers d'une tranche d'ananas frais (d'environ 1 cm d'épaisseur), on obtient un Pineapple Margarita, un short drink

TEQUILA SUNRISE

Long drink à servir à tout moment

POUR 1 VERRE

4 cl de tequila blanco 100 % agave
13 cl de jus d'orange (pur jus de fruits)
1 cl de sirop de grenadine
5 ou 6 glaçons

> Mettez les glaçons, la tequila et le jus d'orange dans la partie inférieure du shaker.

> Ajustez la partie supérieure du shaker et agitez vivement celui-ci pendant 8 à 10 secondes.

> Filtrez au-dessus du verre highball à l'aide d'une passoire à glaçons.

> Versez le sirop de grenadine. Servez aussitôt.

TOMAHAWK

Long drink à servir à tout moment

POUR 1 VERRE

4 cl de tequila blanco 100 % agave
8 cl de jus d'ananas (pur jus de fruits)
5 cl de jus de canneberge
(à base de jus de fruits concentré)
1 cl de curaçao triple sec
5 ou 6 glaçons

> Mettez les glaçons et les ingrédients dans la partie inférieure du shaker.

> Ajustez la partie supérieure du shaker et agitez vivement celui-ci pendant 8 à 10 secondes.

> Filtrez au-dessus du verre highball à l'aide d'une passoire à glaçons. Servez aussitôt.

VERTIGO

Long drink à servir à tout moment

POUR 1 VERRE

4 cl de tequila reposado 100 % agave
10 cl de jus de canneberge
(à base de jus de fruits concentré)
4 cl de jus d'orange pressée
1 quartier d'orange non traitée
5 ou 6 glaçons

> Mettez les glaçons, la tequila, le jus de canneberge et le jus d'orange dans la partie inférieure du shaker.

> Ajustez la partie supérieure du shaker et agitez vivement celui-ci pendant 8 à 10 secondes.

> Filtrez au-dessus du verre highball à l'aide d'une passoire à glaçons.

> Faites une entaille dans le quartier d'orange pour le faire tenir sur le bord du verre. Servez aussitôt.

AGUAMIEL

Short drink à servir en soirée

POUR 1 VERRE

3 cl de tequila reposado
100 % agave
2 cl de jus de citron vert pressé
2 cl de miel d'acacia liquide
5 ou 6 glaçons

> Mettez les glaçons et les ingrédients dans la partie inférieure du shaker.

> Ajustez la partie supérieure du shaker et agitez vivement celui-ci pendant 8 à 10 secondes.

> Filtrez au-dessus du verre martini à l'aide d'une passoire à glaçons. Servez aussitôt.

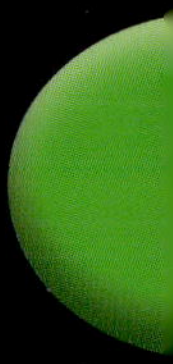

ALICE IN WONDERLAND

Short drink à servir en soirée

POUR 1 VERRE

2 cl de tequila blanco 100 % agave
2 cl de liqueur Grand Marnier Cordon Rouge

> Versez la liqueur dans le verre shot.

> Pour que les liquides restent superposés, versez la tequila lentement sur la liqueur à l'aide d'une cuillère à mélange (▷ p. 94). Servez aussitôt.

AZTEC STINGER

Short drink à servir en digestif

POUR 1 VERRE

4 cl de tequila blanco 100 % agave
2 cl de crème de menthe blanche
3 ou 4 glaçons

> Mettez les glaçons et les ingrédients dans le verre rocks.

> Remuez à l'aide d'une cuillère à mélange pendant 8 à 10 secondes. Servez aussitôt.

Variante :
le Cactus Cooler
En préparant le cocktail dans un verre highball et en ajoutant 12 cl d'eau gazeuse, on obtient un Cactus Cooler, un long drink plus rafraîchissant, idéal en fin d'après-midi.

BANANA BOAT

Short drink à servir en digestif

POUR 1 VERRE

4 cl de tequila blanco 100 % agave
2 cl de jus de citron vert pressé
1 cl de crème de banane
5 ou 6 glaçons

> Mettez les glaçons et les ingrédients dans la partie inférieure du shaker.

> Ajustez la partie supérieure du shaker et agitez vivement celui-ci pendant 8 à 10 secondes.

> Filtrez au-dessus du verre martini à l'aide d'une passoire à glaçons. Servez aussitôt.

BRAVE BULL

Short drink à servir en digestif

POUR 1 VERRE

4 cl de tequila blanco 100 % agave
2 cl de liqueur de café
3 ou 4 glaçons

> Mettez les glaçons et les ingrédients dans le verre rocks.

> Remuez à l'aide d'une cuillère à mélange pendant 8 à 10 secondes. Servez aussitôt.

Variante :
le South of the Border
En ajoutant 1 cl de jus de citron vert pressé, on obtient un South of the Border, un short drink moins sucré, idéal en soirée. Ce cocktail doit être préparé au shaker et servi dans un verre martini.

CACTUS FLOWER

Short drink à servir en soirée

POUR 1 VERRE

4 cl de tequila blanco 100 % agave
2 ou 3 gouttes de sauce Tabasco rouge

> Versez les ingrédients dans le verre shot.

> Servez aussitôt, sans remuer (le Tabasco reste au fond du verre).

Ce cocktail est également appelé Prairie Fire.

MOCKINGBIRD

Short drink à servir en digestif

POUR 1 VERRE

4 cl de tequila reposado
100 % agave
2 cl de crème de menthe verte
1 cl de jus de citron vert pressé
5 ou 6 glaçons

> Mettez les glaçons et les ingrédients dans la partie inférieure du shaker.

> Ajustez la partie supérieure du shaker et agitez vivement celui-ci pendant 8 à 10 secondes.

> Filtrez au-dessus du verre martini à l'aide d'une passoire à glaçons. Servez aussitôt.

SPEEDY GONZALES

Short drink à servir à tout moment

POUR 1 VERRE

4 cl de tequila blanco 100 % agave
1,5 cl de crème de mûre
1,5 cl de liqueur de melon verte
5 ou 6 glaçons

> Mettez les glaçons et les ingrédients dans le verre à mélange.

> Remuez à l'aide d'une cuillère à mélange pendant 8 à 10 secondes.

> Filtrez au-dessus du verre martini à l'aide d'une passoire à glaçons. Servez aussitôt.

BLOODY MARIA

Long drink à servir en matinée

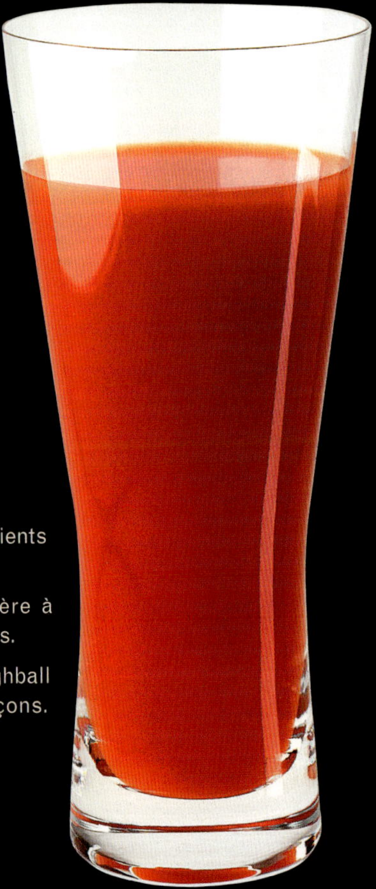

POUR 1 VERRE

5 cl de tequila blanco
100 % agave
7 cl de jus de tomate
(pur jus de fruits)
3 cl de jus d'orange pressée
1 cl de jus de citron vert pressé
0,5 cl de Worcestershire* sauce
0,5 cl de miel d'acacia liquide
3 ou 4 gouttes de sauce Tabasco rouge
1 pincée de sel
5 ou 6 glaçons

> Mettez les glaçons et les ingrédients dans le verre à mélange.

> Remuez à l'aide de la cuillère à mélange pendant 8 à 10 secondes.

> Filtrez au-dessus du verre highball à l'aide d'une passoire à glaçons. Servez aussitôt.

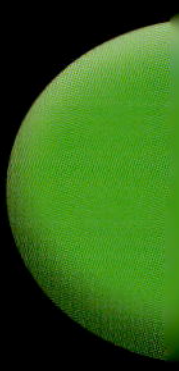

FROSTBITE

Short drink à servir en soirée

POUR 1 VERRE

3 cl de tequila blanco 100 % agave
3 cl de crème liquide UHT
1 cl de crème de cacao blanche
1 noix muscade
5 ou 6 glaçons

> Mettez les glaçons, la tequila, la crème liquide et la crème de cacao dans la partie inférieure du shaker.

> Ajustez la partie supérieure du shaker et secouez vivement celui-ci pendant 8 à 10 secondes.

> Filtrez au-dessus du verre martini à l'aide d'une passoire à glaçons.

> Râpez un peu de noix muscade au-dessus du verre. Servez aussitôt.

GORILLA SWEAT

Long drink à servir en hiver

POUR 1 VERRE

4 cl de tequila blanco 100 % agave
5 g de beurre pasteurisé
2 cuill. à mélange de sucre en poudre
7 cl d'eau bouillante

> Mettez le beurre et les autres ingrédients dans un verre toddy résistant à la chaleur.

> Remuez à l'aide d'une cuillère à mélange pendant 6 à 8 secondes. Servez aussitôt.

MEXICAN COFFEE

Long drink à servir à tout moment

POUR 1 VERRE

4 cl de tequila reposado 100 % agave
5 cl de crème liquide UHT
8 cl de café expresso chaud
1 cl de sirop de sucre de canne

> Placez la crème liquide 5 minutes au congélateur.

> Dans un bol, battez la crème à l'aide d'une fourchette, jusqu'à ce qu'elle atteigne une consistance onctueuse.

> Mettez le café expresso dans un verre toddy résistant à la chaleur. Ajoutez la tequila et le sirop de sucre.

> Remuez à l'aide d'une cuillère à mélange pendant 3 ou 4 secondes.

> Avec la même cuillère, nappez le mélange de crème battue. Servez aussitôt.

MEXICAN TEA

Long drink à servir en hiver

POUR 1 VERRE

4 cl de tequila reposado 100 % agave
2 cuill. à mélange de sucre en poudre
8 cl de thé chaud
(de Ceylan par exemple)
1 zeste de citron vert non traité

> Mettez les ingrédients (sauf le citron) dans un verre toddy résistant à la chaleur.

> Remuez à l'aide d'une cuillère à mélange pendant 8 à 10 secondes.

> Prélevez le zeste de citron avec un couteau Économe. Pressez, au-dessus du verre, le zeste entre deux doigts pour extraire son essence et placez-le dans le verre. Servez aussitôt.

BRANDY

AMBER TWIST

Short drink à servir en apéritif

POUR 1 VERRE

4 cl de cognac
2 cl de vermouth dry
0,5 cl de liqueur apricot* brandy
0,5 cl de curaçao triple sec
1 zeste d'orange non traitée
5 ou 6 glaçons

> Mettez les glaçons, le cognac, le vermouth, la liqueur et le curaçao dans le verre à mélange.

> Remuez à l'aide d'une cuillère à mélange pendant 8 à 10 secondes.

> Filtrez au-dessus du verre martini à l'aide d'une passoire à glaçons.

> Prélevez le zeste d'orange avec un couteau Économe. Pressez, au-dessus du verre, le zeste entre deux doigts pour extraire son essence puis placez-le dans le verre. Servez aussitôt.

AMERICAN BEAUTY

Short drink à servir en apéritif

POUR 1 VERRE

3 cl de cognac
2 ou 3 feuilles de menthe fraîche
2 cl de vermouth dry
1 cl de porto rouge
1 cl de jus d'orange pressée
5 ou 6 glaçons

> Rincez les feuilles de menthe à l'eau fraîche.

> Mettez les glaçons, le cognac, le vermouth, le porto, le jus d'orange et la menthe dans la partie inférieure du shaker. Ajustez la partie supérieure du shaker et agitez vivement celui-ci pendant 8 à 10 secondes.

> Filtrez au-dessus du verre martini à l'aide d'une passoire à glaçons et d'une passoire à pulpe. Servez aussitôt.

GOTHAM

Short drink à servir en apéritif

POUR 1 VERRE

5 cl de cognac
2 cl de Pernod
2 ou 3 gouttes d'orange* bitters
5 ou 6 glaçons

> Mettez les glaçons et les ingrédients dans le verre à mélange.

> Remuez à l'aide d'une cuillère à mélange pendant 8 à 10 secondes.

> Filtrez au-dessus du verre martini à l'aide d'une passoire à glaçons. Servez aussitôt.

Variante : le Bombay
En remplaçant le Pernod par 1,5 cl de vermouth dry et 0,5 cl de curaçao orange, on obtient un Bombay, un short drink plus sec, idéal en apéritif.

HARVARD

Short drink à servir en apéritif

POUR 1 VERRE

5 cl de cognac
2 cl de vermouth rosso
2 ou 3 gouttes d'Angostura* bitters
5 ou 6 glaçons

> Mettez les glaçons et les ingrédients dans le verre à mélange.

> Remuez à l'aide d'une cuillère à mélange pendant 8 à 10 secondes.

> Filtrez au-dessus du verre martini à l'aide d'une passoire à glaçons. Servez aussitôt.

Variante : le Star
En remplaçant le cognac par du calvados, on obtient un Star, un short drink au goût moins boisé, idéal en apéritif.

Dans les années trente, ce cocktail était connu sous le nom de Metropolitan ; la recette de cette époque comportait 0,5 cl de sirop de sucre.

ROSE

Short drink à servir en apéritif

POUR 1 VERRE

4 cl de kirsch
2 cl de vermouth dry
1 cl de liqueur cherry* brandy
1 cerise au marasquin
5 ou 6 glaçons

> Mettez les glaçons, le kirsch, le vermouth et la liqueur dans le verre à mélange.

> Remuez à l'aide d'une cuillère à mélange pendant 8 à 10 secondes.

> Filtrez au-dessus du verre martini à l'aide d'une passoire à glaçons.

> Placez la cerise au marasquin dans le verre. Servez aussitôt.

T.N.T. N° 2

Short drink à servir en apéritif

POUR 1 VERRE

5 cl de cognac
1,5 cl de curaçao orange
0,5 cl de spiritueux
aux plantes d'absinthe
2 ou 3 gouttes d'Angostura* bitters
5 ou 6 glaçons

> Mettez les glaçons et les ingrédients dans le verre à mélange.

> Remuez à l'aide d'une cuillère à mélange pendant 8 à 10 secondes.

> Filtrez au-dessus du verre martini à l'aide d'une passoire à glaçons. Servez aussitôt.

BETWEEN-THE-SHEETS

Short drink à servir à tout moment

POUR 1 VERRE

2 cl de cognac
2 cl de rhum portoricain
2 cl de jus de citron pressé
1 cl de curaçao triple sec
5 ou 6 glaçons

> Mettez les glaçons et les ingrédients dans la partie inférieure du shaker.

> Ajustez la partie supérieure du shaker et agitez vivement celui-ci pendant 8 à 10 secondes.

> Filtrez au-dessus du verre martini à l'aide d'une passoire à glaçons. Servez aussitôt.

Variante : le Nicky Finn
En remplaçant le rhum par du Pernod, on obtient un Nicky Finn, un short drink au goût anisé, idéal en fin d'après-midi.

BRANDY HIGHBALL

Long drink à servir à tout moment

POUR 1 VERRE

4 cl de cognac
14 cl de ginger* ale
4 ou 5 glaçons

> Mettez les glaçons et les ingrédients dans le verre highball.

> Remuez à l'aide d'une cuillère à mélange pendant 8 à 10 secondes. Servez aussitôt.

Variante : le B & S
En remplaçant le ginger ale par de l'eau gazeuse, on obtient un B & S (Brandy & Soda), un long drink moins sucré, idéal à tout moment.

Cette boisson était déjà très populaire aux États-Unis dans les années 1880. Elle était alors connue sous le nom de Brandy & Ginger ale.

POUR 1 VERRE

4 cl de cognac
1 cl de crème de cassis
13 cl d'eau gazeuse
4 ou 5 glaçons

> Mettez les glaçons et les ingrédients dans le verre highball.

> Remuez à l'aide d'une cuillère à mélange pendant 8 à 10 secondes. Servez aussitôt.

Variante : le Kirsch & Cassis

En remplaçant le cognac par du kirsch, on obtient un Kirsch & Cassis, un long drink plus doux, idéal à tout moment.

DEE-LIGHT

Long drink à servir à tout moment

POUR 1 VERRE

4 cl de cognac
1/4 de citron vert non traité
2 ou 3 gouttes de crème de banane
13 cl de lemon*-lime soda
4 ou 5 glaçons

> Coupez le quartier de citron vert en 2 et placez les 2 morceaux dans le verre highball. Écrasez-les à l'aide d'un pilon.

> Mettez les glaçons et les autres ingrédients dans le verre.

> Remuez à l'aide d'une cuillère à mélange pendant 8 à 10 secondes. Servez aussitôt.

DEPTH BOMB

Short drink à servir à tout moment

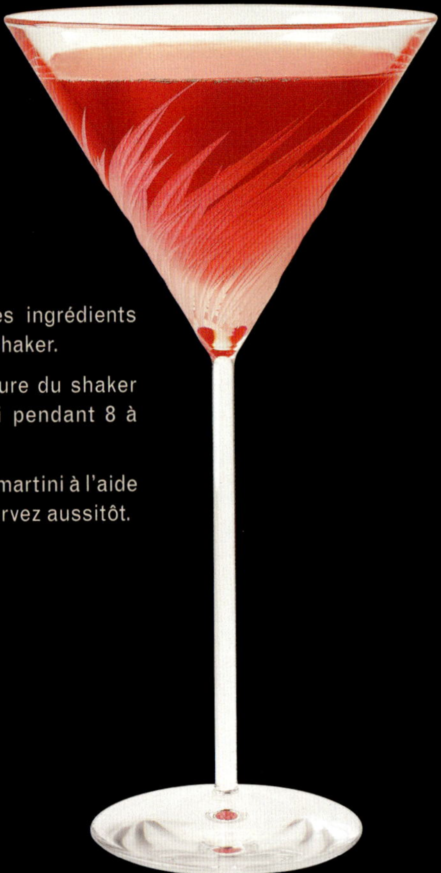

POUR 1 VERRE

2 cl de cognac
2 cl de calvados
2 cl de jus de citron pressé
1 cl de sirop de grenadine
5 ou 6 glaçons

> Mettez les glaçons et les ingrédients dans la partie inférieure du shaker.

> Ajustez la partie supérieure du shaker et agitez vivement celui-ci pendant 8 à 10 secondes.

> Filtrez au-dessus du verre martini à l'aide d'une passoire à glaçons. Servez aussitôt.

GEORGIA MINT JULEP

Short drink à servir à tout moment

POUR 1 VERRE

4 cl de cognac
8 à 10 feuilles de menthe fraîche
2 cuill. à mélange de sucre en poudre
3 ou 4 glaçons pilés (▷ p. 96)

> Rincez les feuilles de menthe à l'eau fraîche puis écrasez-les à l'aide d'un pilon dans le verre rocks.

> Ajoutez le sucre en poudre et remplissez le verre de glaçons pilés.

> Versez le cognac et remuez à l'aide d'une cuillère à mélange pendant 8 à 10 secondes. Servez aussitôt.

Ce short drink est le plus ancien cocktail d'été apprécié par les Américains.

HARVARD COOLER

Long drink à servir à tout moment

POUR 1 VERRE

4 cl de calvados
1 cl de jus de citron pressé
1 cl de sirop de sucre de canne
12 cl d'eau gazeuse
1 rondelle de citron non traité
4 ou 5 glaçons

> Mettez les glaçons, le calvados, le jus de citron, le sirop de sucre et l'eau gazeuse dans le verre highball.

> Remuez à l'aide d'une cuillère à mélange pendant 8 à 10 secondes.

> Ajoutez la rondelle de citron dans le verre. Servez aussitôt.

HORSE'S NECK

Long drink à servir à tout moment

POUR 1 VERRE

4 cl de cognac
1 zeste de citron non traité
3 ou 4 gouttes d'Angostura* bitters
14 cl de ginger* ale
4 ou 5 glaçons

> Avec un couteau Économe, prélevez entièrement le zeste du citron et disposez-le en spirale dans le verre highball.

> Ajoutez les glaçons puis les autres ingrédients.

> Remuez doucement à l'aide d'une cuillère à mélange pendant 8 à 10 secondes. Servez aussitôt.

JACK ROSE

Short drink à servir à tout moment

POUR 1 VERRE

4 cl de calvados
2 cl de jus de citron pressé
1 cl de sirop de grenadine
5 ou 6 glaçons

> Mettez les glaçons et les ingrédients dans la partie inférieure du shaker.

> Ajustez la partie supérieure du shaker et agitez vivement celui-ci pendant 8 à 10 secondes.

> Filtrez au-dessus du verre martini à l'aide d'une passoire à glaçons. Servez aussitôt.

NORMANDY COOLER

Long drink à servir à tout moment

POUR 1 VERRE

3 cl de calvados
4 cl d'eau gazeuse
2 cl de liqueur manzana* verde
9 cl de jus de pomme
(pur jus de fruits)
1/8 de citron vert non traité
4 ou 5 glaçons

> Mettez les glaçons, le calvados, l'eau gazeuse, la liqueur et le jus de pomme dans le verre highball.

> Remuez à l'aide d'une cuillère à mélange pendant 8 à 10 secondes.

> Pressez légèrement le quartier de citron puis ajoutez-le dans le verre. Servez aussitôt.

PISCOLA

Long drink à servir à tout moment

POUR 1 VERRE

4 cl de pisco
0,5 cl de jus de citron pressé
3 ou 4 gouttes d'Angostura* bitters
13 cl de cola
4 ou 5 glaçons

> Mettez les glaçons et les ingrédients dans le verre highball.

> Remuez à l'aide d'une cuillère à mélange pendant 8 à 10 secondes. Servez aussitôt.

PISCO PUNCH

Long drink à servir à tout moment

POUR 1 VERRE

4 cl de pisco
3 cl de jus d'ananas
(pur jus de fruits)
1 cl de jus de citron pressé
0,5 cl de sirop de sucre de canne
0,5 cl de curaçao orange
3 ou 4 gouttes d'Angostura* bitters
9 cl de lemon*-lime soda
1 feuille d'ananas frais
4 ou 5 glaçons

> Mettez les glaçons et les ingrédients (sauf la feuille d'ananas) dans la partie inférieure du shaker.

> Ajustez la partie supérieure du shaker et agitez celui-ci pendant 8 à 10 secondes.

> Versez dans le verre highball. Faites une entaille dans la feuille d'ananas pour la faire tenir sur le bord du verre. Servez aussitôt.

Il existe de nombreuses recettes différentes de ce cocktail ; au début des années 1900, il se composait de pisco, de curaçao orange, de jus de citron et d'eau gazeuse.

PISCO SOUR

Short drink à servir à tout moment

POUR 1 VERRE

4 cl de pisco
1 blanc d'œuf
1,5 cl de jus de citron pressé
1 cl de sirop de sucre de canne
2 ou 3 gouttes d'Angostura* bitters
5 ou 6 glaçons

> Battez le blanc d'œuf quelques secondes à la fourchette.

> Mettez les glaçons, 0,5 cl de blanc d'œuf et les autres ingrédients dans la partie inférieure du shaker.

> Ajustez la partie supérieure du shaker et agitez vivement celui-ci pendant 8 à 10 secondes.

> Versez le contenu du shaker dans le verre rocks. Servez aussitôt.

Ce cocktail est la boisson nationale du Chili et du Pérou.

SIDE-CAR

Short drink à servir à tout moment

POUR 1 VERRE

4 cl de cognac
1,5 cl de jus de citron pressé
1,5 cl de curaçao triple sec
1 zeste d'orange non traitée
5 ou 6 glaçons

> Mettez les glaçons, le cognac, le jus de citron et le curaçao dans la partie inférieure du shaker.

> Ajustez la partie supérieure du shaker et agitez vivement celui-ci pendant 8 à 10 secondes.

> Filtrez au-dessus du verre martini à l'aide d'une passoire à glaçons.

> Prélevez le zeste d'orange avec un couteau Économe. Pressez, au-dessus du verre, le zeste entre deux doigts pour extraire son essence et disposez-le dans le verre. Servez aussitôt.

Variante : l'Apple Cart

En remplaçant le cognac par du calvados, on obtient un Apple Cart, un short drink au goût moins boisé, idéal à tout moment.

APPLE SUNRISE

Long drink à servir à tout moment

POUR 1 VERRE

4 cl de calvados
1 cl de crème de cassis
0,5 cl de jus de citron pressé
12,5 cl de jus d'orange (pur jus de fruits)
4 ou 5 glaçons

> Mettez les glaçons et les ingrédients dans le verre highball.

> Remuez à l'aide d'une cuillère à mélange pendant 8 à 10 secondes. Servez aussitôt.

CASTRO COOLER

Long drink à servir à tout moment

POUR 1 VERRE

2,5 cl de calvados
10 cl de jus d'orange (pur jus de fruits)
2,5 cl de rhum ambré cubain
1,5 cl de jus de citron vert pressé
1,5 cl de sirop lime* cordial
1/8 de citron vert non traité
5 ou 6 glaçons

> Mettez les glaçons et les ingrédients (sauf le quartier de citron) dans la partie inférieure du shaker.

> Ajustez la partie supérieure du shaker et agitez vivement celui-ci pendant 8 à 10 secondes.

> Filtrez au-dessus du verre highball à l'aide d'une passoire à glaçons.

> Faites une entaille dans le quartier de citron vert pour le faire tenir sur le bord du verre. Servez aussitôt.

EAST INDIA

Short drink à servir à tout moment

POUR 1 VERRE

4 cl de cognac
2,5 cl de jus d'ananas
(pur jus de fruits)
0,5 cl de curaçao orange
2 ou 3 gouttes d'Angostura* bitters
1 feuille d'ananas frais
5 ou 6 glaçons

> Mettez les glaçons et les ingrédients (sauf la feuille d'ananas) dans la partie inférieure du shaker.

> Ajustez la partie supérieure du shaker et agitez vivement celui-ci pendant 8 à 10 secondes.

> Filtrez au-dessus du verre martini à l'aide d'une passoire à glaçons.

> Faites une entaille dans la feuille d'ananas sur la moitié de sa longueur. Placez-la sur le bord du verre. Servez aussitôt.

EL ULTIMO

Long drink à servir à tout moment

POUR 1 VERRE

4 cl de cognac
1 cl de liqueur de coco
13 cl de jus de pomme
(pur jus de fruits)
4 ou 5 glaçons

> Mettez les glaçons et les ingrédients dans le verre highball.

> Remuez à l'aide d'une cuillère à mélange pendant 8 à 10 secondes. Servez aussitôt.

OLYMPIC

Short drink à servir à tout moment

POUR 1 VERRE

4 cl de cognac
2 cl de jus d'orange pressée
1 cl de curaçao orange
5 ou 6 glaçons

> Mettez les glaçons et les ingrédients dans la partie inférieure du shaker.

> Ajustez la partie supérieure du shaker et agitez vivement celui-ci pendant 8 à 10 secondes.

> Filtrez au-dessus du verre martini à l'aide d'une passoire à glaçons. Servez aussitôt.

Variante : le Biarritz

En remplaçant le jus d'orange par du jus de citron pressé, on obtient un Biarritz, un short drink plus acide, idéal à tout moment.

B & B

Short drink à servir en digestif

POUR 1 VERRE

4 cl de cognac
2 cl de liqueur Bénédictine
3 ou 4 glaçons

> Mettez les glaçons et les ingrédients dans le verre rocks.

> Remuez à l'aide d'une cuillère à mélange pendant 8 à 10 secondes. Servez aussitôt.

Variante : le April Shower
En remplaçant 1 cl de cognac et 1 cl de liqueur Bénédictine par 2 cl de jus d'orange pressée, on obtient un April Shower, un short drink plus fruité, idéal à tout moment. Ce cocktail est à préparer au shaker et à servir en verre martini.

Ce cocktail aurait été inventé en 1937 au Club 21 à New York. Les initiales B & B signifient Brandy and Bénédictine.

B & P

Short drink à servir en digestif

POUR 1 VERRE

5 cl de cognac

2 cl de porto ruby

> Mettez les ingrédients dans le verre rocks.

> Remuez à l'aide d'une cuillère à mélange pendant 2 ou 3 secondes. Servez aussitôt.

Variante : le Porto Flip

En remplaçant 4 cl de cognac par 2 cl de porto ruby, 1 cl de sirop de sucre de canne et 1 jaune d'œuf, on obtient un Porto Flip, un short drink plus onctueux, idéal pour les lendemains difficiles.

Ce short drink est très populaire en Irlande. Les initiales B & P signifient Brandy and Porto.

BANANA BLISS

Short drink à servir en digestif

POUR 1 VERRE

5 cl de cognac
1,5 cl de crème de banane
3 ou 4 glaçons

> Mettez les glaçons et les ingrédients dans le verre rocks.

> Remuez à l'aide d'une cuillère à mélange pendant 8 à 10 secondes. Servez aussitôt.

Variante :
le Chocolate Bliss
En ajoutant 2 cl de crème de cacao brune, on obtient un Chocolate Bliss, un short drink plus doux, idéal en soirée. Ce cocktail doit être préparé au verre à mélange et servi en verre martini.

BLACK JACK

Short drink à servir à tout moment

POUR 1 VERRE

1,5 cl de cognac
3 cl de café expresso froid
1,5 cl de kirsch
1 cl de sirop de sucre de canne
4 ou 5 glaçons

> Mettez les glaçons et les ingrédients dans la partie inférieure du shaker.

> Ajustez la partie supérieure du shaker et agitez vivement celui-ci pendant 8 à 10 secondes.

> Versez le contenu du shaker dans le verre rocks. Servez aussitôt.

BOUNTY BOAT

Short drink à servir en digestif

POUR 1 VERRE

4 cl de cognac
2 cl de crème de cacao brune
1 cl de liqueur de coco
5 ou 6 glaçons

> Mettez les glaçons et les ingrédients dans le verre à mélange.

> Remuez à l'aide d'une cuillère à mélange pendant 8 à 10 secondes.

> Filtrez au-dessus du verre martini à l'aide d'une passoire à glaçons. Servez aussitôt.

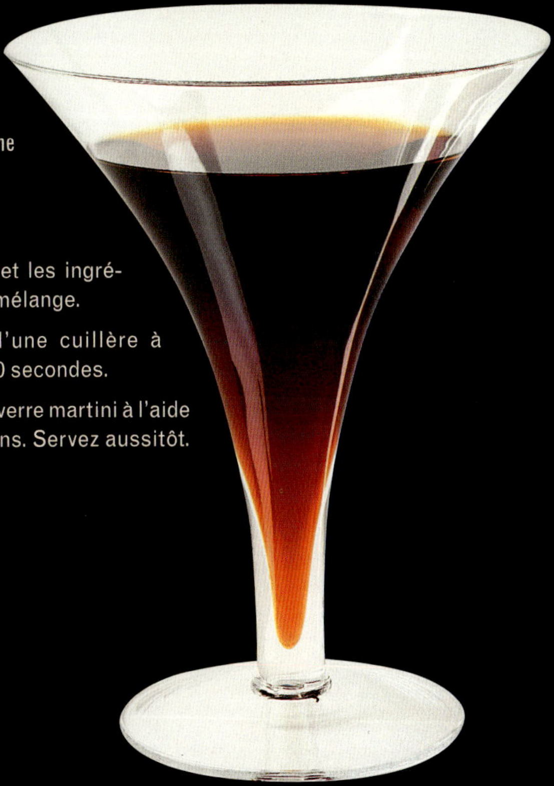

BROWN BEAR

Short drink à servir en digestif

POUR 1 VERRE

4 cl de cognac
2 cl de liqueur de café
3 ou 4 glaçons

> Mettez les glaçons et les ingrédients dans le verre rocks.

> Remuez à l'aide d'une cuillère à mélange pendant 8 à 10 secondes. Servez aussitôt.

Ce cocktail est également appelé Dirty Mother.

BURGOS

Short drink à servir en digestif

POUR 1 VERRE

5 cl de cognac
5 ou 6 gouttes d'Angostura* bitters
3 ou 4 glaçons

> Mettez les glaçons et les ingrédients dans le verre rocks.

> Remuez à l'aide d'une cuillère à mélange pendant 8 à 10 secondes. Servez aussitôt.

CHAMPS-ÉLYSÉES

Short drink à servir en digestif

POUR 1 VERRE

4 cl de cognac
2 cl de liqueur Chartreuse jaune
1 cl de jus de citron pressé
2 ou 3 gouttes d'Angostura* bitters
5 ou 6 glaçons

> Mettez les glaçons et les ingrédients dans la partie inférieure du shaker.

> Ajustez la partie supérieure du shaker et agitez vivement celui-ci pendant 8 à 10 secondes.

> Filtrez au-dessus du verre martini à l'aide d'une passoire à glaçons. Servez aussitôt.

CHERRY BLOSSOM

Short drink à servir en digestif

POUR 1 VERRE

4 cl de cognac
2 cl de liqueur cherry* brandy
0,5 cl de jus de citron pressé
0,5 cl de sirop de grenadine
5 ou 6 glaçons

> Mettez les glaçons et les ingrédients dans la partie inférieure du shaker.

> Adaptez la partie supérieure du shaker et agitez vivement celui-ci pendant 8 à 10 secondes.

> Filtrez au-dessus du verre martini à l'aide d'une passoire à glaçons. Servez aussitôt.

CORPSE REVIVER

Short drink à servir en matinée

POUR 1 VERRE

4 cl de cognac
1,5 cl de liqueur Fernet-Branca
1,5 cl de crème de menthe blanche
5 ou 6 glaçons

> Mettez les glaçons et les ingrédients dans le verre à mélange.

> Remuez à l'aide d'une cuillère à mélange pendant 8 à 10 secondes.

> Filtrez au-dessus du verre martini à l'aide d'une passoire à glaçons. Servez aussitôt.

Variante : le Apothecary
En remplaçant le cognac par du vermouth rosso, on obtient un Apothecary, un short drink moins alcoolisé, idéal pour les lendemains difficiles.

CUBAN

Short drink à servir en digestif

POUR 1 VERRE

4 cl de cognac
2 cl de liqueur apricot* brandy
1 cl de jus de citron vert pressé
5 ou 6 glaçons

> Mettez les glaçons et les ingrédients dans la partie inférieure du shaker.

> Ajustez la partie supérieure du shaker et agitez vivement celui-ci pendant 8 à 10 secondes.

> Filtrez au-dessus du verre martini à l'aide d'une passoire à glaçons. Servez aussitôt.

FRENCH CONNECTION

Short drink à servir en digestif

POUR 1 VERRE

4 cl de cognac
2 cl de liqueur Grand Marnier
Cordon Rouge
1 zeste d'orange non traitée
3 ou 4 glaçons

> Mettez les glaçons, le cognac et la liqueur dans le verre rocks.

> Remuez à l'aide d'une cuillère à mélange pendant 8 à 10 secondes.

> Prélevez le zeste d'orange avec un couteau Économe. Pressez, au-dessus du verre, le zeste entre deux doigts pour extraire son essence et disposez-le dans le verre. Servez aussitôt.

HIGHBINDER

Short drink à servir en digestif

POUR 1 VERRE

5 cl de cognac
1 cl de crème de mûre
3 ou 4 glaçons

> Mettez les glaçons et les ingrédients dans le verre rocks.

> Remuez à l'aide d'une cuillère à mélange pendant 8 à 10 secondes. Servez aussitôt.

HONEY MOON

Short drink à servir en digestif

POUR 1 VERRE

4 cl de calvados
1,5 cl de jus de citron pressé
1 cl de liqueur Bénédictine
0,5 cl de curaçao orange
1 zeste de citron non traité
5 ou 6 glaçons

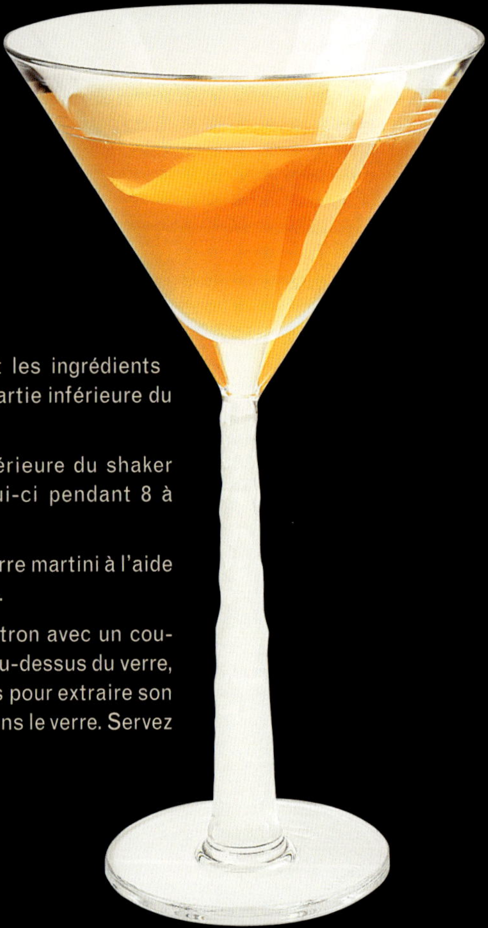

> Mettez les glaçons et les ingrédients (sauf le citron) dans la partie inférieure du shaker.

> Ajustez la partie supérieure du shaker et agitez vivement celui-ci pendant 8 à 10 secondes.

> Filtrez au-dessus du verre martini à l'aide d'une passoire à glaçons.

> Prélevez le zeste de citron avec un couteau Économe. Pressez, au-dessus du verre, le zeste entre deux doigts pour extraire son essence et disposez-le dans le verre. Servez aussitôt.

JAPANESE

Short drink à servir en digestif

POUR 1 VERRE

5 cl de cognac
2 cl de sirop d'orgeat
2 ou 3 gouttes d'Angostura* bitters
1 zeste de citron non traité
5 ou 6 glaçons

> Mettez les glaçons, le cognac, le sirop d'orgeat et l'Angostura dans la partie inférieure du shaker.

> Ajustez la partie supérieure du shaker et agitez vivement celui-ci pendant 8 à 10 secondes.

> Filtrez au-dessus du verre martini à l'aide d'une passoire à glaçons.

> Prélevez le zeste de citron avec un couteau Économe. Pressez le zeste entre deux doigts au-dessus du verre pour extraire son essence, mais ne le mettez pas dans le verre. Servez aussitôt.

POUR 1 VERRE

4 cl de cognac
1 rondelle de citron non traité
2 cuill. à mélange
de sucre en poudre

> Versez le cognac dans le verre à dégustation.

> Placez la rondelle de citron en équilibre sur le dessus du verre puis versez délicatement le sucre dessus. Servez aussitôt.

> Pour déguster, mâchez la rondelle de citron et le sucre, puis buvez le cognac.

Ce cocktail était très populaire en Allemagne au début du XXe siècle.

SANTINA'S POUSSE-CAFÉ

Short drink à servir en digestif

POUR 1 VERRE

1,5 cl de cognac
0,5 cl de curaçao orange
1 cl de liqueur marasquin*

> Versez le curaçao orange dans le verre shot.

> Pour que les liquides restent superposés, versez la liqueur marasquin lentement à l'aide d'une cuillère à mélange (▷ p. 94).

> De la même manière, versez le cognac lentement à l'aide de la cuillère à mélange. Servez aussitôt.

STINGER

Short drink à servir en digestif

POUR 1 VERRE

4 cl de cognac
2 cl de crème de menthe blanche
3 ou 4 glaçons

> Mettez les glaçons et les ingrédients dans le verre rocks.

> Remuez à l'aide d'une cuillère à mélange pendant 8 à 10 secondes. Servez aussitôt.

Variante :
le Chocolate Stinger
En retirant 1 cl de crème de menthe et en ajoutant 2 cl de crème de cacao brune, on obtient un Chocolate Stinger, un short drink plus aromatique, idéal en digestif. Le Chocolate Stinger était connu sous le nom de Dimention dans les années trente.

VANDERBILT

Short drink à servir en digestif

POUR 1 VERRE

4 cl de cognac
2 cl de liqueur cherry* brandy
2 ou 3 gouttes d'Angostura* bitters
1 cerise au marasquin
5 ou 6 glaçons

> Mettez les glaçons et les ingrédients (sauf la cerise) dans le verre à mélange.

> Remuez à l'aide d'une cuillère à mélange pendant 8 à 10 secondes.

> Filtrez au-dessus du verre martini à l'aide d'une passoire à glaçons.

> Placez la cerise au marasquin dans le verre. Servez aussitôt.

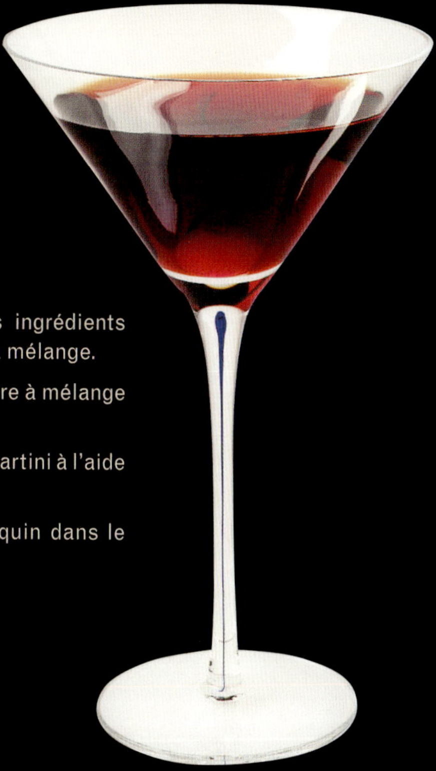

Short drink à servir en digestif

POUR 1 VERRE
3 cl de cognac
2 cl de crème
de cacao brune
2 cl de crème liquide UHT
1 noix muscade
5 ou 6 glaçons

> Mettez les glaçons, le cognac, la crème de cacao et la crème liquide dans la partie inférieure du shaker.

> Ajustez la partie supérieure du shaker et agitez vivement le shaker pendant 8 à 10 secondes.

> Filtrez au-dessus du verre martini à l'aide d'une passoire à glaçons.

> Râpez la noix muscade au-dessus du cocktail. Servez aussitôt.

BRANDY MILK PUNCH

Short drink à servir en digestif

POUR 1 VERRE

3 cl de cognac
8 cl de lait demi-écrémé UHT
1 cl de sirop de sucre de canne
1 noix muscade
5 ou 6 glaçons

> Mettez les glaçons, le cognac, le lait et le sirop de sucre dans la partie inférieure du shaker. Ajustez la partie supérieure du shaker et agitez le shaker pendant 8 à 10 secondes.

> Filtrez au-dessus du verre rocks à l'aide d'une passoire à glaçons.

> Râpez la noix muscade au-dessus du cocktail. Servez aussitôt.

BRANDY BLAZER

Long drink à servir en hiver

POUR 1 VERRE

6 cl de cognac
6 cl d'eau bouillante
2 cuill. à mélange de sucre en poudre
1 zeste d'orange non traitée

> Ébouillantez d'abord deux timbales en métal munies d'une anse, puis jetez l'eau.

> Dans l'une des timbales, versez l'eau bouillante, puis le cognac.

> Enflammez le mélange à l'aide d'une allumette ou d'un briquet et transvasez le mélange en feu d'une timbale à l'autre (et de manière continue) 4 ou 5 fois de suite puis versez-le dans un verre toddy.

> Ajoutez le sucre et remuez à l'aide d'une cuillère à mélange pour le dissoudre.

> Prélevez le zeste d'orange à l'aide d'un couteau Économe. Pressez, au-dessus du verre toddy, le zeste entre deux doigts pour extraire son essence puis placez-le dans le verre. Servez aussitôt.

COFFEE NUDGE

Long drink à servir en hiver

POUR 1 VERRE

3 cl de cognac
1 cuill. à mélange de sucre en poudre
0,5 cl de liqueur de café
0,5 cl de crème de cacao brune
6 cl de café expresso chaud

> Mettez le sucre dans le verre toddy puis versez le cognac, la liqueur, la crème de cacao et le café.

> Remuez à l'aide d'une cuillère à mélange pendant 5 ou 6 secondes. Servez aussitôt.

Variante : le French Coffee
En retirant la liqueur de café et la crème de cacao, et en ajoutant 1 cl de cognac et 1 cuillerée à mélange de sucre en poudre, on obtient un French Coffee, un short drink moins sucré, idéal pendant les soirées d'hiver.

MAXIM'S COFFEE

Long drink à servir en hiver

POUR 1 VERRE

4 cl de cognac
1 cuill. à mélange de sucre en poudre
1,5 cl de liqueur Bénédictine
0,5 cl de liqueur Galliano*
8 cl de café expresso chaud

> Mettez le sucre dans le verre toddy ; versez ensuite les autres ingrédients.

> Remuez à l'aide d'une cuillère à mélange pendant 5 ou 6 secondes. Servez aussitôt.

CHAMPAGNE

ALFONSO

Short drink à servir en apéritif

POUR 1 VERRE

9 cl de champagne brut frappé
1 morceau de sucre
3 ou 4 gouttes d'Angostura* bitters
3 cl de Dubonnet

> Imbibez le sucre avec les gouttes d'Angostura, puis placez-le dans la flûte à champagne.

> Versez le champagne et le Dubonnet.

> Remuez légèrement (sans toucher le morceau de sucre) à l'aide d'une cuillère à mélange pendant 2 ou 3 secondes. Servez aussitôt.

Créé pour le roi d'Espagne Alphonse III, ce cocktail s'est popularisé en France et en Grande-Bretagne au début des années 1920, après un séjour de celui-ci à Deauville.

AMBROSIA

Short drink à servir à tout moment

POUR 1 VERRE

9 cl de champagne brut frappé
1 cl de cognac
1 cl de calvados
0,5 cl de jus de citron pressé
0,5 cl de curaçao triple sec
1 zeste d'orange non traitée

> Versez le champagne, le cognac, le calvados, le jus de citron et le curaçao dans la flûte à champagne.

> Remuez légèrement à l'aide d'une cuillère à mélange pendant 2 ou 3 secondes.

> Prélevez le zeste d'orange avec un couteau Économe. Pressez, au-dessus du verre, le zeste entre deux doigts pour extraire son essence, puis placez-le dans le verre. Servez aussitôt.

POUR 1 VERRE

10 cl de champagne brut

2 cl de Campari

> Versez le champagne et le Campari dans la flûte à champagne.

> Remuez légèrement à l'aide d'une cuillère à mélange pendant 2 ou 3 secondes. Servez aussitôt.

CAROL CHANNING

Short drink à servir à tout moment

POUR 1 VERRE

9 cl de champagne brut
1,5 cl d'eau-de-vie de framboise
1 cl de crème de framboise
0,5 cl de sirop de sucre de canne

> Versez les ingrédients dans la flûte à champagne.

> Remuez légèrement à l'aide d'une cuillère à mélange pendant 2 ou 3 secondes. Servez aussitôt.

Ce cocktail a été inventé en 1984 par Dick Bradsell, en hommage à la comédienne américaine Carol Channing qui joua, entre autres, dans *Les hommes préfèrent les blondes* (1949) et *Hello Dolly* (1964).

CHAMPAGNE COCKTAIL

Short drink à servir à tout moment

POUR 1 VERRE

10 cl de champagne brut frappé
1 morceau de sucre
3 ou 4 gouttes d'Angostura* bitters
2 cl de cognac

> Imbibez le sucre avec les gouttes d'Angostura, puis placez-le dans la flûte à champagne.

> Versez le champagne et le cognac.

> Remuez légèrement (sans toucher le morceau de sucre) à l'aide d'une cuillère à mélange pendant 2 ou 3 secondes. Servez aussitôt.

Variante : l'Americana

En remplaçant le cognac par du bourbon, on obtient un Americana, un short drink plus boisé, idéal à tout moment.

GINGER CHAMPAGNE

Short drink à servir à tout moment

POUR 1 VERRE

10 cl de champagne brut frappé
2 cl de vodka
1 morceau de racine de gingembre

> Découpez une tranche de gingembre ayant environ 1 cm de largeur et de longueur, et 1 mm d'épaisseur environ. Placez-la dans la flûte à champagne.

> Versez le champagne et la vodka dans la flûte.

> Remuez légèrement à l'aide d'une cuillère à mélange pendant 2 ou 3 secondes. Servez aussitôt.

Le Ginger Champagne est une version simplifiée du Benderitter inventé en 1995 par Colin Field au bar Hemingway de l'hôtel Ritz à Paris. Pour préparer ce dernier, on utilise une infusion de vodka et de gingembre.

HEMINGWAY

Short drink à servir en apéritif

POUR 1 VERRE

10,5 cl de champagne brut frappé
1,5 cl de Pernod

> Versez le champagne et le Pernod dans la flûte à champagne.

> Remuez légèrement à l'aide d'une cuillère à mélange pendant 2 ou 3 secondes. Servez aussitôt.

Variante : le Corpse Reviver n° 2
En remplaçant 0,5 cl de Pernod par 0,5 cl de jus de citron pressé, on obtient un Corpse Reviver n° 2, un short drink plus rafraîchissant, idéal à tout moment. Ce cocktail fut inventé en 1926 par Frank Meier au bar Cambon de l'hôtel Ritz à Paris.

Ce cocktail est également appelé Death in The Afternoon.

KIR ROYAL

Short drink à servir à tout moment

POUR 1 VERRE

10,5 cl de champagne brut frappé
1,5 cl de crème de cassis

> Versez le champagne et la crème de cassis dans la flûte à champagne.

> Remuez légèrement à l'aide d'une cuillère à mélange pendant 2 ou 3 secondes. Servez aussitôt.

Variante : le Kir impérial
En remplaçant la crème de cassis par la même dose de crème de framboise, on obtient un Kir impérial, un short drink légèrement plus sec, idéal à tout moment.

PIMM'S ROYAL

Short drink à servir en apéritif

POUR 1 VERRE

9 cl de champagne brut frappé
3 cl de Pimm's* n° 1
1 concombre

> Rincez le concombre à l'eau fraîche. Avec un couteau Économe, prélevez une pelure longue de 8 cm et ayant une largeur d'environ 1 cm.

> Versez le champagne et le Pimm's dans la flûte à champagne.

> Remuez légèrement à l'aide d'une cuillère à mélange pendant 2 ou 3 secondes.

> Placez la pelure de concombre dans le verre. Servez aussitôt.

AMERICAN FLYER

Short drink à servir à tout moment

POUR 1 VERRE

9 cl de champagne brut frappé
2 cl de rhum vieux jamaïcain
0,5 cl de jus de citron vert pressé
0,5 cl de sirop de sucre de canne
1 zeste de citron vert non traité

> Versez le champagne, le rhum, le jus de citron et le sirop de sucre dans la flûte à champagne.

> Remuez légèrement à l'aide d'une cuillère à mélange pendant 2 ou 3 secondes.

> Prélevez le zeste de citron avec un couteau Économe. Pressez, au-dessus du verre, le zeste entre deux doigts pour extraire son essence, puis placez-le dans le verre. Servez aussitôt.

BLUE CHAMPAGNE

Short drink à servir à tout moment

POUR 1 VERRE

9 cl de champagne brut frappé
2 cl de vodka
0,5 cl de curaçao bleu
0,5 cl de jus de citron pressé
1 zeste de citron non traité

> Versez le champagne, la vodka, le curaçao et le jus de citron dans la flûte à champagne.

> Remuez légèrement à l'aide d'une cuillère à mélange pendant 2 ou 3 secondes.

> Prélevez le zeste de citron avec un couteau Économe. Pressez, au-dessus du verre, le zeste entre deux doigts pour extraire son essence, puis placez-le dans le verre. Servez aussitôt.

CHAMPAGNE JULEP

Short drink à servir à tout moment

POUR 1 VERRE

12 cl de champagne brut frappé
4 à 6 feuilles de menthe fraîche
1 morceau de sucre roux
1 brin de menthe fraîche

> Rincez toute la menthe à l'eau fraîche.

> Mettez les feuilles de menthe dans le verre à mélange. Pressez-les légèrement à l'aide d'un pilon puis versez le champagne.

> Placez le morceau de sucre dans la flûte à champagne et versez dessus le contenu du verre à mélange en filtrant à l'aide d'une passoire à pulpe.

> Placez le brin de menthe dans le verre. Servez aussitôt.

CHAMPAGNE SOUR

Short drink à servir à tout moment

POUR 1 VERRE

10,5 cl de champagne brut frappé
1 cl de jus de citron pressé
0,5 cl de sirop de sucre de canne

> Versez les ingrédients dans la flûte à champagne.

> Remuez légèrement à l'aide d'une cuillère à mélange pendant 2 ou 3 secondes. Servez aussitôt.

FRENCH 75

Long drink à servir à tout moment

POUR 1 VERRE

12,5 cl de champagne brut frappé
3 cl de gin
1,5 cl de jus de citron pressé
1 cl de sirop de sucre de canne
1 cerise au marasquin
4 ou 5 glaçons

> Mettez les glaçons, le champagne, le gin, le jus de citron et le sirop de sucre dans le verre highball.

> Remuez légèrement à l'aide d'une cuillère à mélange pendant 2 ou 3 secondes.

> Placez la cerise au marasquin dans le verre. Servez aussitôt.

Variante : le Diamond Fizz
En remplaçant le gin par de la vodka, on obtient un Diamond Fizz, un long drink plus sec, idéal à tout moment.

MERINGUE

Short drink à servir à tout moment

POUR 1 VERRE

8 cl de champagne brut frappé
3 cl de crème liquide UHT
2 cl de liqueur limoncello*
0,5 cl de sirop lime* cordial

> Dans un bol, battez la crème à l'aide d'une fourchette, jusqu'à ce qu'elle atteigne une consistance onctueuse.

> Versez le champagne, la liqueur limoncello et le sirop dans la flûte à champagne.

> Remuez légèrement à l'aide d'une cuillère à mélange pendant 2 ou 3 secondes.

> Nappez de 1,5 cl de crème battue. Servez aussitôt.

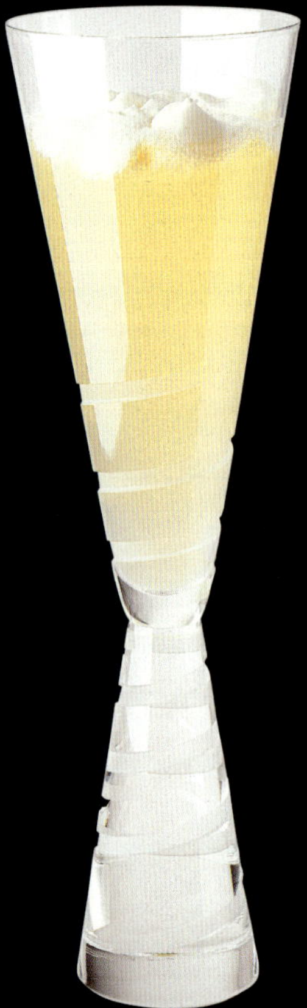

PICK-ME-UP

Short drink à servir à tout moment

POUR 1 VERRE

9 cl de champagne brut frappé
1,5 cl de cognac
1 cl de jus de citron pressé
0,5 cl de sirop de grenadine

> Versez les ingrédients dans la flûte à champagne.

> Remuez légèrement à l'aide d'une cuillère à mélange pendant 2 ou 3 secondes. Servez aussitôt.

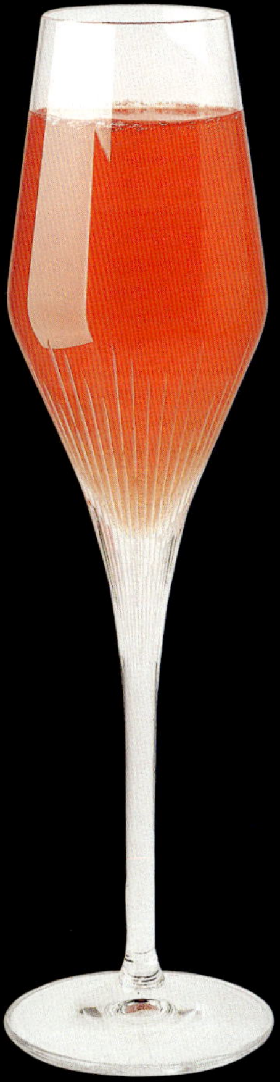

Variante : le Barbotage
En remplaçant 0,5 cl de cognac et 0,5 cl de jus de citron pressé par 1 cl de jus d'orange, on obtient un Barbotage, un short drink plus doux, idéal à tout moment.

BELLINI

Short drink à servir à tout moment

POUR 1 VERRE

8 cl de champagne brut frappé
2 pêches jaunes

> Épluchez les pêches, coupez-les en deux pour retirer les noyaux, puis passez les moitiés au mixeur jusqu'à obtenir la consistance d'une purée.

> Mettez 4 cl de purée de pêche dans la flûte à champagne, puis versez lentement le champagne dessus.

> Remuez légèrement à l'aide d'une cuillère à mélange pendant 2 ou 3 secondes. Servez aussitôt.

HAWAII SPARKLE

Short drink à servir à tout moment

POUR 1 VERRE

8 cl de champagne brut frappé
4 cl de jus d'ananas
(pur jus de fruits)

> Versez le champagne et le jus d'ananas dans la flûte à champagne.

> Remuez légèrement à l'aide d'une cuillère à mélange pendant 2 ou 3 secondes. Servez aussitôt.

Variante : le Hawaii Breaker
En ajoutant 3 ou 4 gouttes d'Angostura* bitters, on obtient un Hawaii Breaker, un short drink légèrement amer, idéal à tout moment.

JACUZZI

Short drink à servir à tout moment

POUR 1 VERRE

8 cl de champagne brut frappé
2 cl de jus d'orange pressée
1 cl de gin
1 cl de liqueur melocoton*

> Versez les ingrédients dans la flûte à champagne.

> Remuez légèrement à l'aide d'une cuillère à mélange pendant 2 ou 3 secondes. Servez aussitôt.

MIMOSA

Short drink à servir à tout moment

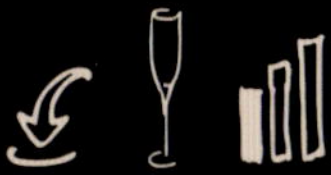

POUR 1 VERRE

8 cl de champagne brut frappé

4 cl de jus d'orange pressée

> Versez le champagne et le jus d'orange pressée dans la flûte à champagne.

> Remuez légèrement à l'aide d'une cuillère à mélange pendant 2 ou 3 secondes. Servez aussitôt.

Variante : le Buck's Fizz

En remplaçant 0,5 cl de jus d'orange par 0,5 cl de sirop de sucre de canne, on obtient un Buck's Fizz, un short drink plus doux, idéal à tout moment. Ce cocktail aurait été inventé en 1922 par McGarry, le barman du Buck's Club à Londres.

ROSSINI

Short drink à servir à tout moment

POUR 1 VERRE

8 cl de champagne brut frappé

10 à 12 fraises

> Rincez les fraises à l'eau fraîche puis passez-les au mixeur jusqu'à obtenir la consistance d'une purée.

> Mettez 4 cl de purée de fraise dans la flûte à champagne puis versez lentement le champagne dessus.

> Remuez légèrement à l'aide d'une cuillère à mélange pendant 2 ou 3 secondes. Servez aussitôt.

ROYAL HIGHBALL

Long drink à servir à tout moment

POUR 1 VERRE

12 cl de champagne brut frappé
10 à 12 fraises
2,5 cl de cognac
1 cl de sirop de sucre de canne
4 ou 5 glaçons

> Rincez les fraises à l'eau fraîche et gardez-en une demie pour la décoration. Passez les autres au mixeur jusqu'à obtenir la consistance d'une purée.

> Mettez les glaçons, le champagne, 4 cl de purée de fraise, le cognac et le sirop de sucre dans le verre highball.

> Remuez légèrement à l'aide d'une cuillère à mélange pendant 2 ou 3 secondes.

> Placez la demi-fraise dans le verre. Servez aussitôt.

Ce cocktail a été inventé en 1921 par Frank Meier pour l'ouverture du bar Cambon de l'hôtel Ritz à Paris.

POUR 1 VERRE

13 cl de champagne brut frappé
3 cl de vodka
1,5 cl de jus de citron pressé
1 cl de crème de cassis
0,5 cl de sirop de sucre de canne
1 rondelle de citron non traité
4 ou 5 glaçons

> Mettez les glaçons et les ingrédients (sauf la rondelle de citron) dans le verre highball.

> Remuez légèrement à l'aide d'une cuillère à mélange pendant 2 ou 3 secondes.

> Placez la rondelle de citron dans le verre. Servez aussitôt.

Variante : le French Spring Punch
En remplaçant la vodka par du cognac, on obtient un French Spring Punch, un long drink moins sec, idéal à tout

SARATOGA

Short drink à servir à tout moment

POUR 1 VERRE

7 cl de champagne brut frappé
3,5 cl de jus d'ananas (pur jus de fruits)
1 cl de cognac
0,5 cl de liqueur marasquin*
3 ou 4 gouttes d'orange* bitters

> Versez tous les ingrédients dans la flûte à champagne.

> Remuez légèrement à l'aide d'une cuillère à mélange pendant 2 ou 3 secondes. Servez aussitôt.

SERENDIPITI

Long drink à servir à tout moment

POUR 1 VERRE

15 cl de champagne brut frappé
1 brin de menthe fraîche
1 cl de calvados
2 cl de jus de pomme
(pur jus de fruits)
4 ou 5 glaçons

> Rincez le brin de menthe et placez-le dans le verre highball. Ajoutez le calvados et écrasez légèrement la menthe à l'aide d'un pilon.

> Ajoutez les glaçons, le champagne et le jus de pomme.

> Remuez légèrement à l'aide d'une cuillère à mélange pendant 2 ou 3 secondes. Servez aussitôt.

TROPICAL HIBISCUS

Short drink à servir à tout moment

POUR 1 VERRE

8 cl de champagne brut frappé
4 cl de jus de canneberge
(à base de jus de fruits concentré)

> Versez le champagne et le jus de canneberge dans la flûte à champagne.

> Remuez légèrement à l'aide d'une cuillère à mélange pendant 2 ou 3 secondes. Servez aussitôt.

VALENCIA

Short drink à servir à tout moment

POUR 1 VERRE

8 cl de champagne brut frappé
3 cl de jus d'orange pressée
1 cl de liqueur apricot* brandy

> Versez le champagne, le jus d'orange et la liqueur apricot brandy dans la flûte à champagne.

> Remuez légèrement à l'aide d'une cuillère à mélange pendant 2 ou 3 secondes. Servez aussitôt.

Variante : le Golden Screw
En remplaçant 1 cl de jus d'orange par 1 cl de cognac, on obtient un Golden Screw, un short drink moins sucré, idéal à tout moment.

BLACK PEARL

Short drink à servir en soirée

POUR 1 VERRE

9 cl de champagne brut frappé
1,5 cl de cognac
1,5 cl de liqueur de café

> Versez le champagne, le cognac et la liqueur de café dans la flûte à champagne.

> Remuez légèrement à l'aide d'une cuillère à mélange pendant 2 ou 3 secondes. Servez aussitôt.

BLACK VELVET

Short drink à servir à tout moment

POUR 1 VERRE

6 cl de champagne brut frappé
6 cl de bière brune irlandaise (Irish stout)

> Versez la bière brune dans la flûte à champagne, puis ajoutez lentement le champagne.

> Remuez légèrement à l'aide d'une cuillère à mélange pendant 2 ou 3 secondes. Servez aussitôt.

Lors de sa création dans les années 1880, ce cocktail s'appelait Champagne Velvet.

MIDNIGHT MOON

Short drink à servir en fin de soirée

POUR 1 VERRE

9 cl de champagne brut frappé
1 cl de cognac
1 cl de crème de cacao blanche
1 cl de liqueur amaretto*

> Versez les ingrédients dans la flûte à champagne.

> Remuez légèrement à l'aide d'une cuillère à mélange pendant 2 ou 3 secondes. Servez aussitôt.

à servir à tout moment

POUR 1 VERRE

9 cl de champagne brut frappé
1,5 cl de Campari
1,5 cl de liqueur Grand Marnier Cordon Rouge

> Versez le champagne, le Campari et le Grand Marnier dans la flûte à champagne.

> Remuez légèrement à l'aide d'une cuillère à mélange pendant 2 ou 3 secondes. Servez aussitôt.

OHIO

Short drink à servir à tout moment

POUR 1 VERRE

- 9 cl de champagne brut frappé
- 1,5 cl de rye whiskey
- 1 cl de vermouth rosso
- 0,5 cl de curaçao triple sec
- 3 ou 4 gouttes d'Angostura* bitters

> Versez les ingrédients dans la flûte à champagne.

> Remuez légèrement à l'aide d'une cuillère à mélange pendant 2 ou 3 secondes. Servez aussitôt.

PRINCE OF WALES

Short drink à servir en soirée

POUR 1 VERRE

9 cl de champagne brut frappé
1 morceau de sucre roux
3 ou 4 gouttes d'Angostura* bitters
1,5 cl de cognac
1,5 cl de curaçao triple sec

> Imbibez le sucre avec l'Angostura, puis placez-le dans la flûte à champagne.

> Versez le champagne, le cognac et le curaçao dans le verre.

> Remuez légèrement (sans toucher le morceau de sucre) à l'aide d'une cuillère à mélange pendant 2 ou 3 secondes. Servez aussitôt.

AUTRES ALCOOLS

ABSINTHE DRIP

Short drink à servir en apéritif

POUR 1 VERRE

2 cl de spiritueux aux plantes d'absinthe
1 morceau de sucre
10 cl d'eau minérale plate

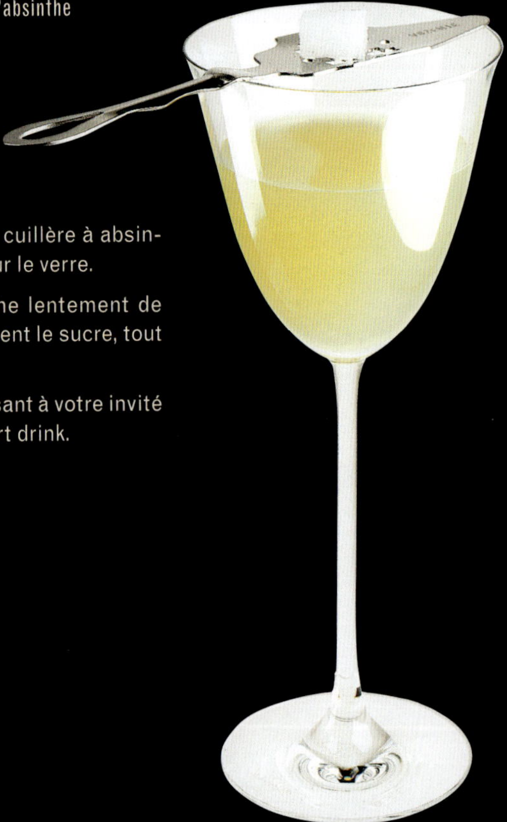

> Versez le spiritueux aux plantes d'absinthe dans le verre à vin.

> Mettez le sucre sur une cuillère à absinthe, puis placez celle-ci sur le verre.

> Versez l'eau très fraîche lentement de façon à dissoudre totalement le sucre, tout en remplissant le verre.

> Servez aussitôt, en laissant à votre invité le soin de remuer son short drink.

ABSINTHE VEILLEUSE

Short drink à servir en apéritif

POUR 1 VERRE

2 cl de spiritueux aux plantes d'absinthe
20 cl d'eau minérale plate
1 cl de sirop de sucre de canne
3 ou 4 glaçons

> Dans un premier verre rocks, mettez les glaçons et 10 cl d'eau plate bien fraîche.

> Dans un second verre rocks, versez le sirop de sucre et 10 cl d'eau plate bien fraîche. Ajoutez le spiritueux aux plantes d'absinthe à l'aide d'une cuillère à mélange pour que les liquides restent superposés (▷ p. 94).

> Flambez le spiritueux à l'aide d'un briquet ou d'une allumette. Au bout de 2 ou 3 secondes, posez une soustasse sur le verre pour éteindre la flamme.

> Videz les glaçons et l'eau contenus dans le premier verre rocks et transvasez-y le contenu du second verre rocks. Servez aussitôt.

ADONIS

Short drink à servir en apéritif

POUR 1 VERRE

4 cl de xérès* fino
3 cl de vermouth rosso
2 ou 3 gouttes d'orange* bitters
1 zeste d'orange non traitée
5 ou 6 glaçons

> Mettez les glaçons, le xérès, le vermouth et l'orange bitters dans le verre à mélange.

> Remuez à l'aide d'une cuillère à mélange pendant 8 à 10 secondes.

> Filtrez au-dessus du verre martini à l'aide d'une passoire à glaçons.

> Prélevez le zeste d'orange avec un couteau Économe. Pressez, au-dessus du verre, le zeste entre deux doigts pour extraire son essence, puis placez-le dans le verre. Servez aussitôt.

AMERICANO

Short drink à servir en apéritif

POUR 1 VERRE

3,5 cl de Campari
3,5 cl de vermouth rosso
1 zeste de citron non traité
3 ou 4 glaçons

> Mettez les glaçons, le Campari et le vermouth dans le verre rocks.

> Remuez à l'aide d'une cuillère à mélange pendant 8 à 10 secondes.

> Prélevez le zeste de citron avec un couteau Économe. Pressez, au-dessus du verre, le zeste entre deux doigts pour extraire son essence, puis placez-le dans le verre. Servez aussitôt.

Variante : le Veneziano
En préparant ce cocktail dans un verre highball et en ajoutant 12 cl de vin blanc, on obtient un Veneziano, un long drink moins amer, idéal au moment de l'apéritif.

BAMBOO

Short drink à servir en apéritif

POUR 1 VERRE

3,5 cl de vermouth dry
3,5 cl de xérès* fino
2 ou 3 gouttes d'orange* bitters
1 zeste d'orange non traitée
5 ou 6 glaçons

> Mettez les glaçons, le vermouth, le xérès, et les gouttes d'orange bitters dans le verre à mélange.

> Remuez à l'aide d'une cuillère à mélange pendant 8 à 10 secondes.

> Filtrez au-dessus du verre martini à l'aide d'une passoire à glaçons.

> Prélevez le zeste d'orange avec un couteau Économe. Pressez, au-dessus du verre, le zeste entre deux doigts pour extraire son essence, puis placez-le dans le verre. Servez aussitôt.

BRAZIL

Short drink à servir en apéritif

POUR 1 VERRE

3 cl de vermouth dry
3,5 cl de xérès
0,5 cl de spiritueux
aux plantes d'absinthe
1 zeste de citron non traité
5 ou 6 glaçons

> Mettez les glaçons et les ingrédients (sauf le citron) dans le verre à mélange.

> Remuez à l'aide d'une cuillère à mélange 8 à 10 secondes. Filtrez au-dessus du verre martini à l'aide d'une passoire à glaçons.

> Prélevez le zeste de citron avec un couteau Économe. Pressez, au-dessus du verre, le zeste entre deux doigts pour extraire son essence, puis placez-le dans le verre. Servez aussitôt.

KIR

Short drink à servir à tout moment

POUR 1 VERRE
10,5 cl de vin blanc
bourgogne aligoté
1,5 cl de crème de cassis

> Versez la crème de cassis et le vin blanc bien frais dans le verre à vin.

> Servez aussitôt.

Variante : le Communard
En remplaçant le vin blanc par du vin rouge côtes-du-rhône, on obtient un Communard, un short drink moins doux, idéal à tout moment.

NEGRONI

Short drink à servir en apéritif

POUR 1 VERRE

3 cl de Campari
3 cl de vermouth rosso
1 cl de gin
1 zeste de citron non traité
3 ou 4 glaçons

> Mettez les glaçons, le Campari, le vermouth et le gin dans le verre rocks.

> Remuez à l'aide d'une cuillère à mélange pendant 8 à 10 secondes.

> Prélevez le zeste de citron avec un couteau Économe. Pressez, au-dessus du verre, le zeste entre deux doigts pour extraire son essence, puis placez-le dans le verre. Servez aussitôt.

Variante : le Cardinale
En remplaçant le vermouth rosso par du vermouth dry, on obtient un Cardinale, un short drink plus sec, idéal en apéritif.

SPRITZER

Short drink à servir à tout moment

POUR 1 VERRE

6 cl de vin blanc allemand
(riesling de préférence)
6 cl d'eau gazeuse

> Versez le vin blanc et l'eau gazeuse très fraîche dans le verre à vin.

> Servez aussitôt.

Dans les années 1880, cette boisson était également connue sous le nom de Rhine Wine & Seltzer, notamment aux États-Unis.

TOMATE À L'ABSINTHE

Short drink à servir en apéritif

POUR 1 VERRE

2 cl de spiritueux aux plantes d'absinthe
7,5 cl d'eau minérale plate très fraîche
0,5 cl de sirop de grenadine

> Versez les ingrédients dans le verre rocks.

> Remuez à l'aide d'une cuillère à mélange pendant 8 à 10 secondes. Servez aussitôt.

Variante :
la Mauresque à l'absinthe
En remplaçant le sirop de grenadine par du sirop d'orgeat, on obtient une Mauresque à l'absinthe, un short drink au goût d'amande, idéal en apéritif.

VERMOUTH-CASSIS

Short drink à servir en apéritif

POUR 1 VERRE

5,5 cl de vermouth dry
1,5 cl de crème de cassis
1 zeste de citron non traité
3 ou 4 glaçons

> Mettez les glaçons, le vermouth et la crème de cassis dans le verre rocks.

> Remuez à l'aide d'une cuillère à mélange pendant 8 à 10 secondes.

> Prélevez le zeste de citron avec un couteau Économe. Pressez, au-dessus du verre, le zeste entre deux doigts pour extraire son essence, puis placez-le dans le verre. Servez aussitôt.

AMERICAN LEMONADE

Long drink à servir à tout moment

POUR 1 VERRE

5 cl de vin rouge (bordeaux)
3 cl de jus de citron pressé
12 cl d'eau minérale plate

> Versez le jus de citron puis l'eau minérale très fraîche dans le verre highball.

> Ajoutez lentement le vin rouge à l'aide d'une cuillère à mélange pour que les liquides restent superposés (▷ p. 94). Servez aussitôt en laissant à votre invité le soin de remuer son long drink.

APRICOT COOLER

Long drink à servir à tout moment

POUR 1 VERRE

3 cl de liqueur apricot* brandy
1,5 cl de jus de citron pressé
0,5 cl de sirop de grenadine
13 cl d'eau gazeuse
4 ou 5 glaçons

> Mettez les glaçons et les ingrédients dans le verre highball.

> Remuez à l'aide d'une cuillère à mélange pendant 8 à 10 secondes. Servez aussitôt.

BASIC

Long drink à servir à tout moment

POUR 1 VERRE

3 cl de crème de framboise
3 cl de jus de pamplemousse pressé
1,5 cl de jus de citron pressé
1,5 cl de sirop d'orgeat
9 cl de tonic* water
4 ou 5 glaçons

> Mettez les glaçons et les autres ingrédients dans le verre highball.

> Remuez à l'aide d'une cuillère à mélange pendant 8 à 10 secondes. Servez aussitôt.

BERRY SOUR

Short drink à servir à tout moment

POUR 1 VERRE

2,5 cl de crème de fraise
1 cl de crème de mûre
3,5 cl de jus de citron pressé
4 ou 5 glaçons

> Mettez les glaçons et les ingrédients dans la partie inférieure du shaker.

> Ajustez la partie supérieure du shaker et agitez vivement celui-ci pendant 8 à 10 secondes.

> Versez le contenu du shaker dans le verre rocks. Servez aussitôt.

CHERRY COOLER

Long drink à servir à tout moment

POUR 1 VERRE

2 cl de liqueur cherry* brandy
2 cl de liqueur marasquin*
2 cl de jus de citron pressé
12 cl d'eau minérale gazeuse
1 cerise au marasquin
1/2 rondelle de citron non traité
4 ou 5 glaçons

> Mettez les glaçons et les ingrédients (sauf la cerise et la demi-rondelle de citron) dans le verre highball.

> Remuez à l'aide d'une cuillère à mélange pendant 8 à 10 secondes.

> Placez la cerise et la demi-rondelle de citron dans le verre. Servez aussitôt.

POUR 1 VERRE

2 cl de vermouth rosso
2 cl de vermouth dry
2 cl de jus de citron pressé
1 cl de sirop de sucre de canne
11 cl de ginger* ale
1 quartier d'orange non traitée
4 ou 5 glaçons

> Mettez les glaçons et les ingrédients (sauf le quartier d'orange) dans le verre highball.

> Remuez à l'aide d'une cuillère à mélange pendant 8 à 10 secondes.

> Placez le quartier d'orange dans le verre. Servez aussitôt.

PIMM'S CUP

Long drink à servir à tout moment

POUR 1 VERRE

4 cl de Pimm's* n° 1
14 cl d'eau gazeuse
1 concombre
4 ou 5 glaçons

> Rincez le concombre à l'eau fraîche. Avec un couteau Économe, prélevez un morceau avec la peau ayant environ 1 cm d'épaisseur, 2 cm de largeur et 10 cm de longueur.

> Mettez les glaçons, le Pimm's et l'eau gazeuse dans le verre highball.

> Remuez à l'aide d'une cuillère à mélange pendant 8 à 10 secondes.

> Placez le morceau de concombre dans le verre. Servez aussitôt.

TAMPICO

Long drink à servir à tout moment

POUR 1 VERRE

2 cl de Campari
2 cl de curaçao triple sec
2 cl de jus de citron pressé
12 cl de tonic* water
1/2 rondelle d'orange non traitée
4 ou 5 glaçons

> Mettez les glaçons et les ingrédients (sauf la demi-rondelle d'orange) dans le verre highball.

> Remuez à l'aide d'une cuillère à mélange pendant 8 à 10 secondes.

> Placez la demi-rondelle d'orange dans le verre. Servez aussitôt.

FUZZY NAVEL

Long drink à servir à tout moment

POUR 1 VERRE

4 cl de liqueur melocoton*
14 cl de jus d'orange
(pur jus de fruits)
1 quartier d'orange non traitée
4 ou 5 glaçons

> Mettez les glaçons, la liqueur melocoton et le jus d'orange dans le verre highball.

> Remuez à l'aide d'une cuillère à mélange pendant 8 à 10 secondes.

> Faites une entaille dans le quartier d'orange pour le faire tenir sur le bord du verre. Servez aussitôt.

GARIBALDI

Long drink à servir à tout moment

POUR 1 VERRE

4 cl de Campari
14 cl de jus d'orange
(pur jus de fruits)
4 ou 5 glaçons

> Mettez les glaçons et le Campari dans le verre highball.

> Versez lentement le jus d'orange. Servez aussitôt, sans remuer.

Variante : le Bahamian

En remplaçant le jus d'orange par du jus d'ananas (pur jus de fruits), on obtient un Bahamian, un long drink plus doux, idéal à tout moment.

SANGRIA

Short drink à servir à tout moment

POUR 10 VERRES

75 cl de vin rouge espagnol (rioja)
6 cl de cognac
6 cl de curaçao triple sec
6 cl de jus d'orange pressée
6 morceaux de sucre
1 bâton de cannelle
25 cl d'eau gazeuse
10 rondelles de citron vert non traité
10 rondelles de citron non traité
10 rondelles d'orange non traitée
18 glaçons

> Mettez les ingrédients (sauf l'eau gazeuse et les rondelles de fruits) dans un saladier et remuez. Couvrez d'un film étirable et laissez au réfrigérateur pendant au moins 4 heures.

> Ajoutez les glaçons, l'eau gazeuse et les agrumes.

> Remuez et servez en mettant 1 ou 2 glaçons et 1 rondelle de chaque agrume dans chaque verre à vin.

La Sangria, dont les origines restent inconnues, est la boisson nationale de l'Espagne. Il en existe de nombreuses recettes.

SCARLETT O'HARA

Short drink à servir à tout moment

POUR 1 VERRE

3 cl de liqueur Southern* Comfort
3 cl de jus de canneberge
(à base de jus de fruits concentré)
1 cl de jus de citron vert pressé
5 ou 6 glaçons

> Mettez les glaçons et les ingrédients dans la partie inférieure d'un shaker.

> Ajustez la partie supérieure du shaker et agitez vivement celui-ci pendant 8 à 10 secondes.

> Filtrez au-dessus du verre martini à l'aide d'une passoire à glaçons. Servez aussitôt.

Variante : le Spitfire
En remplaçant le jus de canneberge par du jus d'orange et en ajoutant 2 ou 3 gouttes de spiritueux aux plantes d'absinthe, on obtient un Spitfire, un short drink plus anisé, idéal à tout moment.

TIGER TAIL

Short drink à servir à tout moment

POUR 1 VERRE
2 cl de Pernod
8 cl de jus d'orange
(pur jus de fruits)
3 ou 4 glaçons

> Mettez les glaçons et les ingrédients dans le verre rocks.

> Remuez à l'aide d'une cuillère à mélange pendant 8 à 10 secondes. Servez aussitôt.

Variante : le Boccie Ball
En remplaçant le Pernod par de la liqueur amaretto*, on obtient un Boccie Ball, un short drink au goût d'amande, idéal à tout moment.

B-52

Short drink à servir en soirée

POUR 1 VERRE

1 cl de liqueur de café
1 cl de liqueur Irish* cream
1 cl de liqueur Grand Marnier Cordon Rouge

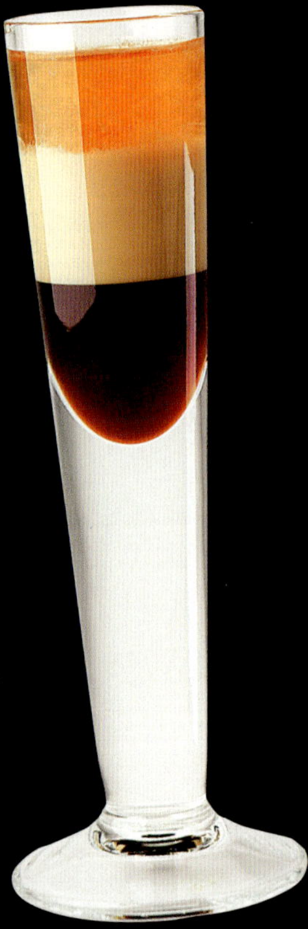

> Versez la liqueur de café dans le verre shot, puis superposez la liqueur Irish cream à l'aide d'une cuillère à mélange (▷ p. 94).

> Ajoutez ensuite la liqueur Grand Marnier de la même manière, pour que les liquides restent superposés. Servez aussitôt.

Variante : le B-55
En remplaçant la liqueur Grand Marnier par du spiritueux aux plantes d'absinthe, on obtient un B-55, un short drink au goût anisé, idéal en soirée.

FERRARI

Short drink à servir en digestif

POUR 1 VERRE

3,5 cl de vermouth dry
3,5 cl de liqueur amaretto*
3 ou 4 glaçons

> Mettez les glaçons, le vermouth et la liqueur amaretto dans le verre rocks.

> Remuez à l'aide d'une cuillère à mélange pendant 8 à 10 secondes. Servez aussitôt.

BANANA BANSHEE

Short drink à servir en digestif

POUR 1 VERRE

3 cl de crème de banane
2 cl de crème de cacao blanche
2 cl de crème liquide UHT
1 noix muscade
5 ou 6 glaçons

> Mettez les glaçons et les ingrédients (sauf la muscade) dans la partie inférieure du shaker.

> Ajustez la partie supérieure du shaker et agitez vivement celui-ci pendant 8 à 10 secondes.

> Filtrez au-dessus du verre martini à l'aide d'une passoire à glaçons.

> Râpez la noix muscade au-dessus de la boisson. Servez aussitôt.

DUSTY ROSE

Short drink à servir en digestif

POUR 1 VERRE

3 cl de liqueur cherry* brandy
2 cl de crème de cacao blanche
2 cl de crème liquide UHT
5 ou 6 glaçons

> Mettez les glaçons et les ingrédients dans la partie inférieure du shaker.

> Ajustez la partie supérieure du shaker et agitez vivement celui-ci pendant 8 à 10 secondes.

> Filtrez au-dessus du verre martini à l'aide d'une passoire à glaçons. Servez aussitôt.

GOLDEN CADILLAC

Short drink à servir en digestif

POUR 1 VERRE

2,5 cl de liqueur Galliano*
2,5 cl de crème de cacao blanche
2 cl de crème liquide UHT
1 carré de chocolat noir à 70 %
5 ou 6 glaçons

> Mettez les glaçons et les ingrédients (sauf le chocolat) dans la partie inférieure du shaker.

> Ajustez la partie supérieure du shaker et agitez vivement celui-ci pendant 8 à 10 secondes.

> Filtrez au-dessus du verre martini à l'aide d'une passoire à glaçons.

> Râpez le chocolat noir au-dessus de la boisson à l'aide d'une râpe à grille fine. Servez aussitôt.

GOLDEN DREAM

Short drink à servir en digestif

POUR 1 VERRE

2 cl de liqueur Galliano*
2 cl de jus d'orange pressée
1 cl de curaçao triple sec
2 cl de crème liquide UHT
5 ou 6 glaçons

> Mettez les glaçons et les ingrédients dans la partie inférieure du shaker.

> Ajustez la partie supérieure du shaker et agitez vivement celui-ci pendant 8 à 10 secondes.

> Filtrez au-dessus du verre martini à l'aide d'une passoire à glaçons. Servez aussitôt.

GRASSHOPPER

Short drink à servir en digestif

POUR 1 VERRE

2 cl de crème de menthe verte
2 cl de crème de cacao blanche
3 cl de crème liquide UHT
5 ou 6 glaçons

> Mettez les glaçons et les ingrédients dans la partie inférieure du shaker.

> Ajustez la partie supérieure du shaker et agitez vivement celui-ci pendant 8 à 10 secondes.

> Filtrez au-dessus du verre martini à l'aide d'une passoire à glaçons. Servez aussitôt.

HOT SHOT

Short drink à servir à tout moment

POUR 1 VERRE

1 cl de liqueur Galliano*
3 cl de crème liquide UHT
1 cl de café expresso chaud

> Dans un bol, battez la crème à l'aide d'une fourchette, jusqu'à ce qu'elle atteigne une consistance onctueuse.

> Versez la liqueur Galliano et le café chaud dans le verre shot.

> Nappez la boisson avec 1 cl de crème battue. Servez aussitôt.

VIN CHAUD

Short drink à servir à tout moment

POUR 7 VERRES

5 cl de vin rouge (1 bouteille)
/2 orange non traitée
/2 citron non traité
5 cl d'eau minérale plate
0 cl de sirop de sucre
e canne
bâtons de cannelle
cuill. à mélange de clous
e girofle

> Découpez la demi-orange
et le demi-citron en rondelles.

> Mettez tous les ingrédients dans une
casserole et laissez macérer 1/2 heure hors
du feu.

> Chauffez à feux doux en remuant, jusqu'à
l'apparition de frémissements, en veillant à
ne pas laisser le liquide entrer pleinement
en ébullition.

> Répartissez le vin chaud entre les ver-
res toddy à l'aide d'une louche. Servez
aussitôt.

SANS ALCOOL

APPLE PILAR

Long drink à servir à tout moment

POUR 1 VERRE

6 cl de jus de pomme
(pur jus de fruits)
1 brin de menthe
1 cl de sirop de sucre de canne
11 cl de ginger* ale
4 ou 5 glaçons

> Rincez le brin de menthe. Placez-le dans le verre highball.

> Mettez les glaçons et les autres ingrédients dans le verre.

> Écrasez la menthe légèrement avec un pilon et remuez à l'aide d'une cuillère à mélange pendant 8 à 10 secondes. Servez aussitôt.

Cette recette a été créée en 1994 par Colin Field au bar Hemingway de l'hôtel Ritz à Paris. Il baptisa son cocktail en référence à un bâteau de pêche qu'Ernest Hemingway affectionnait particulièrement et qui porte le nom de Pilar. Celui-ci est exposé dans la maison de l'écrivain qui est devenue un musée, à San Francisco de Paula à Cuba.

APPLE SPARKLE

Short drink à servir à tout moment

POUR 1 VERRE

6 cl de jus de pomme (pur jus de fruits)
3,5 cl de lemon*-lime soda
0,5 cl de sirop de framboise
3 ou 4 glaçons

> Mettez les glaçons et les ingrédients dans le verre rocks.

> Remuez à l'aide d'une cuillère à mélange pendant 8 à 10 secondes. Servez aussitôt.

ASIAN PASSION

Short drink à servir à tout moment

POUR 1 VERRE

3 cl de jus de litchi
(à base de jus de fruits concentré)
3 cl de jus de fruit de la Passion
(à base de jus de fruits concentré)
4 cl de ginger* ale
3 ou 4 glaçons

> Mettez les glaçons et les ingrédients dans le verre rocks.

> Remuez à l'aide d'une cuillère à mélange pendant 8 à 10 secondes. Servez aussitôt.

BORA BORA BREW

Long drink à servir à tout moment

POUR 1 VERRE

12 cl de jus d'ananas (pur jus de fruits)
1 tranche d'ananas d'environ 1 cm d'épaisseur
5 cl de ginger* ale
1 cl de sirop de grenadine
4 ou 5 glaçons

> Coupez un morceau triangulaire dans la tranche d'ananas, sans retirer l'écorce.

> Mettez les glaçons et les autres ingrédients dans le verre highball.

> Remuez à l'aide d'une cuillère à mélange pendant 8 à 10 secondes.

> Faites une entaille dans le morceau d'ananas pour le faire tenir sur le bord du verre. Servez aussitôt.

4 cl de jus d'orange pressée
1 cl de sirop de sucre de canne
13 cl de ginger* ale
1 rondelle d'orange non traitée
4 ou 5 glaçons

> Mettez les glaçons, le jus d'orange, le sirop de sucre et le ginger ale dans le verre highball.

> Remuez à l'aide d'une cuillère à mélange pendant 8 à 10 secondes.

> Placez la rondelle d'orange dans le verre. Servez aussitôt.

Le Bull's Eye, qui date de la fin du XIXe siècle, est l'une des plus anciennes recettes de cocktail sans alcool.

FLORIDA

Long drink à servir à tout moment

POUR 1 VERRE

6 cl de jus d'orange
(pur jus de fruits)
4 cl de jus de pamplemousse pressé
4 cl d'eau gazeuse
2 cl de sirop de sucre de canne
2 cl de jus de citron pressé
4 ou 5 glaçons

> Mettez les glaçons et les ingrédients dans le verre highball.

> Remuez à l'aide d'une cuillère à mélange pendant 8 à 10 secondes. Servez aussitôt.

Ce cocktail sans alcool était très populaire au début des années vingt à Londres.

GRAPEFRUIT COOLER

Long drink à servir à tout moment

POUR 1 VERRE

8 cl de jus de pamplemousse (pur jus de fruits)
8 cl d'eau gazeuse
2 cl de sirop de grenadine
4 ou 5 glaçons

> Mettez les glaçons et les ingrédients dans le verre highball.

> Servez aussitôt sans remuer.

ICED TEA

Long drink à servir à tout moment

POUR 1 VERRE

15,5 cl de thé de Ceylan
1,5 cl de jus de citron pressé
1 cl de sirop de sucre de canne
1 rondelle de citron non traité
4 ou 5 glaçons

> Préparez le thé, filtrez-le et laissez-le refroidir.

> Mettez les glaçons, le thé, le jus de citron et le sirop de sucre dans la partie inférieure du shaker.

> Ajustez la partie supérieure du shaker et agitez vivement celui-ci pendant 8 à 10 secondes.

> Versez le contenu du shaker dans le verre highball.

> Placez la rondelle de citron dans le verre. Servez aussitôt.

LEMONADE

Long drink à servir à tout moment

POUR 1 VERRE

2 cl de jus de citron pressé
1 cl de sirop de sucre de canne
15 cl d'eau minérale plate
1/2 rondelle de citron non traité
4 ou 5 glaçons

> Mettez les glaçons, le jus de citron, le sirop de sucre et l'eau dans le verre highball.

> Remuez à l'aide d'une cuillère à mélange pendant 8 à 10 secondes.

> Placez la demi-rondelle de citron dans le verre. Servez aussitôt.

MANGO SPARKLE

Short drink à servir à tout moment

POUR 1 VERRE

5 cl de jus de mangue
(à base de jus de fruits concentré)
2 cl de jus de pomme (pur jus de fruits)
3 cl de lemon*-lime soda
1 rondelle de citron vert non traité
3 ou 4 glaçons

> Mettez les glaçons, le jus de mangue, le jus de pomme et le lemon-lime soda dans le verre rocks.

> Remuez à l'aide d'une cuillère à mélange pendant 8 à 10 secondes.

> Placez la rondelle de citron vert dans le verre. Servez aussitôt.

PASSION COOLER

Long drink à servir à tout moment

POUR 1 VERRE

10 cl de jus de fruit de la Passion (à base de jus de fruits concentré)
6 cl de lemon*-lime soda
2 cl de jus de citron pressé
4 ou 5 glaçons

> Mettez les glaçons et les ingrédients dans le verre highball.

> Remuez à l'aide d'une cuillère à mélange pendant 8 à 10 secondes. Servez aussitôt.

PLANTER'S PUNCHLESS

Long drink à servir à tout moment

POUR 1 VERRE

4 cl de jus de pomme (pur jus de fruits)
2 cl de jus de citron vert pressé
1 cl de sirop de grenadine
12 cl de lemon*-lime soda
1/8 de citron vert non traité
4 ou 5 glaçons

> Mettez les glaçons et les ingrédients (sauf le citron vert) dans le verre highball.

> Remuez à l'aide d'une cuillère à mélange pendant 8 à 10 secondes.

> Placez, sans le presser, le quartier de citron vert dans le verre. Servez aussitôt.

POUR 1 VERRE

11 cl de jus de litchi
(à base de jus de fruits concentré)
5,5 cl d'eau gazeuse
1,5 cl de sirop de framboise
1 rondelle de citron vert non traité
4 ou 5 glaçons pilés (▷ p. 96)

> Mettez les glaçons pilés, le jus de litchi, l'eau et le sirop de framboise dans le verre highball.

> Remuez à l'aide d'une cuillère à mélange pendant 8 à 10 secondes.

> Ajoutez la rondelle de citron vert. Servez aussitôt.

RASPBERRY SQUASH

Short drink à servir à tout moment

POUR 1 VERRE

2 cl de jus de citron pressé
7 cl d'eau gazeuse
1 cl de sirop de framboise
1 rondelle de citron non traité
3 ou 4 glaçons

> Mettez les glaçons, le jus de citron, l'eau et le sirop de framboise dans le verre rocks.

> Remuez à l'aide d'une cuillère à mélange pendant 8 à 10 secondes.

> Placez la rondelle de citron dans le verre. Servez aussitôt.

Variante : le Lemon Squash
En remplaçant le sirop de framboise par du sirop de sucre, on obtient un Lemon Squash, un short drink au goût de citron plus prononcé, idéal à tout moment. Ce short drink était l'un des cocktails sans alcool les plus populaires à la fin du XIXe siècle.

SHIRLEY TEMPLE

Long drink à servir à tout moment

POUR 1 VERRE

8 cl de ginger* ale
8 cl de lemon*-lime soda
1 cl de sirop de grenadine
1/8 de citron vert non traité
4 ou 5 glaçons

> Mettez les glaçons, le ginger ale, le lemon-lime soda et le sirop de grenadine dans le verre highball.

> Remuez à l'aide d'une cuillère à mélange pendant 8 à 10 secondes.

> Pressez le quartier de citron vert au-dessus et placez-le dans le verre. Servez aussitôt.

SOUTHSIDE COOLER

Long drink à servir à tout moment

POUR 1 VERRE

2 cl de jus de citron vert pressé
3 ou 4 feuilles de menthe
1 brin de menthe
1 cl de sirop de sucre de canne
15 cl d'eau gazeuse
1/2 rondelle de citron vert non traité
8 ou 10 glaçons

> Rincez toute la menthe à l'eau fraîche. Mettez 5 ou 6 glaçons, les feuilles de menthe, le jus de citron vert et le sirop de sucre dans la partie inférieure du shaker.

> Ajustez la partie supérieure du shaker et agitez vivement celui-ci pendant 8 à 10 secondes.

> Mettez 3 ou 4 glaçons dans le verre highball, puis filtrez le contenu du shaker au-dessus du verre à l'aide d'une passoire à glaçons et d'une passoire à pulpe.

> Ajoutez l'eau gazeuse. Placez la demi-rondelle de citron vert et le brin de menthe dans le verre. Servez aussitôt.

STRAWBERRY COOLER

Long drink à servir à tout moment

POUR 1 VERRE

1,5 cl de jus de citron pressé
4 fraises
1 cl de sirop de sucre de canne
10 cl d'eau gazeuse
4 ou 5 glaçons

> Rincez les fraises à l'eau fraîche et gardez le quart d'un fruit pour le décor.

> Écrasez les autres à l'aide d'un pilon pour obtenir la consistance d'une purée.

> Mettez les glaçons, le jus de citron, le sirop de sucre de canne et la purée de fraise dans la partie inférieure du shaker.

> Ajustez la partie supérieure du shaker et agitez vivement celui-ci pendant 8 à 10 secondes.

> Versez le contenu du shaker dans le verre highball. Ajoutez l'eau gazeuse et le quart de fraise. Servez aussitôt.

BABY BREEZE

Long drink à servir à tout moment

POUR 1 VERRE

10 cl de pur jus d'ananas
(pur jus de fruits)
1 tranche d'ananas
d'environ 1 cm d'épaisseur
7 cl de jus de canneberge
(à base de jus de fruits concentré)
1 cl de jus de citron vert pressé
4 ou 5 glaçons

> Coupez un morceau triangulaire dans la tranche d'ananas, sans retirer l'écorce.

> Mettez les glaçons et les autres ingrédients dans la partie inférieure du shaker.

> Ajustez la partie supérieure du shaker et agitez vivement celui-ci pendant 8 à 10 secondes.

> Versez le contenu du shaker dans le verre highball.

> Faites une entaille dans le morceau d'ananas pour le faire tenir sur le bord du verre. Servez aussitôt.

BANANA JUICER

Long drink à servir à tout moment

POUR 1 VERRE

10 cl de nectar de banane
8 cl de jus de pomme
(pur jus de fruits)
1 cl de jus de citron vert pressé
4 ou 5 glaçons

> Mettez les glaçons et les ingrédients dans la partie inférieure du shaker.

> Ajustez la partie supérieure du shaker et agitez vivement celui-ci pendant 8 à 10 secondes.

> Versez le contenu du shaker dans le verre highball. Servez aussitôt.

CALIFORNIA SMOOTHIE

Long drink à servir à tout moment

POUR 1 VERRE

11 cl de jus d'orange (pur jus de fruits)
4 fraises
1 cl de sirop de sucre de canne
3 ou 4 glaçons pilés (▷ p. 96)

> Rincez les fraises à l'eau fraîche.

> Mettez les glaçons pilés et les autres ingrédients dans le mixeur.

> Mixez en réglant sur vitesse lente pendant 20 à 30 secondes.

> Versez le contenu du mixeur dans le verre highball. Servez aussitôt.

CINDERELLA

Short drink à servir à tout moment

POUR 1 VERRE

5 cl de jus d'orange (pur jus de fruits)
5 cl de jus d'ananas (pur jus de fruits)
2 cl de jus de citron pressé
3 ou 4 glaçons

> Mettez les glaçons et les ingrédients dans la partie inférieure du shaker.

> Ajustez la partie supérieure du shaker et agitez vivement celui-ci pendant 8 à 10 secondes.

> Versez le contenu du shaker dans le verre rocks. Servez aussitôt.

CRANBERRY COLADA

Long drink à servir à tout moment

POUR 1 VERRE

14 cl de jus de canneberge
(à base de jus de fruits concentré)
8 cuill. à mélange de crème
de coco (en conserve)
4 ou 5 glaçons

> Mettez les glaçons, le jus de canneberge et la crème de coco dans la partie inférieure du shaker.

> Ajustez la partie supérieure du shaker et agitez vivement celui-ci pendant 8 à 10 secondes.

> Versez le contenu du shaker dans le verre highball. Servez aussitôt.

CRAZY NAVEL

Long drink à servir à tout moment

POUR 1 VERRE

10 cl de jus d'orange (pur jus de fruits)
7 cl de nectar de pêche
1 cl de sirop de grenadine
1 quartier d'orange non traitée
4 ou 5 glaçons

\> Mettez les glaçons, le jus d'orange, le nectar de pêche et le sirop de grenadine dans la partie inférieure du shaker.

\> Ajustez la partie supérieure du shaker et agitez vivement celui-ci pendant 8 à 10 secondes.

\> Versez le contenu du shaker dans le verre highball.

\> Placez le quartier d'orange dans le verre. Servez aussitôt.

GENTLE BREEZE

Long drink à servir à tout moment

POUR 1 VERRE

10 cl de jus de pamplemousse (pur jus de fruits)
7 cl de jus de canneberge (à base de jus de fruits concentré)
1 cl de jus de citron vert pressé
1 rondelle de citron vert non traité
4 ou 5 glaçons

> Mettez les glaçons, le jus de pamplemousse, le jus de canneberge et le jus de citron dans la partie inférieure du shaker.

> Ajustez la partie supérieure du shaker et agitez vivement celui-ci pendant 8 à 10 secondes.

> Versez le contenu du shaker dans le verre highball.

> Placez la rondelle de citron dans le verre. Servez aussitôt.

MADRAS SPECIAL

Long drink à servir à tout moment

POUR 1 VERRE

10 cl de jus d'orange (pur jus de fruits)
7 cl de jus de canneberge
(à base de jus de fruits concentré)
1 cl de jus de citron pressé
1 rondelle d'orange non traitée
4 ou 5 glaçons

> Mettez les glaçons, le jus d'orange, le jus de canneberge et le jus de citron dans la partie inférieure du shaker.

> Ajustez la partie supérieure du shaker et agitez vivement celui-ci pendant 8 à 10 secondes.

> Versez le contenu du shaker dans le verre highball.

> Placez la rondelle d'orange dans le verre. Servez aussitôt.

MANGO BREEZE

Long drink à servir à tout moment

POUR 1 VERRE

13 cl de jus de mangue
(à base de jus de fruits concentré)
4 cl de jus de canneberge
(à base de jus de fruits concentré)
1 cl de jus de citron vert pressé
4 ou 5 glaçons

> Mettez les glaçons, le jus de mangue, le jus de canneberge et le jus de citron dans la partie inférieure du shaker.

> Ajustez la partie supérieure du shaker et agitez vivement celui-ci pendant 8 à 10 secondes.

> Versez le contenu du shaker dans le verre highball. Servez aussitôt.

MY SKY

Short drink à servir à tout moment

POUR 1 VERRE

cl de jus de pomme (pur jus de fruits)
pomme rouge
cl de jus de citron vert pressé
cl de sirop d'orgeat
ou 4 glaçons

> Rincez la pomme. Coupez-en un quart, sur lequel vous prélèverez fines tranches.

> Mettez les glaçons, le jus de pomme, le jus de citron et le sirop d'orgeat dans la partie nférieure du shaker.

> Ajustez la partie supérieure du shaker et agitez ivement celui-ci pendant 8 à 0 secondes.

> Versez le contenu du shaker dans le verre rocks.

> Placez les fines tranches de pomme dans le verre. Servez aussitôt.

PAIN CUTTER

Long drink à servir à tout moment

POUR 1 VERRE

7 cl de jus d'orange (pur jus de fruits)
7 cl de jus d'ananas (pur jus de fruits)
8 cuill. à mélange de crème de coco (en conserve)
1 tranche d'ananas de 0,5 cm d'épaisseur environ
4 ou 5 glaçons

> Mettez les glaçons, le jus d'orange, le jus d'ananas et la crème de coco dans la partie inférieure du shaker.

> Ajustez la partie supérieure du shaker et agitez vivement celui-ci pendant 8 à 10 secondes.

> Versez le contenu du shaker dans le verre highball.

> Placez la tranche d'ananas dans le verre. Servez aussitôt.

PASSION BREEZE

Long drink à servir à tout moment

POUR 1 VERRE

6 cl de jus d'orange
(pur jus de fruits)
6 cl de jus de fruit de la Passion
(à base de jus de fruits concentré)
6 cl de jus de canneberge (à base
de jus de fruits concentré)
4 ou 5 glaçons

> Mettez les glaçons et les ingrédients dans la partie inférieure du shaker.

> Ajustez la partie supérieure du shaker et agitez vivement celui-ci pendant 8 à 10 secondes.

> Versez le contenu du shaker dans le verre highball. Servez aussitôt.

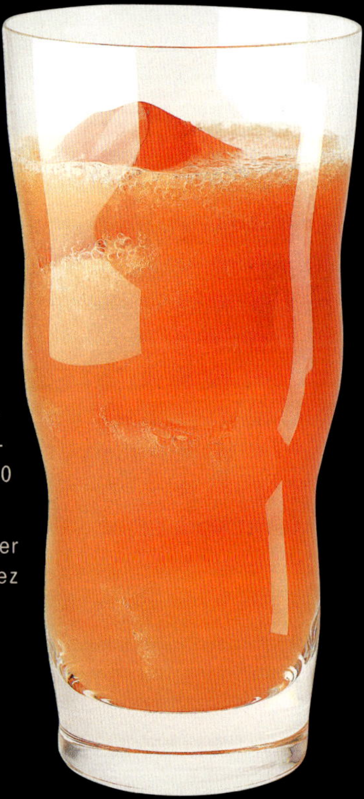

PINK BANANA

Short drink à servir à tout moment

POUR 1 VERRE

8 cl de nectar de banane
3 cl de jus d'orange pressée
1 cl de sirop de grenadine
3 ou 4 glaçons

> Mettez les glaçons et les ingrédients dans la partie inférieure du shaker.

> Ajustez la partie supérieure du shaker et agitez vivement celui-ci pendant 8 à 10 secondes.

> Versez le contenu du shaker dans le verre rocks. Servez aussitôt.

Long drink à servir à tout moment

POUR 1 VERRE

14 cl de jus d'ananas
(pur jus de fruits)
8 cuill. à mélange de crème
de coco (en conserve)
1/4 de tranche d'ananas d'environ
0,5 cm d'épaisseur
4 ou 5 glaçons

> Mettez les glaçons et les ingrédients dans la partie inférieure du shaker.

> Ajustez la partie supérieure du shaker et agitez vivement celui-ci pendant 8 à 10 secondes.

> Versez le contenu du shaker dans le verre highball.

> Placez le morceau d'ananas dans le verre. Servez aussitôt.

YELLOW BEAR

Short drink à servir à tout moment

POUR 1 VERRE

7 cl de jus de fruit de la Passion
(à base de jus de fruits concentré)
2 cl de jus de citron pressé
1 cl de sirop lime* cordial
3 ou 4 glaçons

> Mettez les glaçons et les ingrédients dans la partie inférieure du shaker.

> Ajustez la partie supérieure du shaker et agitez vivement celui-ci pendant 8 à 10 secondes.

> Versez le contenu du shaker dans le verre rocks. Servez aussitôt.

BUNNY SHAME

Long drink à servir à tout moment

POUR 1 VERRE

16 cl de jus de carotte (pur jus)
1 cl de jus de citron pressé
0,5 cl de Worcestershire* sauce
3 ou 4 gouttes de sauce Tabasco rouge
1 pincée de sel de céleri
1 pincée de poivre noir
5 ou 6 glaçons

> Mettez les glaçons et les ingrédients dans le verre à mélange.

> Remuez à l'aide d'une cuillère à mélange pendant 8 à 10 secondes.

> Filtrez au-dessus du verre highball à l'aide d'une passoire à glaçons. Servez aussitôt.

Ce long drink sera apprécié par les amateurs de cocktails épicés.

CUCUMBER COOLER

Long drink à servir à tout moment

POUR 2 VERRES

4 cl de jus de citron vert pressé
1/2 concombre
2 cl de sirop de sucre de canne
20 cl d'eau gazeuse
8 à 10 glaçons

> Rincez le demi-concombre à l'eau fraîche et coupez-le en morceaux.

> Mettez le jus de citron vert, le sirop de sucre de canne et les morceaux de concombre dans le mixeur.

> Mixez en réglant sur vitesse lente pendant 5 à 10 secondes puis sur vitesse rapide 15 à 30 secondes.

> Mettez les glaçons dans les 2 verres highball.

> Répartissez le contenu du mixeur dans les verres. Ajoutez l'eau gazeuse. Remuez et servez aussitôt.

HOLY MARY

Long drink à servir à tout moment

POUR 1 VERRE

16 cl de jus de tomate (pur jus)
0,5 cl de jus de citron pressé
0,5 cl de Worcestershire* sauce
3 ou 4 gouttes de sauce
Tabasco rouge
1 pincée de sel de céleri
1 pincée de poivre noir
5 ou 6 glaçons

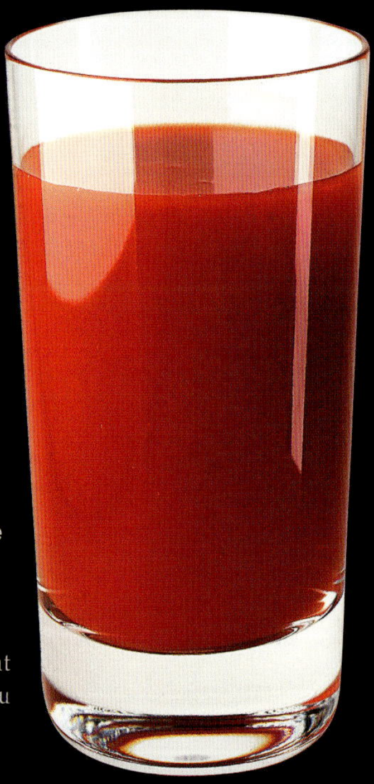

> Mettez les glaçons et les ingrédients dans le verre à mélange.

> Remuez à l'aide d'une cuillère à mélange pendant 8 à 10 secondes.

> Filtrez au-dessus du verre highball à l'aide d'une passoire à glaçons. Servez aussitôt.

Ce cocktail est également appelé Virgin Mary ou Bloody Shame.

RABBIT COOLER

Long drink à servir à tout moment

POUR 1 VERRE

11 cl de jus de carotte (pur jus)
6 cl d'eau gazeuse
1 cl de jus de citron vert pressé
1 zeste de citron vert non traité
4 ou 5 glaçons

> Mettez les glaçons, le jus de carotte, l'eau et le jus de citron dans le verre highball.

> Remuez à l'aide d'une cuillère à mélange pendant 8 à 10 secondes.

> Prélevez un long zeste de citron vert avec un couteau Économe. Pressez-le au-dessus du verre pour extraire son essence et placez-le dans le verre. Servez aussitôt.

RABBIT SUNRISE

Long drink à servir à tout moment

POUR 1 VERRE

12 cl de jus de carotte (pur jus)
4,5 cl de jus d'orange pressée
0,5 cl de jus de citron pressé
1 cl de sirop de grenadine
1 rondelle de citron
4 ou 5 glaçons

> Mettez les glaçons, le jus de carotte, le jus d'orange et le jus de citron dans le verre highball.

> Remuez à l'aide d'une cuillère à mélange pendant 8 à 10 secondes.

> Versez lentement le sirop de grenadine au centre du verre.

> Placez la rondelle de citron dans le verre. Servez aussitôt.

TOMATO & CUCUMBER SPARKLE

Long drink à servir à tout moment

POUR 2 VERRES

1/2 concombre
6 cl de jus de tomate (pur jus)
2 cl de sirop de sucre de canne
2 cl de jus de citron pressé
16 cl d'eau gazeuse
8 à 10 glaçons

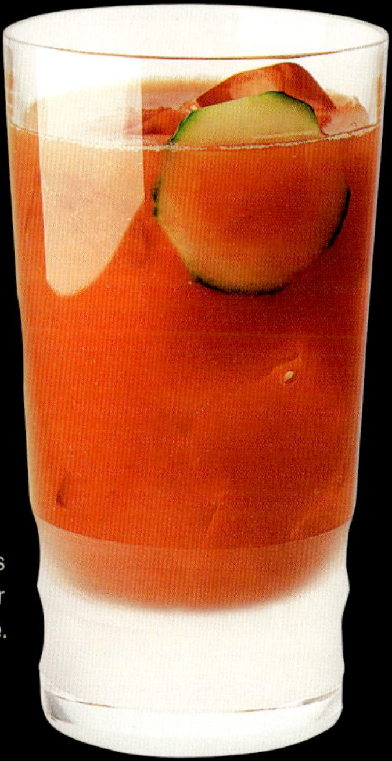

> Rincez le demi-concombre à l'eau fraîche et coupez-le en morceaux.

> Mettez le jus de tomate, le sirop de sucre, le jus de citron et les morceaux de concombre dans le mixeur.

> Mixez en réglant sur vitesse lente pendant 5 à 10 secondes puis sur vitesse rapide 15 à 30 secondes.

> Mettez les glaçons dans les 2 verres highball. Versez le contenu du mixeur dans les verres. Ajoutez l'eau gazeuse. Remuez et servez aussitôt.

GOLDEN SCREAM

Short drink à servir en digestif

POUR 1 VERRE

4 cl de jus d'ananas
(pur jus de fruits)
2 cl de crème liquide UHT
1 cl de sirop de sucre de canne
5 ou 6 glaçons

> Mettez les glaçons et les ingrédients dans la partie inférieure du shaker.

> Ajustez la partie supérieure du shaker et agitez vivement celui-ci pendant 8 à 10 secondes.

> Filtrez au-dessus du verre martini à l'aide d'une passoire à glaçons. Servez aussitôt.

MILKY MANGO

Long drink à servir à tout moment

POUR 1 VERRE

7 cl de nectar de mangue
10 cl de lait entier UHT
1 cl de sirop de framboise
5 ou 6 glaçons

> Mettez les glaçons et les ingrédients dans la partie inférieure du shaker.

> Ajustez la partie supérieure du shaker et agitez vivement celui-ci pendant 8 à 10 secondes.

> Filtrez au-dessus du verre highball à l'aide d'une passoire à glaçons. Servez aussitôt.

PARISETTE

Short drink à servir à tout moment

POUR 1 VERRE

1 cl de sirop de grenadine
20 cl de lait entier UHT
3 ou 4 glaçons

> Mettez les glaçons, le sirop de grenadine et le lait dans le verre highball.

> Remuez à l'aide d'une cuillère à mélange pendant 4 ou 5 secondes. Servez aussitôt.

PARSON'S SPECIAL

Long drink à servir à tout moment

POUR 1 VERRE

3,5 cl de jus d'orange (pur jus de fruits)
1,5 cl de jus de citron pressé
1 cl de sirop de grenadine
1 jaune d'œuf
5 cl d'eau gazeuse
1 rondelle d'orange non traitée
1 rondelle de citron non traité
4 ou 5 glaçons

> Mettez les glaçons, le jus d'orange, le jus de citron, le sirop de grenadine et le jaune d'œuf, dans la partie inférieure du shaker.

> Ajustez la partie supérieure du shaker et agitez vivement celui-ci pendant 8 à 10 secondes.

> Versez le contenu du shaker dans le verre highball. Ajoutez l'eau gazeuse et remuez.

> Placez les rondelles d'orange et de citron dans le verre. Servez aussitôt.

PINK PINEAPPLE

Long drink à servir à tout moment

POUR 1 VERRE

10 cl de jus d'ananas
(pur jus de fruits)
4 cl d'eau gazeuse
1,5 cl de jus de citron pressé
1,5 cl de blanc d'œuf
1 cl de sirop de grenadine
4 ou 5 glaçons

> Mettez les glaçons et les ingrédients dans la partie inférieure du shaker.

> Ajustez la partie supérieure du shaker et agitez vivement celui-ci pendant 8 à 10 secondes.

> Versez le contenu du shaker dans le verre highball. Servez aussitôt.

L'utilisation du shaker mais surtout l'ajout d'un peu de blanc d'œuf permet de donner un aspect bien mousseux à ce long drink.

PRAIRIE OYSTER

Short drink à servir à tout moment

POUR 1 VERRE

1 jaune d'œuf
0,5 cl de Worcestershire* sauce
0,5 cl de vinaigre
2 cuill. à mélange de ketchup
3 ou 4 gouttes de sauce Tabasco rouge
1 pincée de poivre noir

> Mettez les ingrédients dans le verre rocks.

> Servez aussitôt sans remuer.

PUSSY FOOT

Long drink à servir à tout moment

POUR 1 VERRE

13 cl de jus d'orange (pur jus de fruits)
1 cl de sirop de grenadine
1 cl de jus de citron pressé
1 cl de jus de citron vert pressé
1 jaune d'œuf
4 ou 5 glaçons

> Mettez les glaçons et les ingrédients dans la partie inférieure du shaker.

> Ajustez la partie supérieure du shaker et agitez vivement celui-ci pendant 8 à 10 secondes.

> Versez le contenu du shaker dans le verre highball. Servez aussitôt.

VANILLA MILKSHAKE

Long drink à servir à tout moment

POUR 1 VERRE

8 cl de glace à la vanille
(2 boules de glace)
10 cl de lait entier UHT
1 gousse de vanille

> Mettez la glace à la vanille et le lait dans le mixeur. Mixez en réglant sur vitesse lente pendant 15 à 20 secondes.

> Versez le contenu du mixeur dans le verre highball. Placez la gousse de vanille dans le verre. Servez aussitôt.

Variante :
le Strawberry Milkshake
En remplaçant la glace à la vanille par de la glace à la fraise, on obtient un Strawberry Milkshake, un long drink plus fruité, idéal à tout moment.

Pour en savoir plus...

L'ÉLABORATION DES BOISSONS ALCOOLISÉES ET DES JUS DE FRUITS

> Eaux-de-vie et élixirs dans l'histoire

Les alcools ont fait une entrée tardive dans l'histoire. Si les civilisations anciennes savaient faire du vin et de la bière, et en faisaient bon usage, les procédés rudimentaires de distillation étaient destinés à la seule extraction des arômes de plantes et de fleurs.

Au Moyen Âge, les alchimistes chauffaient en secret leurs cornues dans l'espoir de découvrir l'élixir de longue vie ; leurs travaux ont aidé à la découverte de nouveaux alcools. En 1309, Arnaud de Villeneuve, dans son ouvrage *De conservanda juventute,* dédié au roi Robert de Naples, parle d'une « eau-de-vie » qu'il a élaborée en distillant du vin. Son élève Raymond Lulle révèle comment séparer la partie aqueuse du mélange afin d'obtenir un esprit ardent ; dans l'un de ses ouvrages, il cite une eau-de-vie sous le nom de *quinta essentia* qui donnera plus tard le mot « quintessence ».

Les eaux-de-vie et les élixirs, élaborés patiemment dans les monastères ou préparés par les apothicaires pour un usage essentiellement médicinal, se répandent à travers l'Europe.

Les techniques de la distillation sont largement pratiquées, notamment par les Hollandais, mais progressent peu au cours des siècles. En France, à la fin du XVIIIe siècle, les chimistes Antoine Baumé, puis Jean Antoine Chaptal et Antoine Augustin Parmentier déposent les premiers brevets d'un alambic simple, dit « à repasse » : il faut, en effet, faire passer le liquide plusieurs fois pour obtenir un degré d'alcool élevé. En 1801, un chimiste de Montpellier, Édouard Adam, invente un nouvel appareil, précurseur de l'« alambic à colonne», ou « colonne à distiller ». On peut désormais obtenir un alcool à haut degré (jusqu'à 90 % Vol.) en une seule distillation. Diverses améliorations mèneront aux installations industrielles à colonnes multiples.

Dans le courant du XIXe siècle, les connaissances techniques des producteurs s'accroissent et la qualité des eaux-de-vie s'améliore à grands pas. De nombreux civils consomment de l'alcool, souvent pour oublier leur quotidien. L'alcool titre alors 50 % Vol. en moyenne (contre 40 % Vol. en moyenne de nos jours).

Rapidement, de nombreux pays sont confrontés au problème de l'alcoolisme. En 1919 débute aux États-Unis la prohibition, qui va durer plus de dix ans et se soldera par un échec : la consommation d'alcool, bien qu'interdite, remporte à l'époque un vif succès qui ne s'est pas démenti depuis. Si les eaux-de-vie et spiritueux séduisent toujours autant de nos jours, il importe de savoir les apprécier avec modération.

> Généralités sur l'élaboration des alcools

L'alcool éthylique (celui que nous consommons) est obtenu, après fermentation, de jus sucrés issus de fruits, de céréales, de plantes ou de légumes. On sait que la fermentation transforme, grâce aux levures, le sucre en alcool (et en dioxyde de carbone), ce qui permet d'obtenir des liquides alcoolisés comme le vin ou le cidre, dont la teneur en alcool ne peut dépasser une certaine concentration. Pour obtenir un degré supérieur, il faut procéder à une distillation. Lorsque l'on chauffe le liquide fermenté (un mélange eau-alcool), on recueille, en condensant par refroidissement les vapeurs qui se dégagent, un liquide plus riche en alcool que le mélange lui-même. C'est le principe de l'alambic. Rappelons aussi que le titre alcoométrique volumique est le volume d'alcool pur contenu dans 1 litre d'une boisson alcoolisée. Il est indiqué par un chiffre suivi de « % Vol. ».

LES MATIÈRES PREMIÈRES • On peut obtenir de l'alcool à partir de différentes substances végétales.

Les fruits sont à la base de nombreuses eaux-de-vie : le cognac est fabriqué avec le vin blanc issu des raisins, le calvados avec le cidre issu des pommes, le kirsch avec des cerises et, bien sûr, l'eau-de-vie de framboise ou celle de mirabelle avec ces mêmes fruits.

En partant de diverses céréales, on obtient des whiskys, whiskeys ou bourbons, des vodkas, des gins.

Dans les pays chauds, on obtient des eaux-de-vie à partir de plantes tropicales. Le rhum des Antilles et la cachaça du Brésil proviennent de la tige de la canne à sucre, la tequila mexicaine du fruit de l'agave.

Certains légumes peuvent également se prêter à la distillation d'alcool, comme la pomme de terre, encore utilisée en Pologne pour élaborer certaines vodkas. La betterave sucrière donne un alcool neutre, dit « alcool surfin », qui entre dans la composition de nombreux apéritifs et liqueurs.

LE PRÉ-TRAITEMENT • Quelles que soient les matières premières utilisées, l'élaboration des eaux-de-vie est soumise à une succession d'opérations similaires. Le processus débute généralement par un pré-traitement.

Le pressurage implique de presser un fruit pour en récupérer le jus avant de le faire entrer en fermentation.

Le concassage consiste à moudre les céréales avant de les brasser.

La cuisson préalable est nécessaire pour l'agave, la pomme de terre ou les céréales non maltées, afin de transformer une partie des sucres complexes qu'ils contiennent en sucres simples, aptes à la fermentation.

Le broyage, qui suit ou non la cuisson, consiste à réduire en purée des matières premières solides.

Le brassage, qui succède au concassage ou au broyage, permet également, en diluant dans l'eau des matières premières solides comme les céréales, de transformer tous les sucres en sucres fermentescibles.

Le mélange consiste à associer un ou plusieurs produits afin d'obtenir un ensemble homogène.

La dilution s'opère soit en diluant un alcool neutre pour permettre sa distillation, soit en liquéfiant une matière première fibreuse ou épaisse pour faciliter sa fermentation.

LA FERMENTATION • On a vu que certaines eaux-de-vie sont obtenues par la distillation de liquides alcoolisés (vin ou cidre), résultant eux-mêmes d'une fermentation. Si tel n'est pas le cas, il faut d'abord favoriser ou provoquer la fermentation du jus.

La fermentation naturelle se déclenche lorsqu'un liquide contenant des sucres fermentescibles est soumis à une certaine température.

La fermentation artificielle est nécessaire lorsque les matières premières contiennent des sucres complexes, comme l'amidon, non fermentescibles. Après un pré-traitement (cuisson et brassage), on déclenche la fermentation par l'adjonction de levures ; les levures sont des micro-organismes qui se nourrissent de sucres et provoquent leur transformation en alcool éthylique et en dioxyde de carbone).

LA DISTILLATION • Un liquide alcoolisé obtenu par fermentation titre en général 8 à 10 % Vol. Pour produire une eau-de-vie, il faut augmenter fortement cette teneur en alcool et donc procéder à une distillation. L'alambic est l'appareil qui permet de séparer par vaporisation l'alcool contenu dans un liquide alcoolisé. Jusqu'au début du XIXe siècle, avec l'alambic simple dit « à repasse », il fallait procéder à deux distillations au moins pour obtenir une eau-de-vie titrant environ 70 % Vol. Une révolution technique s'est opérée dans les distilleries, avec l'apparition de l'alambic « à colonne » dit aussi « colonne à distiller ».

Ainsi, l'alambic à colonne simple permet d'obtenir, en une seule distillation, une eau-de-vie titrant 70 % Vol.

L'alambic à colonnes multiples, composé d'au moins deux colonnes, permet d'obtenir, en une seule distillation, un alcool titrant 96 % Vol.

LA BONIFICATION • Après la distillation, on procède à une éventuelle bonification selon différents procédés.

La filtration (ou purification) a pour but d'atténuer les qualités organoleptiques (odorat, goût et couleur) d'une eau-de-vie. C'est ainsi qu'on filtre le Tennessee whiskey en lui faisant traverser une certaine épaisseur de charbon de bois d'érable.

L'aromatisation a pour effet d'apporter des arômes supplémentaires à un alcool par l'adjonction d'extraits de plantes, de fruits, d'herbes, d'épices, etc.

Le vieillissement est la méthode traditionnelle irremplaçable pour parvenir à la qualité souhaitée. Le vieillissement en fût, plus ou moins prolongé, est le propre de nombreuses eaux-de-vie. À la sortie de l'alambic, l'eau-de-vie est incolore. Au contact du bois, qui reste perméable à l'air extérieur, elle va acquérir une couleur ambrée et des arômes subtils. Lorsque l'eau-de-vie a atteint sa plénitude, elle est transvasée en bombonnes de verre fermées hermétiquement

Le vieillissement en foudre est plus doux que celui opéré en fût (alors que la contenance des fûts n'excède pas 700 litres, il existe des foudres contenant jusqu'à 10 000 litres).

Le vieillissement en bouteille n'apporte pas d'amélioration à une eau-de-vie.

Le vieillissement en bombonne concerne essentiellement les eaux-de-vie de fruits comme le kirsch et l'eau-de-vie de framboise. Les bombonnes n'étant pas fermées hermétiquement, il s'agit d'un vieillissement par oxydation, qui laisse l'eau-de-vie incolore.

L'assemblage désigne un mélange d'eaux-de-vie d'une même catégorie, ayant des origines (années, crus) et des qualités organoleptiques différentes. Cette opération a pour but de perpétuer un style et une qualité constants.

Le blend désigne un mélange d'eaux-de-vie de catégories différentes. Dans le cas du Scotch blended whisky, cette opération est pratiquée afin d'obtenir un goût plus léger.

LA MISE EN BOUTEILLE • Au moment de la mise en bouteille des eaux-de-vie, d'ultimes opérations sont souvent effectuées.

La réduction permet de fixer le degré alcoolique d'une eau-de-vie en ajoutant progressivement la quantité d'eau déminéralisée (eau de source ou distillée) nécessaire. Pour les whiskys, la réduction peut se faire en deux fois, d'abord pour respecter le degré alcoolique légal de mise en fût (et éviter une évaporation trop importante), puis pour fixer le degré alcoolique de commercialisation.

L'édulcoration consiste à ajouter du sucre à une boisson spiritueuse ou à une liqueur pour adoucir sa saveur.

La coloration (avec du caramel par exemple) permet de souligner le vieillissement d'un alcool, ou de rappeler la présence de fruits ou de plantes.

Enfin, on procède toujours à une clarification qui a pour effet d'épurer le produit en éliminant les particules en suspension.

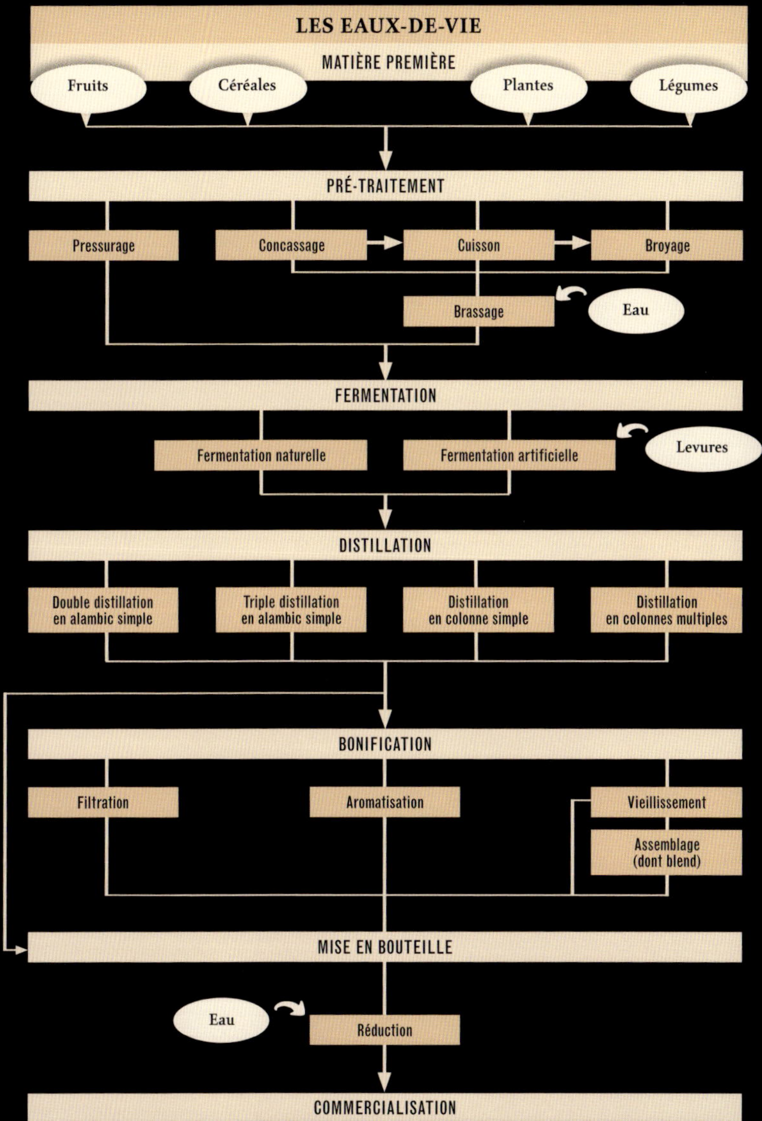
LES EAUX-DE-VIE
MATIÈRE PREMIÈRE
Fruits
Céréales
Plantes
Légumes
PRÉ-TRAITEMENT
Pressurage
Concassage
Cuisson
Broyage
Brassage
Eau
FERMENTATION
Fermentation naturelle
Fermentation artificielle
Levures
DISTILLATION
Double distillation en alambic simple
Triple distillation en alambic simple
Distillation en colonne simple
Distillation en colonnes multiples
BONIFICATION
Filtration
Aromatisation
Vieillissement
Assemblage (dont blend)
MISE EN BOUTEILLE
Eau
Réduction
COMMERCIALISATION

LA VODKA

Russie et Pologne se disputent la création de la vodka, qui remonte à plusieurs siècles. En Pologne, une eau-de-vie connue sous le nom de « gorzalka » existait avant de devenir « wodka », alors qu'en Russie on a toujours utilisé le terme vodka, qui signifie « petite eau ». Quoi qu'il en soit, cet alcool blanc résulte de la distillation d'un jus fermenté principalement à base de pomme de terre, de seigle ou d'un mélange de céréales (blé, maïs, orge maltée, etc.). La vodka fabriquée au XVIe siècle différait fortement de celle qui est produite aujourd'hui. À l'époque, la vodka était distillée dans des alambics peu performants, et on avait recours à différentes plantes pour masquer la rudesse de son goût. Avec l'usage de la colonne à distiller, on a réussi à produire des vodkas au goût neutre, purifiées ensuite par filtration. En fait, la vodka est considérée comme le spiritueux le plus neutre, qu'il s'agisse de l'arôme, du goût ou de la couleur. Certaines vodkas, peu utilisées dans les cocktails, sont aromatisées avec des fruits ou des plantes. À la différence des autres alcools, la matière première, le lieu de production et le processus de fabrication pour la production de vodka ne sont pas imposés, à partir du moment où l'on obtient par distillation un alcool titrant 96 % Vol., qui est réduit ensuite en général à 40 % Vol. par adjonction d'eau déminéralisée (eau de source ou distillée). La vodka est aujourd'hui fabriquée dans une trentaine de pays ; les principaux sont la Pologne, la Russie et les États-Unis. Viennent ensuite la Grande-Bretagne, le Danemark, la Finlande, la France, les Pays-Bas et la Suède.

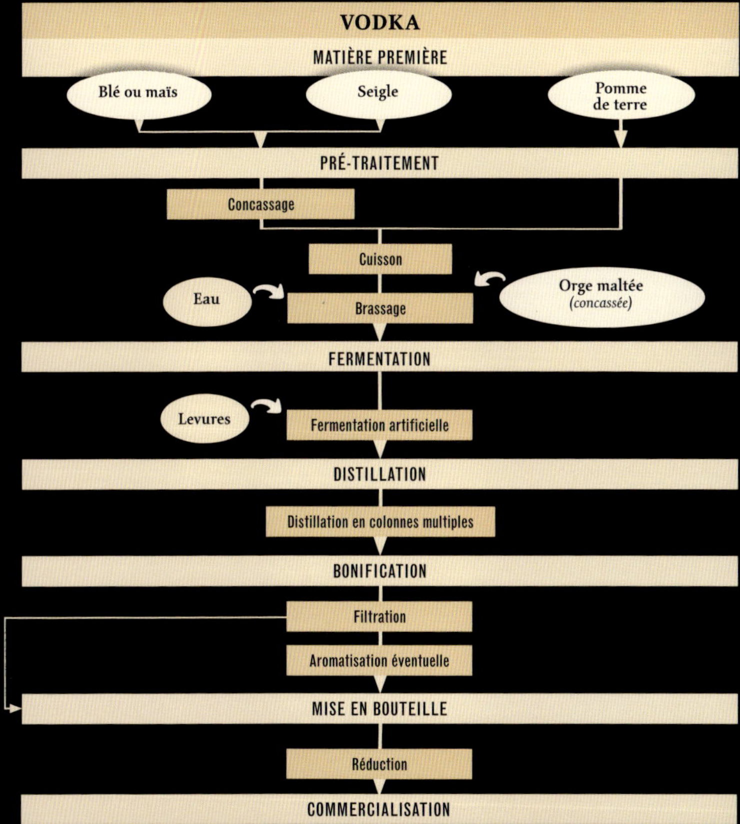
VODKA
MATIÈRE PREMIÈRE
Blé ou maïs
Seigle
Pomme de terre
PRÉ-TRAITEMENT
Concassage
Cuisson
Eau
Brassage
Orge maltée (concassée)
FERMENTATION
Levures
Fermentation artificielle
DISTILLATION
Distillation en colonnes multiples
BONIFICATION
Filtration
Aromatisation éventuelle
MISE EN BOUTEILLE
Réduction
COMMERCIALISATION

LE GIN

C'est dans un traité publié à Amsterdam en 1622 qu'est mentionnée pour la première fois la recette d'une eau-de-vie de genièvre. Le développement de la distillation en Hollande favorise le succès de cette boisson, appelée par la suite « jenever ». De retour au pays après la guerre de Trente Ans (1618-1648), les soldats anglais qui s'étaient battus en Hollande réclament cet alcool auquel ils ont pris goût, et qui sera rebaptisé « gin ». En 1688, le Hollandais Guillaume III d'Orange succède au roi d'Angleterre Jacques II dont il a épousé la fille. Protestant, il interdit les produits en provenance de pays catholiques comme la France, et favorise ainsi la production locale du gin. De surcroît, il augmente les taxes sur la bière, ce qui fait du gin la boisson la moins chère. Sa consommation excessive devient un véritable fléau national en Angleterre et ce, pendant de longues décennies.

De nos jours, la production du gin reste localisée principalement en Grande-Bretagne et aux États-Unis. Il existe plusieurs procédés d'élaboration pour cette eau-de-vie de céréales (blé ou maïs et orge, etc.) : le gin ordinaire est simplement aromatisé avec un extrait de genièvre tandis que le London gin l'est, par distillation, avec des baies de genièvre et d'autres aromates (graines de cardamome, racines d'angélique, graines de coriandre, etc.).

Quant au Plymouth gin, il suit le même procédé d'élaboration que le London gin, mais il bénéficie d'une appellation d'origine contrôlée et ne peut donc être distillé que dans le port britannique auquel il doit son nom.

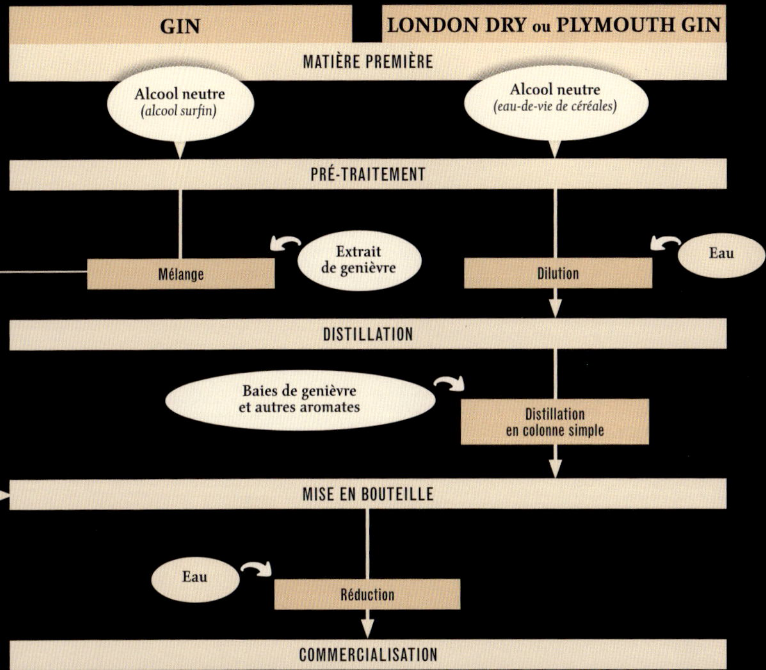
GIN
LONDON DRY ou PLYMOUTH GIN
MATIÈRE PREMIÈRE
Alcool neutre
(alcool surfin)
Alcool neutre
(eau-de-vie de céréales)
PRÉ-TRAITEMENT
Extrait de genièvre
Mélange
Eau
Dilution
DISTILLATION
Baies de genièvre et autres aromates
Distillation en colonne simple
MISE EN BOUTEILLE
Eau
Réduction
COMMERCIALISATION

LE WHISKY ÉCOSSAIS

L'Écosse est le premier producteur mondial de whisky dans le monde. Whisky, whiskey, Scotch whisky, Irish whisky, bourbon, rye..., ces multiples appellations désignent des alcools qui diffèrent par le goût, la méthode de fabrication, l'origine géographique et les traditions locales.

La première référence écrite relative à une eau-de-vie de malt (orge germée), élaborée en Écosse dans une abbaye, date de 1494. La production écossaise se développe modérément jusqu'au milieu du XVIIe siècle, puis s'accélère jusqu'à l'ouverture, en 1824, de la première distillerie légale de whisky. Une trentaine d'années plus tard, Andrew Usher, employé dans cette même distillerie, a l'idée de mélanger le whisky « single malt » avec un whisky plus léger, à base d'autres céréales, le « single grain ». Ce dernier est obtenu grâce à un nouvel alambic à colonne, perfectionné en 1830 par Aeneas Coffey. Le premier « blend » écossais est né.

Le malt, ou orge maltée, désigne l'orge dont la germination a été déclenchée par trempage dans de l'eau pour développer une enzyme qui permettra de transformer l'amidon (sucre complexe non fermentescible) en maltose (sucre simple fermentescible). Le « single malt » écossais est élaboré à partir d'orge maltée dont une partie a été séchée sur un feu de tourbe. Le single malt est distillé à 70-73 % Vol., alors que le single grain est distillé à 94,8 % Vol. Après avoir été réduits à 63 % Vol. pour le premier et à 67 % Vol. pour le second, l'un comme l'autre vieillissent au moins trois ans en barrique usagée.

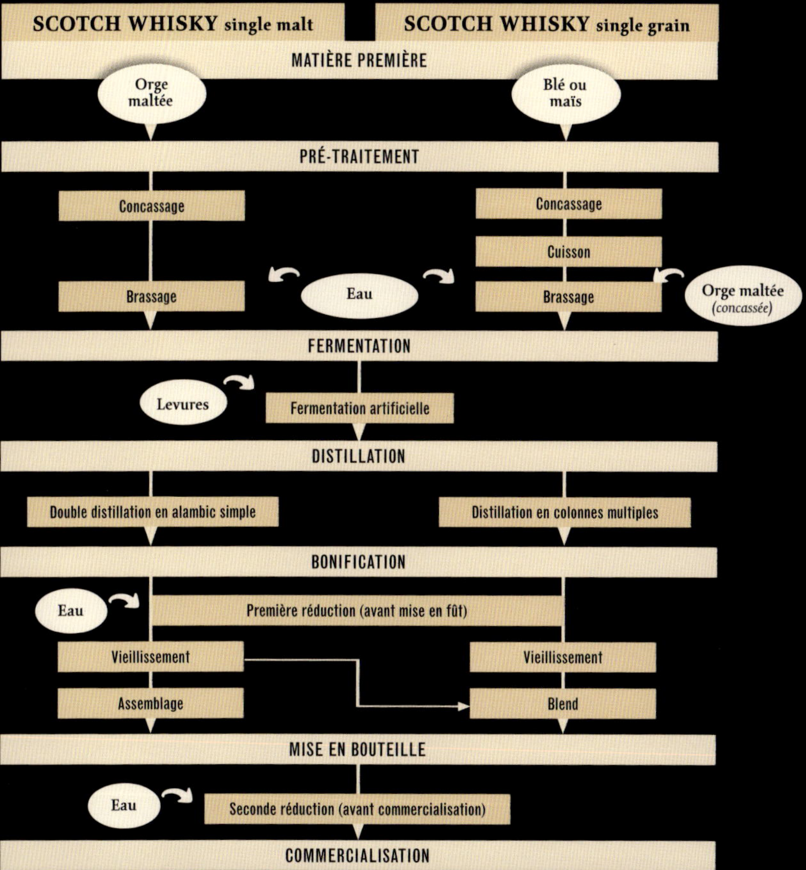
SCOTCH WHISKY single malt
SCOTCH WHISKY single grain
MATIÈRE PREMIÈRE
Orge maltée
Blé ou maïs
PRÉ-TRAITEMENT
Concassage
Concassage
Cuisson
Brassage
Eau
Brassage
Orge maltée (concassée)
FERMENTATION
Levures
Fermentation artificielle
DISTILLATION
Double distillation en alambic simple
Distillation en colonnes multiples
BONIFICATION
Eau
Première réduction (avant mise en fût)
Vieillissement
Vieillissement
Assemblage
Blend
MISE EN BOUTEILLE
Eau
Seconde réduction (avant commercialisation)
COMMERCIALISATION

LE WHISKEY IRLANDAIS

La légende attribue l'apparition du whiskey en Irlande au missionnaire saint Patrick qui, au Ve siècle, aurait rapporté l'art de la distillation d'un voyage en Égypte. Le produit obtenu aurait porté le nom de « uisge beatha », qui signifie eau-de-vie en langue celtique, et le mot « uisge » pourrait donc être à l'origine du mot whisky.

Toutefois, si l'on trouve dès le début du VIe siècle des documents sur la bière, il faudra attendre 1556 pour qu'apparaisse, en Irlande, la mention écrite d'une eau-de-vie à base de céréales. La première distillerie ouvre ses portes en 1608, mais la production ne s'industrialise qu'après une loi, votée en 1823, qui privilégie les possesseurs d'alambics ayant une contenance d'au moins 160 litres.

Le whiskey « pure pot still » irlandais se différencie du « single malt » écossais (▷ p. 584) en ce qu'il est élaboré avec un mélange d'orge maltée n'ayant subi aucun séchage au feu de tourbe, et d'orge non maltée. À la sortie de l'alambic, le « pure pot still » titre environ 89-92 % Vol. Quant au « single grain », à base d'autres céréales, il titre 94,8 % Vol. S'agissant du vieillissement, avant lequel l'un et l'autre sont réduits à 70 % Vol., il s'effectue dans des fûts « usagés » ayant généralement contenu du bourbon, pour une durée de trois ans au minimum.

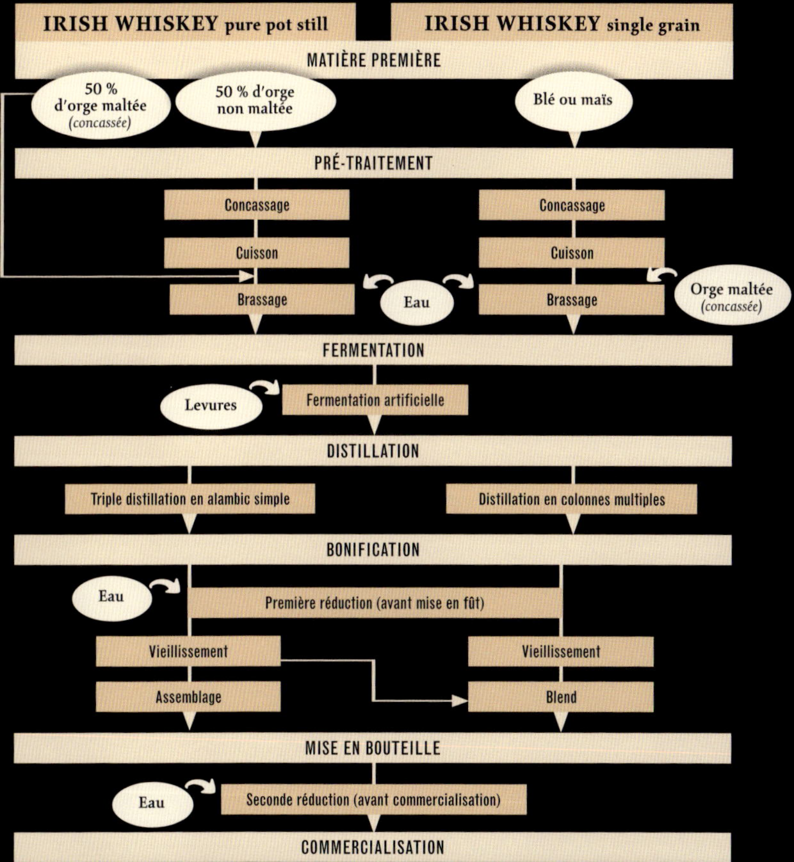
IRISH WHISKEY pure pot still
IRISH WHISKEY single grain
MATIÈRE PREMIÈRE
50 % d'orge maltée (concassée)
50 % d'orge non maltée
Blé ou maïs
PRÉ-TRAITEMENT
Concassage
Cuisson
Brassage
Eau
Concassage
Cuisson
Brassage
Orge maltée (concassée)
FERMENTATION
Levures
Fermentation artificielle
DISTILLATION
Triple distillation en alambic simple
Distillation en colonnes multiples
BONIFICATION
Eau
Première réduction (avant mise en fût)
Vieillissement
Assemblage
Vieillissement
Blend
MISE EN BOUTEILLE
Eau
Seconde réduction (avant commercialisation)
COMMERCIALISATION

LES WHISKEYS AMÉRICAINS

Alors que des spiritueux comme le cognac ou le rhum étaient couramment importés aux États-Unis, on note, à la fin du XVIIe siècle, l'apparition 'un distillateur de cidre dans le New Jersey. L'art de la distillation a sans oute été introduit dans le Nouveau Monde par des émigrants irlandais ou cossais. Il faudra pourtant attendre la seconde moitié du XVIIIe siècle pour ue la production du whiskey américain se développe et donne naissance, n 1783, à la première distillerie commerciale.

Les whiskeys américains obéissent à une classification spécifique : le straight bourbon» doit être élaboré à partir d'un mélange de céréales constiué au minimum de 51 % de maïs, et être produit aux États-Unis ; le « straight ennessee » a comme particularités d'être obtenu à partir de 51% minimum l'une céréale principale (maïs en général), de ne pouvoir être fabriqué que lans l'État du Tennessee et de subir une filtration sur charbon d'érable avant e vieillissement ; quant au « straight rye », il est élaboré comme le « straight ourbon », mais la céréale principale utilisée est le seigle (à 51 % minimum galement).

Après avoir été distillés, à un degré inférieur à 80 % Vol., ces trois whiskeys straight » doivent être réduits à 62,5 % Vol. et subir, pendant au minimum leux ans, un vieillissement dans des fûts de chêne américain neufs ayant été rélablement brûlés à l'intérieur.

Canadian whisky, Canadian rye whisky ou simplement rye whisky, c'est insi que l'on désigne l'eau-de-vie de céréales produite, sous de nombreuses narques, au Canada. La qualification « straight rye » n'est donnée qu'au ye whiskey américain. La réglementation canadienne n'impose pas de proortion minimale pour les céréales, mais le rye whisky doit avoir la saveur ypique du seigle, c'est pourquoi cette céréale est utilisée en proportion lominante.

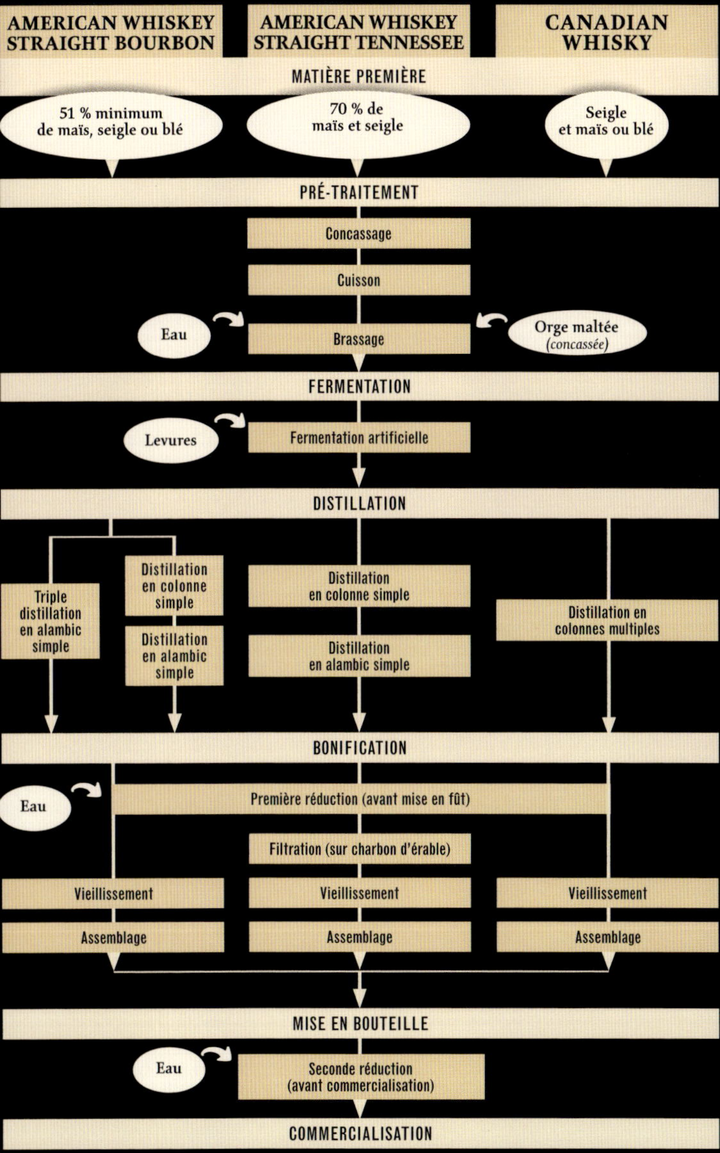
AMERICAN WHISKEY STRAIGHT BOURBON
AMERICAN WHISKEY STRAIGHT TENNESSEE
CANADIAN WHISKY
MATIÈRE PREMIÈRE
51 % minimum de maïs, seigle ou blé
70 % de maïs et seigle
Seigle et maïs ou blé
PRÉ-TRAITEMENT
Concassage
Cuisson
Eau
Brassage
Orge maltée (concassée)
FERMENTATION
Levures
Fermentation artificielle
DISTILLATION
Triple distillation en alambic simple
Distillation en colonne simple
Distillation en alambic simple
Distillation en colonne simple
Distillation en alambic simple
Distillation en colonnes multiples
BONIFICATION
Eau
Première réduction (avant mise en fût)
Filtration (sur charbon d'érable)
Vieillissement
Vieillissement
Vieillissement
Assemblage
Assemblage
Assemblage
MISE EN BOUTEILLE
Eau
Seconde réduction (avant commercialisation)
COMMERCIALISATION

LE RHUM DE SUCRERIE

Le rhum industriel – ou rhum de mélasse, ou rhum de sucrerie – résulte de la distillation des sous-produits du raffinage du sucre de canne. C'est durant son deuxième voyage, en 1493, que Christophe Colomb introduit sur l'île d'Hispaniolia (aujourd'hui Haïti et Saint-Domingue) des plants de canne à sucre venant des Canaries. La production de sucre s'y développe rapidement, tandis que les conquérants espagnols et portugais implantent la canne à sucre au Mexique, au Pérou et au Brésil. Par la suite, Français et Anglais prennent possession des Antilles. Le « rum » est mentionné pour la première fois au début du XVIIe siècle à la Barbade, où une ration est attribuée aux marins de la Royal Navy. Les Anglais contribuent à développer la production du rhum et son commerce vers l'Europe et les États-Unis. À la fin du XIXe siècle, l'influence économique américaine entraîne un fort développement de la production à Cuba et à Porto Rico.

À la sortie de l'alambic, les rhums industriels titrent entre 65 et 96 % Vol. On distingue : les rhums de « type hispanique », élaborés dans le but d'obtenir, après filtration, des « rhums légers » (ayant une teneur en substances volatiles de 0,60 à 2,25 g/l), c'est-à-dire peu aromatiques, et les rhums de « type britannique », plus aromatiques et souvent qualifiés de « rhum grand arôme » (ayant une teneur en substances volatiles supérieure à 3,25 g/l).

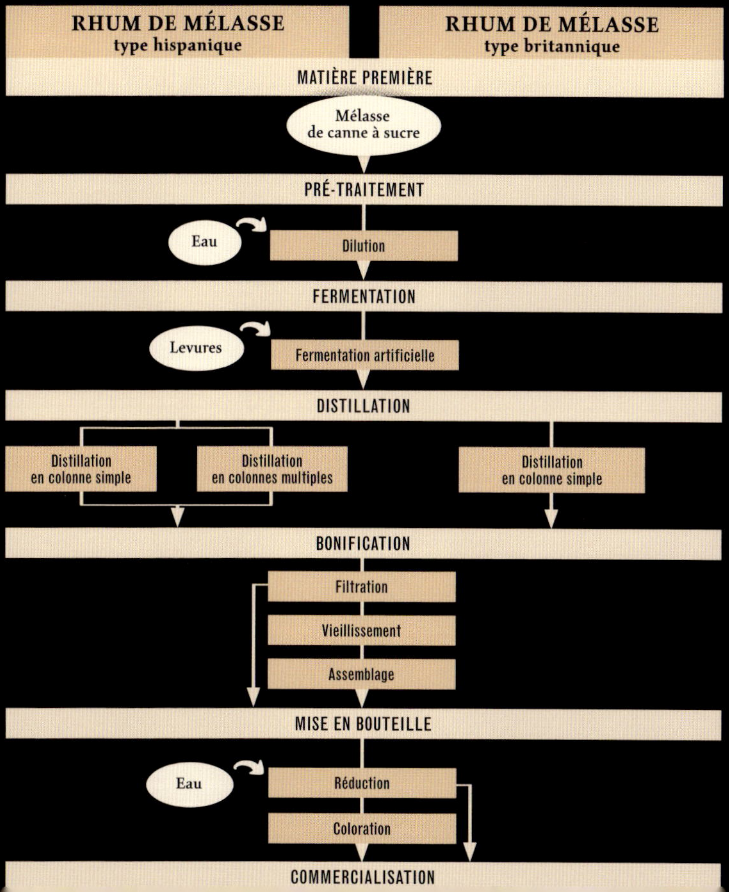
RHUM DE MÉLASSE
type hispanique
RHUM DE MÉLASSE
type britannique
MATIÈRE PREMIÈRE
Mélasse
de canne à sucre
PRÉ-TRAITEMENT
Eau
Dilution
FERMENTATION
Levures
Fermentation artificielle
DISTILLATION
Distillation
en colonne simple
Distillation
en colonnes multiples
Distillation
en colonne simple
BONIFICATION
Filtration
Vieillissement
Assemblage
MISE EN BOUTEILLE
Eau
Réduction
Coloration
COMMERCIALISATION

LE RHUM AGRICOLE

Alors que la production de rhum de sucrerie, un sous-produit de la fabrication du sucre, est déjà signalée aux Antilles françaises au milieu du XVIIe siècle, le « rhum agricole » – dit aussi rhum de distillerie ou de vesou – n'y apparaît que dans la seconde moitié du XIXe siècle. À cette époque, l'industrie du sucre de betterave, bien établie en métropole, a entraîné une forte chute de la vente et de la production du sucre de canne et, en conséquence, de celle du rhum (bien que les alcools provenant des colonies soient exemptés de taxes douanières depuis 1854).

Aussi, certains planteurs de canne à sucre entreprennent, sans passer par la sucrerie, de transformer leur récolte en rhum en distillant directement le « vesou », c'est-à-dire le jus de canne à sucre. Ils obtiennent ainsi un nouveau rhum, plus aromatique, le rhum agricole. Cette production devient importante à partir des années 1880 et, de nos jours, elle a dépassé à la Martinique celle du rhum industriel.

Après la distillation, les eaux-de-vie titrent en moyenne 65 à 75 % Vol. Pour avoir l'appellation « rhum agricole », elles doivent avoir une teneur en « substances volatiles » supérieure à 2,25 g/l. Le « rhum agricole élevé sous bois » doit vieillir au moins 1 an dans un foudre en chêne de moins de 650 litres. Le « rhum agricole vieux » doit vieillir au moins 3 ans en fût de chêne.

Certains rhums agricoles martiniquais bénéficient depuis quelques années d'une appellation d'origine contrôlée (AOC).

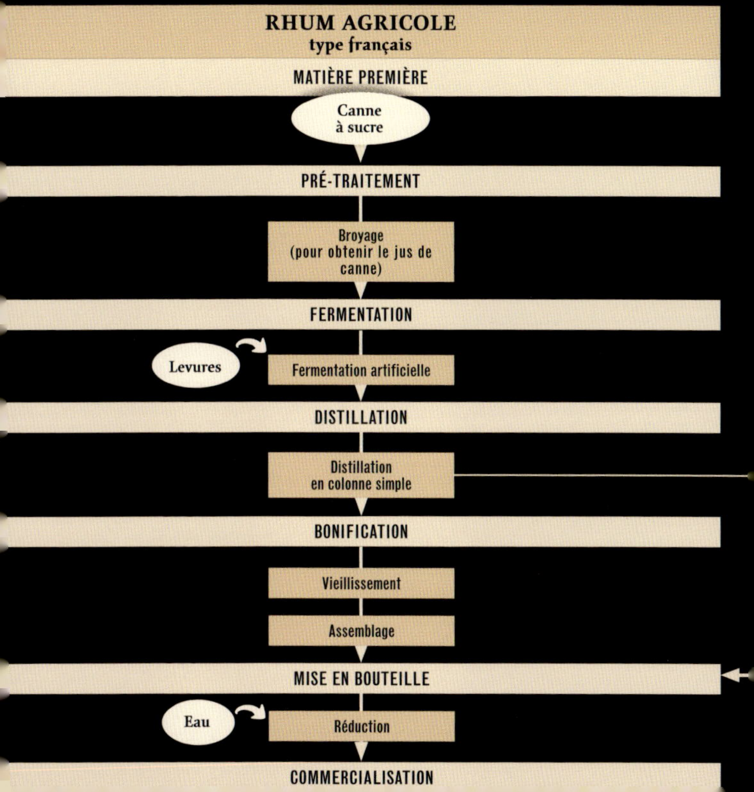
RHUM AGRICOLE
type français
MATIÈRE PREMIÈRE
Canne à sucre
PRÉ-TRAITEMENT
Broyage (pour obtenir le jus de canne)
FERMENTATION
Levures
Fermentation artificielle
DISTILLATION
Distillation en colonne simple
BONIFICATION
Vieillissement
Assemblage
MISE EN BOUTEILLE
Eau
Réduction
COMMERCIALISATION

LA TEQUILA

La mention d'un « vin de mescal » apparaît au Mexique aux environs de 1620, mais il faut attendre 1795 pour voir la première distillerie de vin de mescal (ou mezcal) ouvrir ses portes. Au début du XXe siècle, cette appellation disparaît et laisse place à deux produits distincts : le mescal et la tequila. Le mescal s'élabore principalement dans la région d'Oaxaca, à partir de huit variétés d'agave, dont l'agave *A. angustifolia* Haw. est la plus courante. La tequila est produite dans la région de Jalisco uniquement, à partir de l'agave *A. tequilana* Weber, variété bleue. Tequila est d'ailleurs le nom d'une localité de l'État de Jalisco, situé à l'ouest du Mexique.

Peu après la fin de la prohibition, la tequila fait son apparition sur le sol américain via la Californie et se répand progressivement dans tout le pays. Grâce, entre autres, à une chanson et à de nombreuses apparitions au cinéma, la tequila s'est ensuite fait connaître dans le monde entier.

La tequila 100 % agave est élaborée uniquement à partir de cette plante tropicale. La tequila sans mention précise, ou tequila mixte, est élaborée avec au minimum 51 % d'agave, complétés par des sucres provenant d'autres matières premières (comme la mélasse de canne à sucre) ; « blanco » ou « silver » désigne une tequila qui n'a subi aucun vieillissement, « gold » ou « joven abocado », une tequila colorée et adoucie. Les tequilas se voient attribuer les appellations « reposado » après un séjour de deux mois en foudre ou en fût, et « añejo » après un vieillissement de plus d'un an en fût.

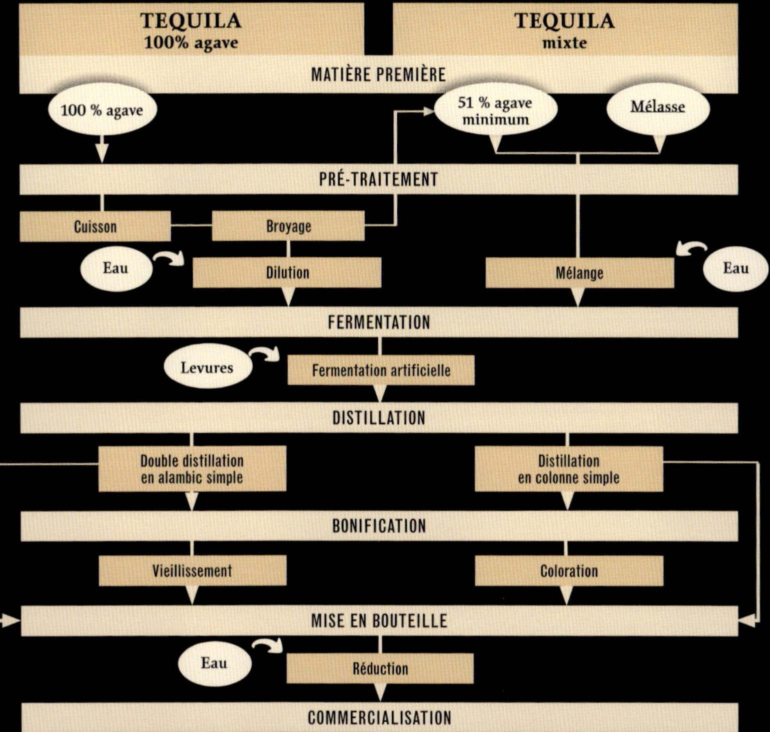
TEQUILA
100% agave
TEQUILA
mixte
MATIÈRE PREMIÈRE
100 % agave
51 % agave minimum
Mélasse
PRÉ-TRAITEMENT
Cuisson
Broyage
Eau
Dilution
Mélange
Eau
FERMENTATION
Levures
Fermentation artificielle
DISTILLATION
Double distillation en alambic simple
Distillation en colonne simple
BONIFICATION
Vieillissement
Coloration
MISE EN BOUTEILLE
Eau
Réduction
COMMERCIALISATION

LE COGNAC

La culture de la vigne en Charente remonterait au IIIe siècle. L'activité maritime et fluviale favorisa ensuite le commerce du sel et des vins produits dans la région avec l'Angleterre et les pays du Nord. Mais, ces vins supportant mal le transport, on entreprit au XVIIe siècle, à la demande de marchands hollandais, de procéder à leur distillation. L'expérience fut concluante et l'on constata que l'eau-de-vie produite se bonifiait après un séjour prolongé en barrique de chêne. Très vite, la renommée du cognac – l'un des brandys les plus célèbres – franchit les frontières et les océans. Toutefois, la crise du phylloxéra porta un coup presque fatal au vignoble – qui comptait 280 000 hectares en 1875, et seulement 40 000 vingt ans plus tard – et sa reconstruction avec de nouveaux plants nécessita de nombreux efforts pendant plusieurs décennies. Il compte aujourd'hui 80 000 hectares qui s'étendent pour l'essentiel en Charente et en Charente-Maritime, dans une zone AOC (appellation d'origine contrôlée). Le cépage dominant est l'ugni blanc.

Sous un climat doux et un ensoleillement idéal, le sol calcaire et argileux détermine la classification géographique de six crus : Grande Champagne, Petite Champagne, Borderies, Fins Bois, Bon Bois et Bois Ordinaires.

Après sa distillation, le cognac titre 69 à 72 % Vol. Il est alors placé dans des barriques en chêne (du centre de la France) pour un séjour d'au moins deux ans et demi pour la dénomination VS (Very Special) ou Trois Étoiles, quatre ans et demi pour VSOP (Very Superior Old Pale) ou Réserve, et enfin

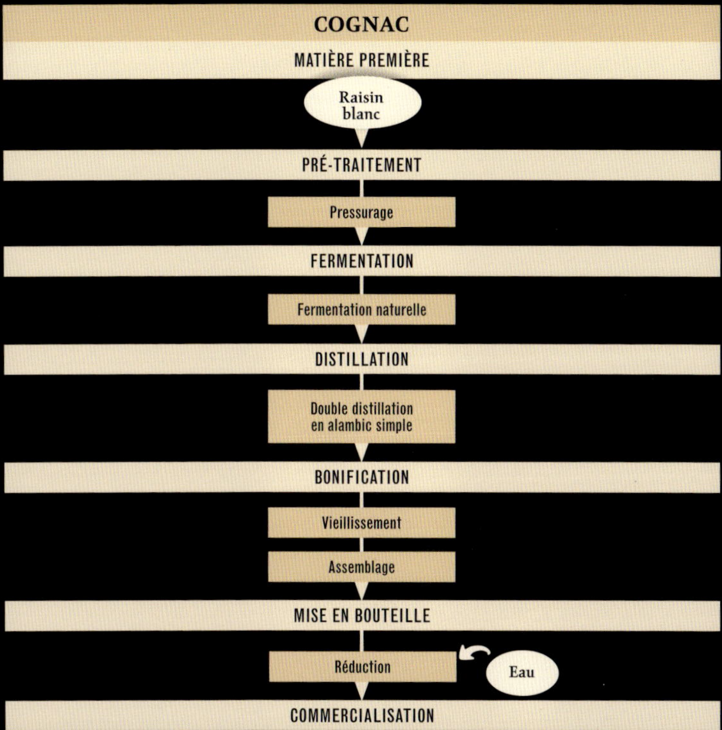
COGNAC
MATIÈRE PREMIÈRE
Raisin blanc
PRÉ-TRAITEMENT
Pressurage
FERMENTATION
Fermentation naturelle
DISTILLATION
Double distillation en alambic simple
BONIFICATION
Vieillissement
Assemblage
MISE EN BOUTEILLE
Réduction
Eau
COMMERCIALISATION

LE CALVADOS

Si le cidre de Normandie remonte à l'époque romaine, c'est en 1553, à Cherbourg, qu'une eau-de-vie de cidre est mentionnée pour la première fois. La désignation « calvados » n'apparaît que beaucoup plus tard, dans la seconde moitié du XIXe siècle, et il faudra attendre la distribution de rations d'alcool aux soldats pendant la Grande Guerre, puis le débarquement des Alliés en Normandie en 1944, pour que s'affirme la renommée du calvados.

Des réglementations précisent les conditions de production du calvados et délimitent trois zones distinctes. La zone de production du calvados AOC, le moins réglementé, s'étend sur une grande partie de la Basse-Normandie, avec quelques communes de Mayenne et de Sarthe, et sur le pays de Bray, en Seine-Maritime.

Le calvados Pays d'Auge AOC, essentiellement produit dans le département du Calvados, doit être soumis à une double distillation dans un alambic simple, de type charentais, et doit séjourner au minimum deux ans en fût en chêne.

Le calvados Domfrontais AOC, produit dans la région de Domfront (Orne), a la particularité de contenir au moins 30 % de jus de poire et doit vieillir au moins trois ans.

Pour la fabrication des calvados AOC, plusieurs dizaines d'espèces de pommes sont autorisées, classées en catégories : amère, douce-amère, douce et acidulée.

Le calvados vieilli en barrique est commercialisé sous différentes désignations : trois pommes (2 ans), réserve (3 ans), vieille réserve (4 ans), hors d'âge (6 ans).

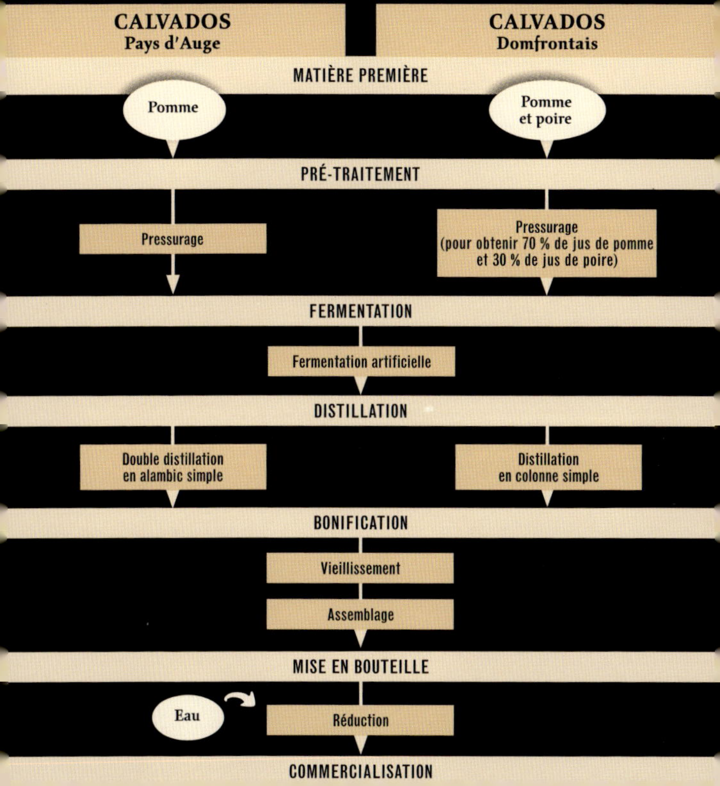
CALVADOS
Pays d'Auge
CALVADOS
Domfrontais
MATIÈRE PREMIÈRE
Pomme
Pomme et poire
PRÉ-TRAITEMENT
Pressurage
Pressurage (pour obtenir 70 % de jus de pomme et 30 % de jus de poire)
FERMENTATION
Fermentation artificielle
DISTILLATION
Double distillation en alambic simple
Distillation en colonne simple
BONIFICATION
Vieillissement
Assemblage
MISE EN BOUTEILLE
Eau
Réduction
COMMERCIALISATION

LES EAUX-DE-VIE DE FRUITS

l existe peu d'écrits anciens sur l'origine des eaux-de-vie de fruits. On sait que l'eau-de-vie de cerise, connue sous le nom de kirsch, ou *Kirschwasser*, plonge ses racines germaniques dans la vallée du Rhin, où sa production st déjà bien établie au XVIIe siècle. Au début du siècle suivant, on se met à listiller du kirsch en Franche-Comté, en Lorraine et en Alsace, où l'on commence également à produire de l'eau-de-vie de quetsche. En effet, on peut aire de l'eau-de-vie à partir de nombreux fruits : abricot, baies sauvages, cerise, figue, framboise, mirabelle, poire, prune, etc.

Les modes de fabrication diffèrent légèrement ; on s'en tiendra à présenter ceux des eaux-de-vie de cerise et de framboise. Les cerises sont pressées, avec ou sans noyau, pour obtenir un jus qui, après fermentation naturelle, sera distillé. Le vieillissement était autrefois pratiqué dans des barriques de frêne, qui ne coloraient pas l'eau-de-vie, mais, désormais, on laisse vieillir e kirsch plusieurs mois en bombonne de verre.

Les baies de framboise ne produisant pas beaucoup de jus, on les met à macérer dans de l'alcool neutre (au minimum 100 kg pour 20 litres d'alcool). Le liquide obtenu est distillé à un degré maximal de 86 % Vol., comme le kirsch, et doit également avoir une teneur en substances volatiles supérieure à 2 g/l. L'eau-de-vie de framboise vieillissant mal en fût de bois, on la laisse toujours vieillir en bombonne. Comme pour le kirsch, il s'agit d'un vieillissement par oxydation, les bombonnes n'étant pas fermées hermétiquement.

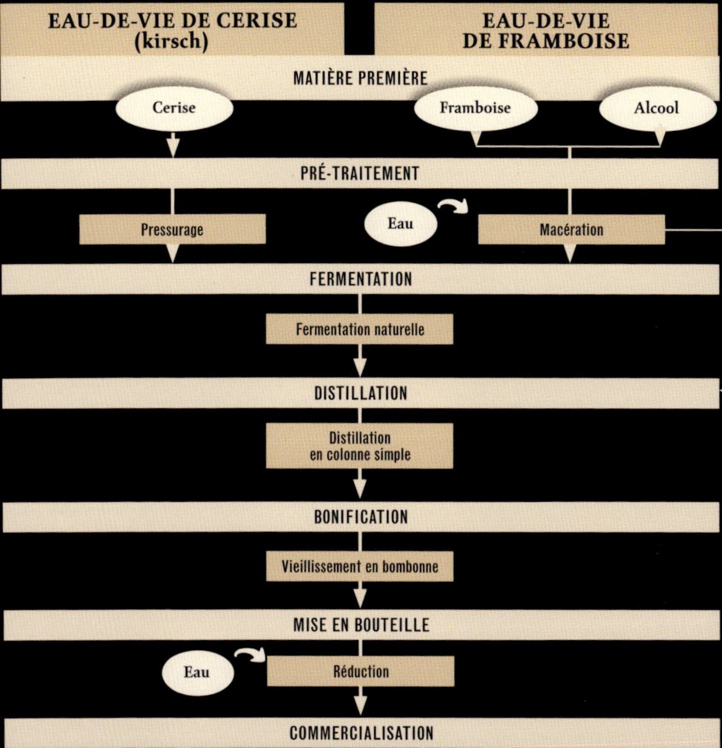
EAU-DE-VIE DE CERISE (kirsch)
EAU-DE-VIE DE FRAMBOISE
MATIÈRE PREMIÈRE
Cerise
Framboise
Alcool
PRÉ-TRAITEMENT
Pressurage
Eau
Macération
FERMENTATION
Fermentation naturelle
DISTILLATION
Distillation en colonne simple
BONIFICATION
Vieillissement en bombonne
MISE EN BOUTEILLE
Eau
Réduction
COMMERCIALISATION

LE CHAMPAGNE

Le vignoble champenois est cultivé depuis les premiers siècles de notre ère, mais ce n'est qu'à la fin du XVIIe siècle qu'un moine bénédictin de l'abbaye d'Hautvillers près d'Épernay, Dom Pérignon, réussit à produire un vin blanc effervescent qui, deux siècles plus tard, lui vaudra sa réputation d'inventeur du champagne. Peu étendu, le vignoble champenois est planté sur des coteaux au sol crayeux et argileux et bénéficie d'un climat frais. Le champagne est élaboré à partir de trois cépages : le pinot noir et le pinot meunier (raisin noir à jus blanc), et le chardonnay (raisin blanc).

Après une première fermentation en cuve, on procède à l'assemblage pour marier les qualités aromatiques de différents vins en vue d'obtenir une production de qualité et de goût constants. À la mise en bouteille, on ajoute une petite quantité de « liqueur de tirage », mélange de sucre, de levures et de vin. La seconde fermentation démarre alors, ce qui va entraîner la production de gaz carbonique : c'est la « prise de mousse », qui va durer entre deux et six mois. Un léger dépôt va se créer, qu'un remuage répété, manuel ou mécanique, conduira progressivement vers le goulot de la bouteille. Le dégorgement consiste, à l'aide d'un liquide réfrigérant, à éjecter ce dépôt en débouchant la bouteille. On compense la perte de liquide par une « liqueur d'expédition » plus ou moins sucrée. Grâce à ce « dosage », on obtient des champagnes brut, sec ou demi-sec.

Traditionnellement, le champagne est le résultat d'un assemblage de vins de plusieurs années différentes. Lorsqu'une récolte présente une qualité particulière, le producteur peut composer une cuvée millésimée, en utilisant uniquement des vins de cette même année.

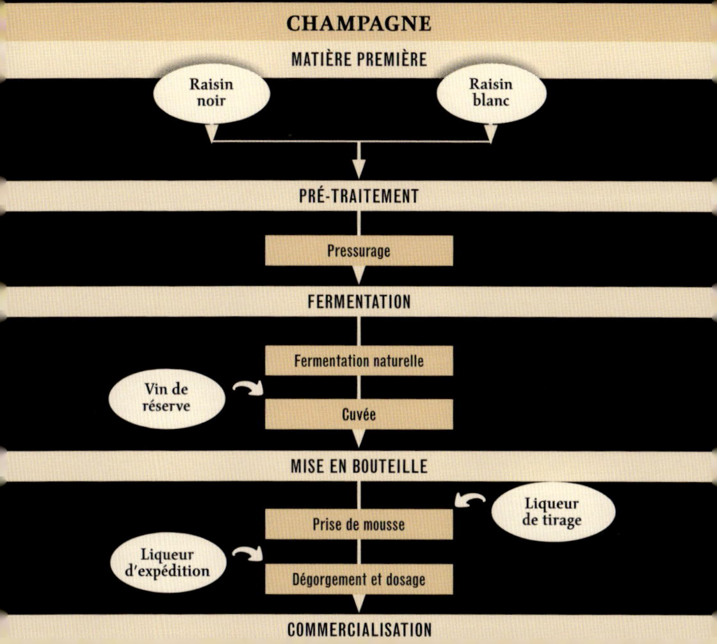
CHAMPAGNE
MATIÈRE PREMIÈRE
Raisin noir
Raisin blanc
PRÉ-TRAITEMENT
Pressurage
FERMENTATION
Fermentation naturelle
Vin de réserve
Cuvée
MISE EN BOUTEILLE
Liqueur de tirage
Prise de mousse
Liqueur d'expédition
Dégorgement et dosage
COMMERCIALISATION

LE VERMOUTH ET LES BITTERS

Le vermouth, qui appartient à la grande famille des apéritifs, est le descendant lointain des vins aromatisés connus depuis l'Antiquité pour leurs vertus médicinales. Au Moyen Âge, l'importation des épices à Venise donne lieu à de nouvelles préparations, mais c'est dans le Piémont qu'apparaît au XVIIe siècle un « vin d'absinthe » qui va se faire connaître jusqu'à la cour de Bavière et à la table de Louis XIV. En 1786, à Turin, Antonio Carpano propose à ses clients un vermouth rosso de sa création. Bientôt, une industrie va se développer avec l'arrivée des concurrents Cinzano et Martini & Rossi. De son côté, le Français Joseph Noilly, herboriste-liquoriste, peaufine sa recette de vin aromatisé vieilli, qui deviendra plus tard le fameux vermouth dry Noilly Prat. Vers la même époque, plusieurs boissons spiritueuses dites « amer » ou « bitter », comme le célèbre Campari, font leur apparition en Italie. En France, la vogue des apéritifs est à son sommet autour de 1900, mais elle décline au milieu du XXe siècle. De nos jours, on constate un retour en grâce des vermouths et des bitters.

Il faut distinguer le vermouth dry, peu sucré et de couleur claire, et le vermouth rosso, plus doux. Tous deux sont fabriqués à partir de vin blanc, avec addition d'alcool et de mélanges complexes d'extraits aromatiques.

Les bitters sont élaborés à partir d'un alcool neutre et de substances aromatisantes au goût amer prépondérant. Les seuls colorants autorisés sont la cochenille et le caramel.

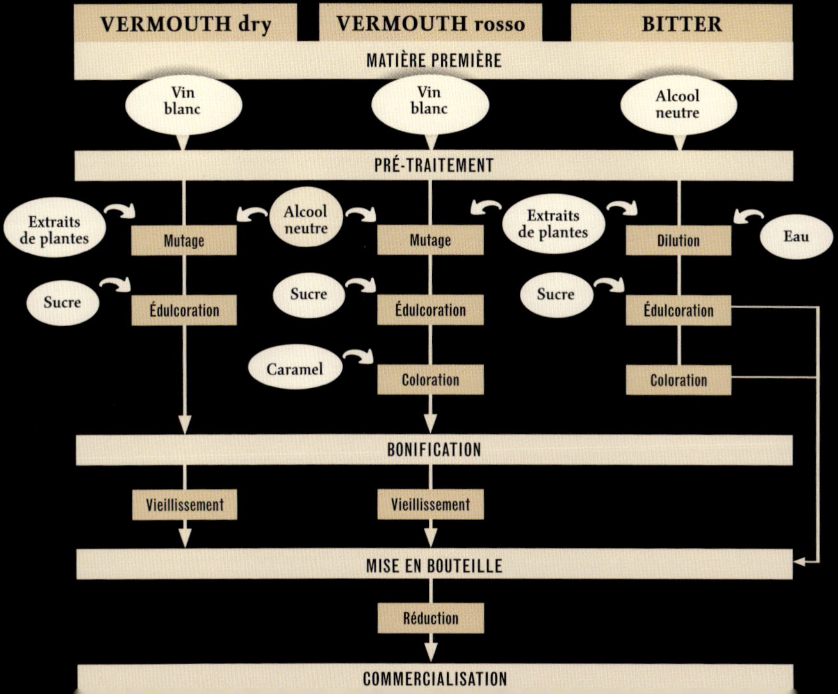
VERMOUTH dry
VERMOUTH rosso
BITTER
MATIÈRE PREMIÈRE
Vin blanc
Vin blanc
Alcool neutre
PRÉ-TRAITEMENT
Extraits de plantes
Mutage
Alcool neutre
Mutage
Extraits de plantes
Dilution
Eau
Sucre
Édulcoration
Sucre
Édulcoration
Sucre
Édulcoration
Caramel
Coloration
Coloration
BONIFICATION
Vieillissement
Vieillissement
MISE EN BOUTEILLE
Réduction
COMMERCIALISATION

LE PORTO ET LE XÉRÈS

Au XVIIIe siècle, les négociants anglais, suite à la décision de surtaxer l'importation des vins du Bordelais, s'intéressèrent aux vins portugais de la vallée du Douro. Ils les améliorèrent par adjonction d'eau-de-vie. Située au nord du Portugal, la zone de production du porto s'étend de la frontière espagnole jusqu'à la ville de Porto. Plus d'une centaine de cépages sont cultivés sur un sol schisteux. Les négociants-éleveurs procèdent à une série d'opérations complexes. Le mutage, par adjonction d'eau-de-vie, a pour effet de stopper la fermentation du vin et de conserver une partie des sucres. On effectue ensuite soit un assemblage de vins d'une même récolte, soit un assemblage de vins provenant de différentes récoltes. Dans le premier cas, on obtient les qualités suivantes : vintage (2 ans de vieillissement), late bottled vintage [LBV] (4 ans de vieillissement), « date de la récolte » (7 ans de vieillissement). Avec le second procédé, on produit les types suivants : blanc, rouge (tawny, ruby), vieux (10 ans, 20 ans, etc.).

Le xérès, vin muté issu de la région viticole de Jerez de la Frontera, en Espagne, doit aussi son succès aux Anglais, qui l'apprécient dès le début du XVIIe siècle et le rebaptisent « sherry ». L'élaboration du xérès obéit à des techniques traditionnelles. Pour obtenir un xérès fino, un fin voile de moisissures (la *flor*) doit apparaître à la surface du vin pour provoquer sa fermentation. Le mutage à l'eau-de-vie de vin intervient seulement après une classification en diverses catégories (fino, manzanilla, etc.). La *solera* consiste à mélanger le vin jeune et le vin vieux par un système de transvasements successifs d'un fût à un autre. À côté des finos, secs et légers, on trouve les

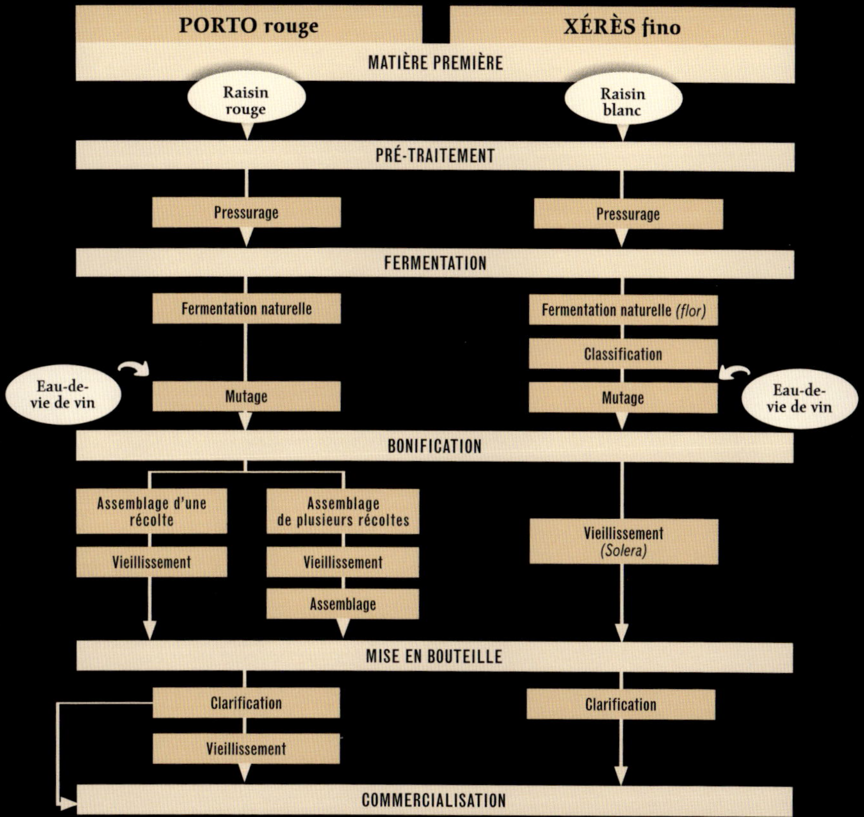
PORTO rouge
XÉRÈS fino
MATIÈRE PREMIÈRE
Raisin rouge
Raisin blanc
PRÉ-TRAITEMENT
Pressurage
Pressurage
FERMENTATION
Fermentation naturelle
Fermentation naturelle (flor)
Classification
Eau-de-vie de vin
Mutage
Mutage
Eau-de-vie de vin
BONIFICATION
Assemblage d'une récolte
Assemblage de plusieurs récoltes
Vieillissement
Vieillissement
Assemblage
Vieillissement (Solera)
MISE EN BOUTEILLE
Clarification
Vieillissement
Clarification
COMMERCIALISATION

LES ANISÉS

L'absinthe est une plante aromatique déjà connue des Grecs, qui lui accordaient des vertus thérapeutiques et la consommaient en tisane ou mélangée à du vin. Elle a donné son nom à une boisson spiritueuse de couleur verte, dont la recette est née en Suisse et que Henri-Louis Pernod sut exploiter en installant une première distillerie à Pontarlier, dans le Doubs, en 1805. L'absinthe devint très populaire à la fin du XIXe siècle. On la versait sur un morceau de sucre posé dans une cuillère percée de trous, au-dessus d'un verre, avant d'ajouter de l'eau. La vogue de cet alcool entraîna la profusion d'absinthes de mauvaise qualité. À la suite d'une campagne qui dénonçait ses effets dévastateurs sur le système nerveux, l'absinthe fut interdite en France en 1915. De nombreux produits de substitution, comme le pastis et le Pernod, sont apparus depuis. Ils contiennent tous des extraits de plantes anisées, comme l'anis vert ou la badiane ; certains comprennent du fenouil et de l'essence de réglisse (pastis), d'autres de la menthe et de la coriandre (Pernod).

Depuis 1988, la fabrication d'absinthe est à nouveau légale. La nouvelle formule, toujours à base d'absinthe et de plantes anisées, est semblable à celle d'antan et sa teneur en alcool de 45 à 70 % Vol. environ a été maintenue ; en revanche, ses substances nocives (comme la thuyone) sont maintenant limitées à de très faibles doses.

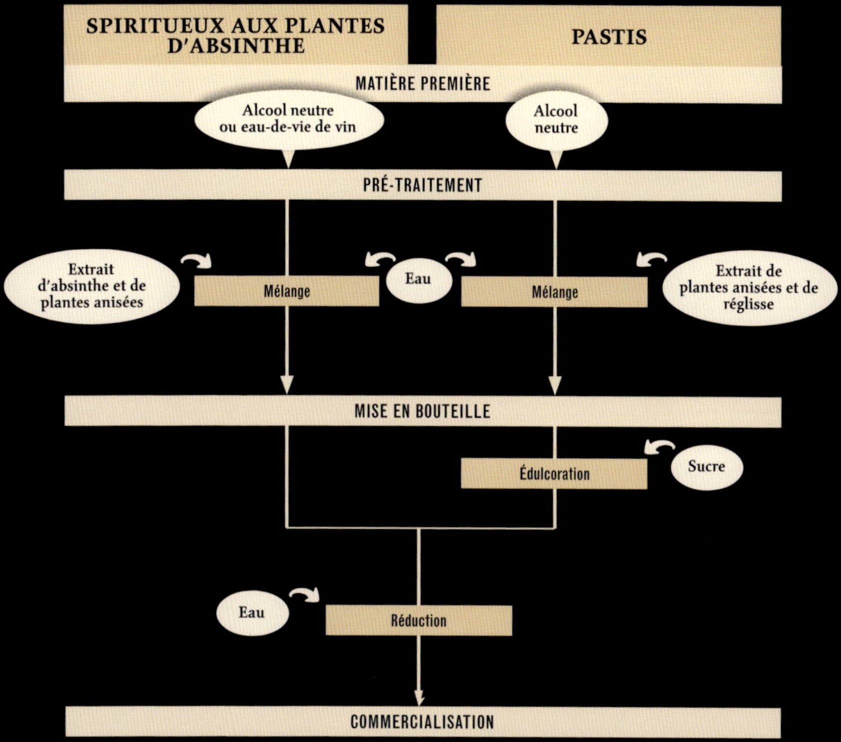
SPIRITUEUX AUX PLANTES D'ABSINTHE
PASTIS
MATIÈRE PREMIÈRE
Alcool neutre ou eau-de-vie de vin
Alcool neutre
PRÉ-TRAITEMENT
Extrait d'absinthe et de plantes anisées
Mélange
Eau
Mélange
Extrait de plantes anisées et de réglisse
MISE EN BOUTEILLE
Édulcoration
Sucre
Eau
Réduction
COMMERCIALISATION

LES LIQUEURS

Les liqueurs se boivent traditionnellement en digestif, mais certains amateurs les préfèrent servies avec de la glace. Elles entrent dans la composition de nombreux cocktails.

Tout l'art des liquoristes consiste à choisir avec soin les composants, à doser les mélanges, et à déterminer le vieillissement ainsi que le taux de sucre optimal.

Pour satisfaire le goût des consommateurs et évoquer la présence de certains ingrédients, les liquoristes font souvent usage de colorants : la cochenille, par exemple, pour les nuances de rouge, le safran, le caramel ou le miel pour les nuances de jaune, et l'indigo pour les nuances de bleu.

Les liqueurs préparées à base de plantes ou d'écorces de fruits (comme l'orange dans le curaçao) sont obtenues par la distillation d'un alcool neutre dans lequel des plantes, des épices et/ou des écorces ont macéré pendant quelques semaines. La loi réglemente la teneur en sucre de ces liqueurs à 100 g/l au minimum.

Les crèmes sont des liqueurs à forte teneur en sucre. La dénomination légale pour les « crème de… » suivies du nom de la matière première utilisée (cacao blanc, menthe, etc.) impose une teneur en sucre d'au moins 250 g/l.

Les crèmes de fruit sont obtenues par une macération de fruits dans de l'alcool neutre. Pour la crème de cassis, la teneur en sucre est relevée à 400 g/l au minimum.

Les nouveautés dans le domaine des liqueurs sont liées aux progrès de l'industrie de l'aromatisation. L'arrivée de nouveaux arômes a permis de lancer des liqueurs – comme la manzana verde, aromatisée à la pomme verte – en partant de substances pour lesquelles l'extraction directe des arômes était difficile.

Ces liqueurs sont obtenues par l'aromatisation et l'édulcoration d'un alcool neutre, et doivent également contenir du sucre, à hauteur de 100 g/l au minimum. L'alcool neutre utilisé pour la fabrication des liqueurs provient généralement de la distillation des betteraves sucrières.

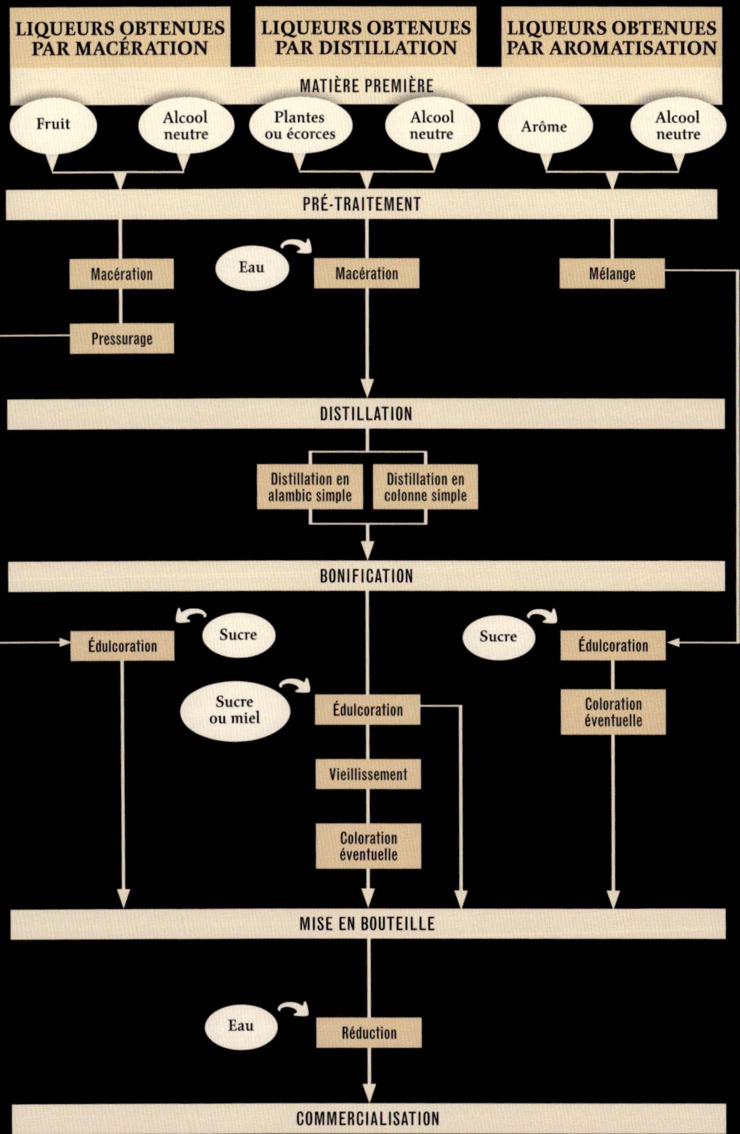
LIQUEURS OBTENUES PAR MACÉRATION
LIQUEURS OBTENUES PAR DISTILLATION
LIQUEURS OBTENUES PAR AROMATISATION
MATIÈRE PREMIÈRE
Fruit
Alcool neutre
Plantes ou écorces
Alcool neutre
Arôme
Alcool neutre
PRÉ-TRAITEMENT
Macération
Eau
Macération
Mélange
Pressurage
DISTILLATION
Distillation en alambic simple
Distillation en colonne simple
BONIFICATION
Édulcoration
Sucre
Sucre
Édulcoration
Sucre ou miel
Édulcoration
Coloration éventuelle
Vieillissement
Coloration éventuelle
MISE EN BOUTEILLE
Eau
Réduction
COMMERCIALISATION

LES JUS DE FRUITS

Autrefois, la consommation des jus de fruits se limitait au jus de raisin et au jus de pomme que l'on buvait autour du pressoir au moment des vendanges et de la fabrication du cidre. La conservation de ces jus au-delà de quelques jours était impossible, car le phénomène de fermentation naturelle ne tardait pas à se déclencher.

De nos jours, grâce à la réfrigération et surtout à la pasteurisation, une grande variété de jus de fruits est proposée aux consommateurs, sous diverses dénominations.

Les « jus de fruits frais », vendus au rayon réfrigéré avec une date limite de consommation d'une quinzaine de jours, sont produits à partir d'une simple pression des fruits et mis en bouteille sans aucun additif ni traitement. Les autres jus de fruits ont subi une « flash-pasteurisation ». Cette opération consiste à soumettre brièvement le produit à une température élevée afin de le stériliser en lui conservant toutes ses qualités.

Les « jus de fruits » (ou « pur jus de fruits »), sont constitués à 100 % de jus de fruits.

Les « jus de fruits à base de concentré » (ou jus de fruits reconstitués) ont nécessité l'apport d'un volume d'eau pour être commercialisés. En effet, les fruits pressés sur le lieu de production ont subi un traitement avec évaporation, cela pour faciliter le stockage et le transport.

Les « nectars de fruits » sont des boissons caractérisées par une teneur en fruits plus faible (car ils sont souvent trop puissants en arômes) et un apport de sucre.

Quant aux boissons aux fruits, elles n'obéissent à aucune réglementation particulière.

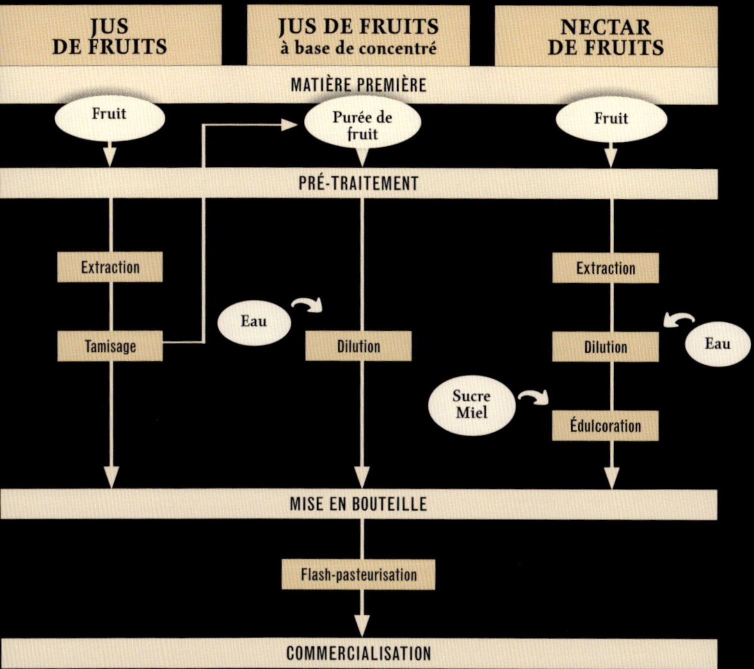
JUS DE FRUITS
JUS DE FRUITS à base de concentré
NECTAR DE FRUITS
MATIÈRE PREMIÈRE
Fruit
Purée de fruit
Fruit
PRÉ-TRAITEMENT
Extraction
Extraction
Eau
Tamisage
Dilution
Dilution
Eau
Sucre Miel
Édulcoration
MISE EN BOUTEILLE
Flash-pasteurisation
COMMERCIALISATION

Les mots du bar

Les astérisques (*) signalent les mots qui font l'objet d'une définition dans ce glossaire.

A

ABSINTHE
▶ Voir Spiritueux aux plantes d'absinthe

ADDITIF AROMATIQUE • ingrédient qui permet d'ajuster le goût final du cocktail. Selon sa couleur, il agit également sur son aspect visuel. C'est, avec la base* et le corps*, l'un des 3 composants du cocktail. Il sert soit à mettre en valeur un arôme déjà présent dans l'alcool de base du cocktail, soit à apporter un parfum supplémentaire. Il peut être soit sucré (sirop* ou liqueur*), soit amer (bitter* ou bitters*).

AFTER-DINNER • terme anglais qui désigne une boisson que l'on consomme après le repas, en guise de digestif.

AGAVE • nom de la plante à partir de laquelle on élabore des eaux-de-vie au Mexique. La tequila* 100 % agave est élaborée uniquement à partir de la variété d'agave *A. tequilana* Weber bleue.

AIRELLE ▶ Voir Canneberge

ALCOOL NEUTRE • il s'agit d'un alcool qui a été distillé à un haut degré (96 % Vol.) dans le but d'atténuer les caractères organoleptiques (arôme, goût, couleur) provenant de la matière première utilisée. Lorsqu'il est élaboré à partir de betteraves sucrières, on parle d'alcool surfin.

ALCOOL SURFIN
▶ Voir Alcool neutre

AMARETTO • liqueur* italienne obtenue par la macération d'amandes de noyaux d'abricot et d'alcool, avec addition d'eau et de sucre (25 à 28 % Vol.). La marque la plus connue est Amaretto Disaronno, créée en 1817.

AMER ▶ Voir Bitter

ANGOSTURA BITTERS • amer* concentré, de couleur brun-rouge, inventé en 1824 par le docteur Siegert à Ciudad Bolivar (autrefois Angostura) au Venezuela, et produit de nos jours à Trinidad, dans les Antilles britanniques. Il s'agit d'un rhum* aromatisé à la gentiane et aux extraits de plantes et d'épices (44,7 % Vol.).

ANISÉ OU APÉRITIF ANISÉ • spiritueux* au goût d'anis dominant qui est obtenu par un extrait de plantes (anis vert, badiane, fenouil…) auquel on ajoute de l'alcool, de l'eau et du sucre. Transparents ou teintés, les anisés s'opacifient lorsqu'on y ajoute de l'eau ou de la glace pilée. Les deux marques les plus connues sont Pernod (45 % Vol.), qui a été mise au point en 1922 par les maisons Pernod & Fils et Hémard, et le pastis Ricard (45 % Vol.), qui a été inventé par Paul Ricard en 1932.

APÉRITIF • nom utilisé pour désigner des boissons alcoolisées au goût sec, parfois amer, censées ouvrir l'appétit (« apéritif » vient du mot latin *aperire*, « ouvrir »). C'est également une expression qui évoque le moment où l'on consomme cette même boisson.

APPLEJACK • eau-de-vie* de cidre (semblable au calvados*) qui est élaborée dans le New Jersey sur la côte est des États-Unis depuis le début du XVIIIe siècle. La marque la plus populaire s'appelle Laird ; elle a été fondée en 1780 et titre 40 à 50 % Vol.

APRICOT BRANDY • liqueur* obtenue par la macération d'abricots dans une eau-de-vie* de vin, avec addition d'au moins 100 g de sucre/l (24 à 30 % Vol.).

ARMAGNAC • eau-de-vie* de vin (raisin blanc) élaborée dans une région délimitée de la Gascogne, protégée par une appellation d'origine contrôlée (40 % Vol.). L'eau-de-vie est mise à vieillir au minimum 2 ans en fût de chêne avant d'être commercialisée, soit directement, soit après assemblage avec d'autres armagnacs d'âges différents. Certains millésimes dépassent 20 ans d'âge. L'armagnac est rarement utilisé dans la préparation des cocktails.

B

BAILEYS ▶ Voir Irish cream

BANANE (CRÈME DE) • liqueur* obtenue par l'aromatisation d'un alcool* neutre avec un extrait de banane, coloré en jaune et contenant au moins 250 g de sucre/l (24 à 30 % Vol.).

BASE • eau-de-vie* choisie pour ses qualités organoleptiques (arôme, goût, couleur) et autour de laquelle est construit le cocktail. C'est, avec l'additif* aromatique et le corps*, l'un des 3 composants du cocktail. Ce peut être du gin*, de la vodka*, du whisky*, du rhum*, du brandy*, de la tequila*, etc.

BEFORE DINNER ▶ Voir Apéritif

BÉNÉDICTINE • liqueur* à base de plantes et d'aromates (angélique, coriandre, hysope, mélisse, myrrhe, noix muscade, clou de girofle, etc.), de couleur jaune ambré, élaborée par des moines bénédictins au XVIe siècle. Elle fut exploitée commercialement à partir de 1863, à Fécamp, par un certain Alexandre Le Grand (40 % Vol.).

BIÈRE • boisson alcoolisée obtenue à partir d'un moût* sucré à base d'orge, additionné de houblon. Elle titre 4 à 7 % Vol.

BITTER OU AMER • boisson alcoolisée au goût amer dominant, élaborée avec un alcool* neutre aromatisé avec des extraits de plantes. Le plus célèbre est le Campari* (24 % Vol.).

BITTERS • amer concentré dont on n'utilise que quelques gouttes pour aromatiser un cocktail. Avant 1900, il existait plus d'une dizaine de marques de bitters ; les plus connus aujourd'hui sont l'Angostura* bitters, le Peychaud's* bitters, et l'orange* bitters.

BLEND • mot anglais utilisé pour désigner le mélange d'au moins 2 spiritueux, aux caractéristiques organoleptiques (arôme, goût, couleur) différentes. En Écosse, la dénomination « blend » s'emploie pour qualifier un mélange de whisky de malt et de whisky de grain.

BOSTON (shaker) • terme employé pour désigner un shaker né aux États-Unis, composé de deux parties qui s'emboîtent partiellement : la partie inférieure est composée d'un grand verre tandis que la partie supérieure est formée d'une sorte de timbale en métal dont le diamètre supérieur est plus grand que celui du verre. Ce shaker ne comporte pas de filtre incorporé.

BOURBON ▶ Voir **Whisky**

BOWL ▶ Voir **Cup**

BRANDY • terme anglais qui désigne l'eau-de-vie* dans les pays anglo-saxons. Employé seul, le terme brandy s'applique aux eaux-de-vie de vin comme le cognac* (raisin blanc) et le pisco* (raisin blanc). Associé au nom d'un fruit, il qualifie l'alcool tiré de ce fruit ou une liqueur* additionnée d'eau-de-vie de cidre, etc. Apple brandy désigne, par exemple, le calvados*.

BUCKS • famille de cocktails apparue dans les années 1920. Un buck se compose d'une eau-de-vie*, de jus de citron et de ginger* ale et se garnit avec un zeste de citron.

C

CACAO (crème de) • liqueur* obtenue par l'aromatisation d'un alcool* neutre avec un extrait de cacao, coloré en brun ou non, contenant au moins 250 g de sucre/l (24 à 30 % Vol.).

CACHAÇA ▶ Voir **Rhum**

CAFÉ (liqueur de) • préparation obtenue par l'aromatisation d'un alcool* neutre avec un extrait de café, coloré en brun et contenant au moins 100 g de sucre/l (24 à 26,5 % Vol.).

CALVADOS • eau-de-vie* (40 % Vol. minimum) produite à partir de cidre (et de 30 % de jus de poire pour le calvados Domfrontais). La zone de production du calvados AOC est délimitée principalement en Basse-Normandie. Le calvados Pays d'Auge AOC est essentiellement produit dans le département du Calvados et, après une double distillation, il subit un vieillissement d'au moins 2 ans. Le calvados Domfrontais AOC doit vieillir plus de 3 ans.

CAMPARI • marque commerciale d'un bitter* parfumé avec des extraits de racines, de fruits et d'aromates, et coloré en rouge (25 % Vol.). Cet amer fut mis au point par Gaspare Campari dans les années 1860 à Milan. Il est à l'origine de l'invention du cocktail Americano, composé à parts égales de Campari et de vermouth* rosso (▷ p. 495).

CANADIAN WHISKY ▶ Voir Whisky

CANNEBERGE • petite baie rouge (*cranberry* en anglais) au goût acidulé, proche de l'airelle. Le jus de canneberge se différencie des autres jus et nectars de fruits par son goût acidulé et astringent.

CASSIS (CRÈME DE) • spécialité de Dijon depuis 1845, obtenue par la macération de baies de cassis dans de l'alcool* neutre, avec addition d'eau et d'au minimum 400 g de sucre/l (15 à 20 % Vol.).

CERISE AU MARASQUIN • fruit coloré en rouge utilisé pour garnir certains cocktails. À leur apparition à la fin du XIXe siècle, les cerises étaient conservées dans de la liqueur marasquin* (liqueur maraschino), mais aujourd'hui elles sont préservées dans un liquide sucré, qui imite le goût d'amande de cette liqueur.

CHAMPAGNE • vin effervescent (environ 12 % Vol.) d'appellation contrôlée, qui est élaboré dans la région viticole de Reims selon une méthode de fermentation particulière. L'effervescence apparaît durant le vieillissement en bouteille, avec le déclenchement d'une seconde fermentation. On procède ensuite à un dosage avec un mélange de vin et de sucre (en quantité plus ou moins importante), qui permet d'obtenir un champagne plus ou moins sucré : extra-brut, brut, sec ou demi-sec.

CHARTREUSE • liqueur* des pères chartreux, inspirée d'une recette du début du XVIIe siècle, aromatisée avec des extraits de plus d'une centaine de plantes et d'épices (mélisse, hysope, feuilles d'angélique, cannelle, safran, etc.). On distingue la Chartreuse verte (55 % Vol.), créée en 1764, et la Chartreuse jaune, plus douce (40 % Vol.), mise au point en 1838. Elles sont élaborées à Voiron, près de Grenoble, dans le massif de la Grande-Chartreuse.

CHAUD (cocktail) • mélange qui se sert chaud dans un verre toddy* (résistant à la chaleur), en général durant la saison froide.

CHERRY BRANDY • liqueur* obtenue par la macération de cerises dans une eau-de-vie* de vin, et additionnée d'au moins 100 g de sucre/l (24 à 30 % Vol.). Les marques les plus connues sont Cherry Heering, créée au Danemark en 1818 (24,7 % Vol.), et Cherry Rocher, mise au point au milieu du XIXe siècle à La Côte-Saint-André, en Isère (24 % Vol.).

COBBLERS • famille de cocktails apparue au début des années 1800 aux États-Unis. Un cobbler se compose d'une eau-de-vie*, de sucre, et il est garni avec des fruits de saison.

COCO (crème de) • liquide épais, non alcoolisé, élaboré dans les Caraïbes depuis les années 1950, à partir de pulpe de noix de coco et de sucre de canne. La marque la plus connue est Coco Lopez, créée en 1954 à Porto Rico dans les Caraïbes, et qui a inspiré la fameuse Piña Colada (▷ p. 338).

COCO (liqueur de) • préparation obtenue par l'aromatisation d'un rhum* (ou d'un alcool* neutre) avec un extrait aromatique de noix de coco et contenant au moins 100 g de sucre/l (20 à 24 % Vol.).

COGNAC • eau-de-vie* de vin (raisin blanc) élaborée dans la région des Charentes. Le cognac est une appellation d'origine contrôlée (AOC) et sa production (récolte, distillation, vieillissement) doit s'effectuer exclusivement dans la zone délimitée. Elle est obtenue avec un assemblage complexe d'eaux-de-vie d'âges et de crus différents (40 % Vol. minimum).

COINTREAU • liqueur* obtenue par l'aromatisation d'un alcool* neutre avec un extrait aromatique d'écorces d'oranges douces et amères (40 % Vol.). Elle est élaborée par la société du même nom, fondée en 1849, qui a créé ce fameux curaçao* triple sec en 1875 à Angers.

COLA • soda* aromatisé avec des extraits végétaux et coloré avec du caramel, dont la recette fut mise au point aux États-Unis dans les années 1880.

COLADAS • famille de cocktails qui s'est constituée dans les années 1950. Une colada se compose d'une eau-de-vie*, de crème de coco* et d'un jus de fruit.

COLLINS • famille de cocktails apparue à la fin des années 1860 aux États-Unis, qui aurait vu le jour à Londres au début des années 1800. Un collins se compose d'une eau-de-vie*, de sucre, de jus de citron et d'eau gazeuse. Si, à l'origine, il s'agissait d'un grand fizz* (le double de quantité) élaboré au shaker, un collins se différencie aujourd'hui du fizz par son élaboration au verre directement et une proportion plus importante de jus de citron.

COOLERS • famille de cocktails initialement non alcoolisée, apparue à la fin des années 1880 aux États-Unis. Un cooler se compose d'une eau-de-vie*, de sucre et de ginger* ale.

CORDIAL • terme utilisé aux États-Unis pour les liqueurs*. Au XIXe siècle, le mot « cordial » désignait les produits sucrés comme les liqueurs (curaçao, par exemple), mais aussi les sirops* (lime cordial, par exemple). De nos jours, le mot est principalement employé pour parler des sirops.

CORPS • ingrédient qui donne au cocktail sa consistance (fluide, crémeuse, épaisse, pétillante, etc.) et qui, selon la quantité utilisée, permet d'obtenir un short* drink ou un long* drink. C'est, avec l'additif* aromatique et la base*, l'un des 3 composants du cocktail. Ce peut être du vermouth*, du vin*, du porto*, du jus* de fruits, du champagne*, mais aussi du lait.

CORPSE REVIVER • nom donné à une boisson censée aider à surmonter les lendemains difficiles. C'est aussi le nom d'un cocktail à base de cognac* (▷ p. 442) fortement alcoolisé.

CRÈME • nom donné à une liqueur* à forte teneur en sucre, supérieure à 250 g de sucre/l. La crème de cassis* doit en contenir au minimum 400 g/l.

CRUSTAS • famille de cocktails inventée dans les années 1840 par Joseph Santini au City Exchange à La Nouvelle-Orléans. Un crusta se compose d'une eau-de-vie*, de jus de citron, de sucre et d'un bitters*, et il est garni avec un zeste de citron.

CUILLÈRE À MÉLANGE • cuillère en métal qui permet de mélanger les cocktails préparés au verre à mélange ou directement dans le verre de service. Elle est également utilisée pour l'élaboration des shooters* (▷ p. 94) ou pour mesurer la quantité d'un ingrédient (son contenu est l'équivalent d'une cuillerée à café). Enfin, sa tige torsadée évite qu'elle ne glisse entre les doigts lorsque de la condensation se forme au contact des glaçons. Elle est souvent terminée par un petit pilon, qui sert à écraser certains ingrédients, des feuilles de menthe par exemple.

CUP • nom donné, vers la fin du XVIIe siècle, dans les clubs anglais et dans les tavernes américaines, à une boisson préparée dans un contenant semblable à un grand bol (« bowl »), afin de servir un grand nombre de personnes.

CURAÇAO • nom donné aux liqueurs* élaborées à partir d'un alcool* neutre aromatisé avec de l'essence d'écorces d'oranges douces et amères (bigarade). On distingue le curaçao triple sec (35 à 40 % Vol.), le curaçao bleu (25 % Vol.) et le curaçao orange (30 % Vol.). Le Cointreau* est une marque de curaçao triple sec.

D

DAISIES • famille de cocktails apparue aux États-Unis dans les années 1870. Un daisy se compose d'une eau-de-vie*, de jus de citron, d'eau gazeuse, de curaçao* et de sucre.

DASH ▶ Voir Trait

DÉSALTÉRANT (cocktail) • mélange qui apaise la soif ; il contient souvent un jus d'agrume et/ou un soda.

DIGESTIF • terme qui qualifie une boisson que l'on consomme après le repas.

DISTILLAT • liquide obtenu par condensation de la vapeur recueillie en fin de distillation.

DRAMBUIE • Liqueur* dont les origines remontent au XVIIIe siècle et qui résulte d'un assemblage de whiskys de malt et de whiskys de grain écossais aromatisé avec des épices, et sucré avec du miel de bruyère (40 % Vol.). Elle fut commercialisée à partir de 1909 par Malcolm Mackinnon, mais la recette reste secrète.

DRY ▶ Voir Sec

DUBONNET • marque commerciale d'un vin* aromatisé amer qui fut inventé en 1846 à Paris par Joseph Dubonnet. La recette originale titre 14,8 % Vol., mais un autre Dubonnet rouge et un Dubonnet blanc, qui titrent 19 % Vol., ont ensuite été créés pour le marché américain.

E

EAU-DE-VIE • boisson obtenue par la distillation d'un moût* fermenté issu de matières premières diverses : les fruits permettent d'obtenir des eaux-de-vie comme le cognac*, le calvados*, le kirsch* ; les céréales, la vodka*, le gin*, le whisky* (ou whiskey) ; les plantes, la tequila* et le rhum* ; et les légumes (pomme de terre notamment), la vodka également, ou l'alcool surfin. Selon la réglementation, chaque eau-de-vie est commercialisée après un vieillissement ou non.

EGG NOGS • famille de cocktails apparue avant le XIXe siècle aux États-Unis. Un egg nog se compose d'une eau-de-vie*, d'un jaune d'œuf, de lait et de sucre.

EXTRAIT • préparation obtenue en concentrant une solution résultant de l'épuisement d'une substance par un solvant tel que l'eau, l'alcool ou l'éther. On obtient ainsi des substances aromatiques de plantes, de racines, d'épices ou de fruits.

F

FANCY DRINK • terme anglais qui signifie « boisson fantaisie », qui est utilisé pour désigner une boisson dont l'aspect visuel est plus travaillé que nécessaire.

(verres, bouteilles, shaker...) requis pour l'élaboration de la boisson. Cette technique, qui fait l'objet de concours, concerne essentiellement les professionnels. On distingue le « working flair », que l'on traduit par « flair productif » ; et l'« exhibition flair », que l'on traduit par « flair d'animation ». Les mouvements du premier permettent de réaliser un cocktail quel que soit le niveau de liquide contenu dans les bouteilles.

FRAMBOISE (crème de) • liqueur* obtenue par la macération de framboises dans de l'alcool* neutre, avec addition d'eau et d'au minimum 250 g de sucre/l (15 à 20 % Vol.).

FRAPPÉ • terme utilisé lorsqu'un cocktail est servi dans un verre martini sur une grande quantité de glace pilée. Avant l'apparition du mixeur électrique, qui a permis d'obtenir 'aspect frozen* (▷ p. 92), c'est cette echnique qui était le plus efficace oour obtenir un cocktail aussi frais que possible.

FROZEN • terme anglais qui signi-ie givré, utilisé lorsqu'on obtient ın aspect de granité, en mélangeant lans une bonne proportion les ingré-lients et les glaçons au mixeur élec-rique (▷ p. 92).

FRUITÉ (cocktail) • mélange contenant un ou plusieurs jus de ruits, et dans lequel le goût de fruit rais domine.

G

GALLIANO • liqueur* inventée en 1896 par Arturo Vaccari en Toscane. Elle est obtenue par l'aromatisation d'un alcool par des extraits de plan-es (badiane, lavande, vanille, etc.), et olorée en jaune (30 % Vol.).

GIN • eau-de-vie* obtenue par 'aromatisation d'un alcool neutre en général, à partir de céréales) avec ın extrait de genièvre. Le London gin, qui peut être produit partout dans le nonde, est distillé avec des baies de genièvre et d'autres aromates (grai-nes de cardamome, racines d'angé-ique, graines de coriandre, etc.). Le Plymouth gin est, lui aussi, distillé avec des baies de genièvre et d'autres aromates, mais il ne peut être éla-boré qu'à Plymouth en Angleterre. l bénéficie à ce titre d'une appella-

GINGER ALE • soda* légèrement aromatisé au gingembre. La marque la plus connue est Canada Dry qui fut mise au point en 1904 par John J. McLaughlin à Toronto.

GINGER BEER • boisson gazeuse non alcoolisée d'origine britannique, qui semble provenir de Jamaïque où elle est produite depuis plusieurs siècles. Elle est obtenue par la mise en bouteille d'un liquide à base de gingembre frais lors du début de sa fermentation. Ginger ale et ginger beer désignaient autrefois une même boisson, mais, aujourd'hui, le gin-ger beer a un goût de gingembre plus puissant. Les principales marques sont D & G et Reed's.

GIVRAGE D'UN VERRE • opéra-tion (▷ p. 97) qui consiste à imbiber le bord d'un verre avec un liquide (le plus souvent du jus de citron) et à le tremper dans un ingrédient en pou-dre (sel fin ou sucre).

GRAND MARNIER CORDON ROUGE • créée en 1880 par la société Marnier-Lapostolle, cette liqueur est obtenue en mariant le parfum d'oranges bigarades à des cognacs* rigoureusement sélection-nés (40 % Vol.)

GRENADINE (sirop de) • autre-fois élaboré à partir du fruit du gre-nadier (la grenade), il est aujourd'hui obtenu par la dissolution d'une

aromatisée avec des extraits de jus de fruits rouges et de vanille, voire même de citron.

GROG • nom donné à une boisson chaude élaborée avec du rhum*, du jus de citron, du sucre et de l'eau bouillante. Le nom vient du surnom donné par les marins de la Royal Navy à l'amiral Edward Vernon, qui leur avait imposé de couper leur ration de rhum avec de l'eau.

H-I

HIGHBALLS • famille de cocktails apparue dans les années 1890 aux États-Unis. Un highball se compose d'une eau-de-vie*, d'une boisson gazeuse et parfois d'un zeste de citron. Highball est également le nom donné à un verre dont les parois sont hautes et droites. D'une contenance d'environ 35 cl, ce verre à long* drink est utilisé pour servir une boisson allongée d'un soda ou d'un jus de fruit. Il est parfois appelé collins ou grand tumbler.

IRISH CREAM • liqueur* d'origine irlandaise obtenue à partir de whiskey* irlandais (Irish whiskey), de crème fraîche et de cacao (17 Vol.). La marque la plus connue est Baileys, qui inventa cette catégorie de liqueur en 1974.

IRISH WHISKEY ▶ Voir Whisky

J-K

JIGGER • nom anglais qui désigne un doseur à alcool. Les doses utilisées pour la préparation des cocktails peuvent varier d'un pays à un autre ; en France, elles sont de 2 cl et de 4 cl.

JULEPS • famille de cocktails apparue peu avant 1800 aux États-Unis. Un julep se compose d'une eau-de-vie*, de feuilles de menthe fraîche et de sucre.

JUS • liquide obtenu par pressurage d'un fruit ou d'un légume. Il peut être constitué à 100 % de jus de fruits ou être « à base de concentré ». Les nectars de fruits sont des boissons plus épaisses avec une teneur en fruits plus faible et un apport de sucre et d'additifs (nectar de banane, par exemple).

KIRSCH • eau-de-vie* de cerise produite principalement en France, en Suisse et en Allemagne. Son goût diffère selon que les cerises sont pressées en contact avec le noyau ou non. Après la distillation, le kirsch est mis à vieillir plusieurs mois, en bombonne de verre.

KRUPNIK • liqueur* traditionnelle polonaise dont la recette remonterait à plusieurs siècles et qui résulte de l'aromatisation d'une vodka* par des épices avec addition de miel (40 % Vol.).

L

LEMON-LIME SODA • boisson gazeuse aromatisée aux extraits de citron et de citron vert. Le Seven-Up, inventé en 1928 par Charles Grigg aux États-Unis, est la marque la plus représentative.

LIME CORDIAL • sirop* obtenu par l'édulcoration d'un jus de citron vert. Ce sirop fut inventé par Lauchlan Rose à Édimbourg en 1865. La marque principale de lime cordial est Rose's Lime Juice Cordial.

LIMONCELLO • liqueur* d'origine italienne, produite dans la région d'Amalfi, qui s'est popularisée au XXe siècle. Elle est obtenue par la macération de zestes de citron dans de l'alcool* neutre, avec addition de sucre et d'eau (30 % Vol.). La marque de référence est Limoncello di Capri ; elle a été créée en 1988.

LIQUEUR • boisson alcoolisée obtenue par mélange d'alcool* neutre ou d'eau-de-vie*, d'aromates (fruits, plantes, écorces, graines), de sucre, éventuellement de miel ou de glucose, et titrant au moins 15 % Vol. Une liqueur contient entre 100 et 250 g de sucre/l ; les crèmes* sont nettement plus sucrées (jusqu'à 400 g/l pour la crème de cassis). Les liqueurs peuvent être préparées à base de différents fruits ou d'écorces de fruits : orange (curaçao*, Cointreau*, Grand* Marnier Cordon Rouge) ; cerise (cherry* brandy, marasquin*) ; abricot (apricot* brandy) ; cassis (crème de cassis*), etc. ; mais aussi de plantes (Bénédictine*, Chartreuse*, crème de menthe*, Galliano*).

LIQUOREUX (cocktail) • mélange au goût douceâtre, du fait de la quantité de sucre qu'il contient. Ce type de cocktail se sert de préférence en digestif.

LITCHI (liqueur de) • préparation obtenue en aromatisant un alcool neutre avec un extrait de litchi, qui contient au moins 100 g de sucre/l (20 à 24 % Vol.). La marque la plus connue s'appelle Soho en Europe et Dita en Asie.

LONG DRINK • se dit d'une boisson qui représente un volume supérieur à 12 cl environ.

LYCHEE ▶ Voir Litchi

M

MALIBU • liqueur* créée en 1980, élaborée à la Barbade à partir de rhum* et aromatisée avec un extrait de coco, puis sucrée avec au moins 100 g de sucre/l (24 % Vol.).

MALT • mot d'origine anglaise désignant une céréale (l'orge principalement) dont la germination est provoquée artificiellement, puis interrompue. Elle est ensuite séchée, torréfiée et réduite en farine. Dans l'industrie des boissons alcoolisées, on utilise principalement l'orge maltée, mais, pour obtenir certaines vodkas*, on emploie du seigle malté.

MANZANA VERDE • liqueur* originaire d'Espagne, obtenue en aromatisant un alcool* neutre avec un extrait de pomme verte (granny smith), qui contient au moins 100 g de sucre/l (18 à 20 % Vol.). En anglais, cette liqueur est appelée Apple Schnapps. Les principales marques commerciales de manzana verde en France sont Izarra et Vedrenne.

MARASCHINO
▶ Voir Marasquin (liqueur)

MARASQUIN (cerise au)
▶ Voir Cerise au marasquin

MARASQUIN (liqueur) • boisson alcoolisée d'origine italienne (liqueur* Maraschino), mise au point à Zara (l'actuelle Zadar en Croatie) en 1821 par Girolamo Luxardo. Elle est obtenue par la distillation d'un moût* fermenté de marasque, variété de cerise amère, puis additionnée d'au moins 100 g de sucre/l (30 à 32 % Vol.). La marque de référence est toujours Luxardo.

MARTINI ▶ Voir Vermouth

MARTINI (verre) • verre à pied de profil triangulaire recommandé pour servir un short drink « straight up* », « frappé* » et, souvent, « frozen* ». Le nom lui vient du célèbre Dry Martini (▷ p. 169) qui est habituellement servi dans ce type de verre. Il est aussi communément appelé verre à cocktail.

MELOCOTON • liqueur* obtenue en aromatisant un alcool* neutre avec un extrait de pêche, qui contient au moins 100 g de sucre/l (18 à 20 % Vol.). Ce type de liqueur est également appelé « peach schnapps » en anglais. Les principales marques commerciales de melocoton en France sont Archer's et Vedrenne.

MELON (liqueur de) • boisson alcoolisée, de couleur verte, obtenue en aromatisant un alcool* neutre avec un extrait de melon d'hiver (à chair jaune ou verdâtre), qui contient au moins 100 g de sucre/l (20 à 25 % Vol.). C'est la marque japonaise Midori qui a créé la liqueur de melon verte en 1978.

MENTHE (crème de) • liqueur* d'origine anglaise, obtenue par l'aromatisation d'un alcool* neutre avec un extrait de menthe, puis sucrée et souvent colorée en vert (21 à 24 % Vol.). Elle s'est popularisée au XVIIIe siècle. Le Get 27 est une crème de menthe verte, tandis que le Get 31 est incolore.

MIXEUR • appareil électrique constitué d'un moteur et d'un contenant équipé à sa base d'une lame pour réduire en purée des ingrédients. Il est indispensable à la réalisation des cocktails « frozen* ». Le concept fut breveté aux États-Unis en 1922 par Stephen Poplawski et commercialisé quelques années plus tard. Un modèle plus fiable fut mis sur le marché en 1933 par Fred Osius et Fred Waring.

MIXOLOGIE • terme apparu à la fin des années 1890 à San Francisco, qui désigne l'ensemble des connaissances sur le bar, ses techniques, son historique, etc.

MIXOLOGISTE • personne qui contribue à la profession de barman en effectuant des recherches sur les mélanges, les techniques de travail ou l'historique du bar, reconnue par les professionnels qui lui attribuent ce titre.

MOCKTAIL • terme anglais apparu il y a plusieurs dizaines d'années, qui désigne un cocktail sans alcool.

MOÛT • nom donné au jus de raisin non fermenté à partir duquel se fait la vinification et aux jus de fruits et de végétaux que l'on fait fermenter pour élaborer des boissons alcooliques.

MÛRE (crème de) • liqueur* obtenue par la macération de mûres dans de l'alcool* neutre, à laquelle on ajoute de l'eau et au minimum 250 g/ l de sucre (15 à 20 % Vol.).

N-O

NECTAR ▶ Voir Jus

NIGHT CAP • terme anglais qui signifie « bonnet de nuit », utilisé pour désigner le dernier verre que l'on boit avant d'aller se coucher.

NOILLY PRAT ▶ Voir Vermouth

ONCTUEUX (cocktail) • mélange un peu épais ou nourrissant, car il contient souvent de la crème, du lait ou de l'œuf.

ON THE ROCKS • expression anglaise utilisée pour préciser que la boisson est versée sur des glaçons placés au fond d'un verre rocks*.

ORANGE BITTERS • amer* concentré dans lequel le goût d'orange est dominant. Il est obtenu par l'aromatisation d'un alcool* neutre avec des extraits de bigarade, ou orange amère (30 à 40 % Vol.). La principale marque commerciale d'orange bitters en France est Riemerschmidt.

ORGEAT (sirop d') • autrefois élaboré avec une pâte obtenue en écrasant des amandes douces et amères, il est aujourd'hui obtenu par la dissolution d'une matière sucrante dans de l'eau, aromatisée avec des extraits d'amandes douces et/ou amères.

P

PASSOIRE À GLAÇONS • accessoire utilisé pour retenir les glaçons employés pour rafraîchir une boisson préparée au verre à mélange, au shaker Boston ou au shaker continental, lorsque celle-ci doit être servie « straight up ».

PASSOIRE À PULPE • ustensile permettant de filtrer un liquide contenant des éléments en suspension (pulpe des fruits frais notamment).

PASTIS • spiritueux* au goût d'anis dominant qui est obtenu par un extrait de plantes (anis vert, badiane, fenouil...) et un extrait de réglisse auxquels on ajoute de l'alcool, de l'eau et du sucre (45 % Vol.). La marque la plus populaire est le pastis Ricard (45 % Vol.), qui a été inventé par Paul Ricard en 1932.

PERNOD • ▶ Voir Anisé

PEYCHAUD'S BITTERS • amer* concentré mis au point par Antoine Peychaud à La Nouvelle-Orléans dans les années 1830, en s'inspirant d'une recette créole qui daterait de 1793 (30 % Vol.). Sa composition est tenue secrète.

PICK ME UP • nom donné aux cocktails qui sont considérés comme des « remontants ».

PIMM'S • amer (bitter*) inventé par James Pimm à Londres dans les années 1840, et commercialisé à partir de 1859. Il est obtenu par l'aromatisation d'un gin* avec des plantes et des épices (25 % Vol.).

PISCO • eau-de-vie* de vin (raisin blanc) produite au Chili (on l'appelle le brandy chilien) et obtenu par la distillation d'un moût fermenté de raisins blancs. Après sa distillation, le pisco est commercialisé à des degrés alcooliques différents (35, 40 ou 45 % Vol.), vieilli (deux mois minimum) ou non. Une eau-de-vie, également dénommée pisco, est produite au Pérou, mais son goût et son processus de production sont différents.

PLYMOUTH GIN ▶ Voir Gin

PORTO • vin* muté à l'eau-de-vie de vin, issu des vignobles de la vallée du Douro au Portugal (environ 20 % Vol.). Avant vieillissement, on procède à un assemblage, soit entre plusieurs vins d'une même récolte pour obtenir les qualités « vintage » et « late bottled vintage » (LBV), soit entre différentes récoltes pour les qualités « ruby » et « tawny ». Les portos millésimés sont issus d'années où la récolte a été extrêmement bonne.

POUSSE-CAFÉ ▶ Voir Shooter

PROHIBITION • période de 1919 à 1933 durant laquelle la consommation d'alcool a été interdite aux États-Unis. Cette interdiction s'appliquait à toutes les boissons ayant un taux d'alcool supérieur à 0,5 % Vol. Quelques eaux-de-vie et amers (bitters*) aux vertus revigorantes pouvaient toutefois être obtenues légalement sur présentation d'une prescription médicale.

PROOF • échelle utilisée aux États-Unis pour indiquer le degré alcoolique d'une boisson. Il suffit de diviser le résultat par deux pour avoir le pourcentage d'alcool par volume (% Vol.).

PUFFS • famille de cocktails apparue aux États-Unis dans les années 1890. Un puff se compose d'une eau-de-vie*, de lait, de sucre et parfois d'eau gazeuse.

PUNCHES • famille de cocktails apparue probablement à la Barbade en 1650. Le punch s'est longtemps préparé en grande quantité. Très variée, sa composition se fait avec les ingrédients suivants : une eau-de-vie*, un ingrédient sucré (sucre, sirop, liqueur…), le jus d'un agrume (citron, citron vert, orange…) et/ou de l'eau (eau plate, eau gazeuse, thé…).

R

RICARD ▶ Voir Pastis

RICKEYS • famille de cocktails apparue aux États-Unis vers 1900. Un rickey se compose d'une eau-de-vie*, de jus de citron vert et d'eau gazeuse.

ROCKS (verre) • verre utilisé pour servir une eau-de-vie* ou un short* drink avec des glaçons. Son nom lui vient de l'expression « on the rocks », qui désigne en anglais le fait de servir une boisson sur des glaçons. Ce type de verre est également connu sous le nom de old-fashioned ou encore de petit tumbler.

RHUM • eau-de-vie* obtenue par la fermentation alcoolique et la distillation soit des mélasses provenant de la fabrication du sucre de canne (on parle alors de rhum industriel ou de rhum de sucrerie), soit directement du jus (vesou) de la canne à sucre (c'est ce qu'on appelle le rhum agricole ou le rhum de distillerie). Les rhums portoricain, cubain et jamaïcain sont des rhums de mélasse, au goût plus ou moins boisé. Le rhum agricole est le plus aromatique des rhums. Chaque type peut être blanc, ambré, vieux, etc. La cachaça est une eau-de-vie brésilienne produite à partir de mélasse ou de jus de canne à sucre.

RYE WHISKEY ▶ Voir Whisky

S

SANGAREES • famille de cocktails apparue dans les Antilles britanniques avant les années 1820. Un sangaree se compose d'une eau-de-vie*, d'un vin* muté, de sucre et se garnit avec de la noix muscade.

SCAFFAS • famille de cocktails apparue avant les années 1860 aux États-Unis, dont les ingrédients étaient superposés en pousse*-café avant les années 1930. Un scaffa se compose d'une eau-de-vie*, d'une liqueur* et d'un bitter* ou de bitters*.

SCOTCH WHISKY ▶ Voir Whisky

SEC • se dit d'un cocktail au goût astringent, soit parce qu'il est fort en alcool, soit en raison de la présence de tannins provenant des ingrédients (cas des cocktails à base de whiskey américain vieilli en fût de chêne). Les cocktails secs contiennent en général une faible quantité de sucre. On emploie aussi le mot anglais « dry » pour désigner les cocktails secs ; précédant le mot Martini, par exemple, il indique que la quantité d'eau-de-vie est bien supérieure à celle du vermouth.

SHAKER • ustensile indispensable à la préparation de certains cocktails. On distingue deux types de shaker, le shaker en deux parties (shaker Boston ou shaker continental), qui requiert l'utilisation d'une passoire à glaçons, et le shaker en trois parties (shaker avec filtre), qui possède une passoire intégrée.

SHERRY ▶ Voir Xérès

SHOOTER • type de cocktail servi dans un verre shot dont la contenance (environ 6 cl) est prévue pour être bue d'un seul trait ! Il se compose le plus souvent de trois liqueurs* (ou deux liqueurs et une eau-de-vie*) de couleurs différentes, superposées sans être mélangées (▷ p. 94). Ce type de boisson était connu sous le nom de « pousse-café » dans les années 1840 et l'on consommait les liqueurs les unes après les autres.

SHORT DRINK • se dit d'un cocktail contenant moins de 12 cl.

SHOT (verre) • récipient dont la contenance (6 cl environ) et la forme ramassée sont idéales pour boire le cocktail d'une seule gorgée. Les shooters* sont toujours servis dans ce type de verre. Le verre shot est aussi utilisé traditionnellement pour consommer la tequila* et la vodka*, servies pures.

SIROP • préparation, aromatisée ou non, obtenue par la dissolution de matières édulcorantes dans de l'eau.

SIROP DE SUCRE DE CANNE • préparation obtenue par la dissolution de sucre de canne dans de l'eau.

SLINGS • famille de cocktails apparue aux États-Unis avant 1800. Un sling se compose d'une eau-de-vie*, de sucre et d'eau (gazeuse ou non) et se garnit avec de la noix muscade.

SMASHES • famille de cocktails apparue dans les années 1850 aux États-Unis. Un smash se prépare comme un julep*, mais avec seulement 2 ou 3 feuilles de menthe fraîche. Il se compose donc d'une eau-de-vie*, de sucre et de feuilles de menthe. Il est garni avec des tranches d'orange et des baies de saison.

SODA • terme anglais utilisé pour désigner une boisson gazeuse souvent obtenue par l'aromatisation d'une eau purifiée avec des extraits aromatiques et l'adjonction de dioxyde de carbone. Plus ou moins sucrés, les principaux sodas sont le ginger* ale, le lemon*-lime soda, les colas*, le tonic* water et le ginger* beer.

SOURS • famille de cocktails apparue en Angleterre au milieu du XVIIIe siècle. Un sour se compose d'une eau-de-vie*, de jus de citron et de sucre.

SOUTHERN COMFORT • liqueur* inventée à La Nouvelle-Orléans en 1874 par M.W. Heron, et commercialisée dès 1889. Elle est obtenue par l'aromatisation d'un whiskey américain avec des ingrédients tenus secrets, et contient au moins 100 g de sucre/l (40 % Vol.).

SPEAKEASY • lieu clandestin où l'on consommait de l'alcool illégalement durant la prohibition*.

SPIRITUEUX • boisson alcoolisée obtenue par distillation ayant des caractères organoleptiques (arôme, goût, couleur) particuliers et un titre alcoométrique minimal de 15 % Vol.

SPIRITUEUX AUX PLANTES D'ABSINTHE • liqueur* obtenue par l'aromatisation d'un alcool* neutre avec un extrait d'absinthe. Après avoir été interdite pendant plus d'un demi-siècle, l'absinthe est désormais commercialisée sous le nom de « boisson spiritueuse aux extraits d'absinthe » (45 à 70 % Vol.). Les substances nocives qui avaient occasionné son interdiction en 1915 sont maintenant réduites à d'infimes proportions.

STRAIGHT UP • expression uti-

a été rafraîchie au verre à mélange ou au shaker, mais servie sans glaçons dans le verre de dégustation.

T

TABASCO • sauce pimentée qui fut inventée en 1868 en Louisiane par Edmund McIlhenny. Elle se compose de vinaigre, de piments et de sel. Le Tabasco le plus connu, et utilisé dans les cocktails, est de couleur rouge, mais il existe aussi maintenant un Tabasco vert, plus doux.

TENNESSEE WHISKY
▶ Voir Whisky

TEQUILA • eau-de-vie* mexicaine, élaborée à partir d'une plante tropicale, l'agave. Le mot tequila employé seul désigne une tequila mixte, mélange à 51 % d'agave et de sucres provenant d'autres matières premières. La tequila 100 % agave est élaborée uniquement à partir de la variété d'agave *A. tequilana* Weber bleue. Les termes « gold » ou « joven abocado » désignent une tequila colorée et adoucie. La tequila blanco (ou silver) n'a subi aucun vieillissement. La tequila reposado est restée au moins deux mois en foudre ou en barrique (contenant de grande capacité). La tequila añejo a subi un vieillissement d'au moins un an en barrique.

TODDIES • famille de cocktails apparue dans les Antilles britan-

consommait les toddys frais ou chauds, mais de nos jours on les boit chauds, comme un grog*. Un toddy se compose d'une eau-de-vie*, de sucre et d'eau bouillante. Toddy est aussi le nom d'un verre utilisé pour le service des cocktails chauds, puisqu'il est fabriqué spécialement pour résister au choc thermique lorsque l'on y verse un liquide bouillant. Sa contenance est d'environ 25 cl.

TONIC WATER • boisson gazeuse aromatisée à la quinine (substance contenue dans l'écorce de quinquina, un arbre originaire du Pérou), inventée dans les années 1870 par la société Schweppes. Les tonics font partie des sodas*.

TRAIT • expression utilisée pour désigner une petite quantité de liquide. En général une giclée de bitters*, ou un filet de sirop.

TRIPLE SEC ▶ Voir **Curaçao**

TUMBLER (petit)
▶ Voir **Rocks (verre)**

TUMBLER (grand)
▶ Voir **Highball (verre)**

U–V

UP ▶ Voir **Straight up**

VERMOUTH • préparation obtenue par l'aromatisation d'un mélange de vin* (75 % minimum) et d'alcool* neutre avec des extraits de plantes (comme l'absinthe), et d'arômes amers éventuellement. Il titre 14,5 à 22 % Vol. Il existe plusieurs types de vermouth, dont le vermouth dry (50 à 60 g de sucre/ l), de couleur claire, et le vermouth rosso (100 à 150 g de sucre/l), plus doux et coloré avec du caramel. Les marques les plus connues sont Martini, créé en 1863, et Noilly Prat, fondé en 1813.

VERRE À MÉLANGE • grand verre de forme légèrement conique, muni d'un bec verseur, utilisé pour préparer les cocktails destinés à être servis « straight up », c'est-à-dire sans glace dans le verre, et dont les ingrédients se mélangent aisément. Sa contenance doit être d'au moins 50 cl pour préparer un verre, et d'au moins 65 cl pour en préparer deux.

VIN • boisson obtenue par la fermentation alcoolique d'un jus de raisin ou de moût* de raisin.

VIN AROMATISÉ AMER • boisson alcoolisée obtenue par l'aromatisation d'un mélange de vin (75 % minimum) et d'alcool* neutre avec des extraits de plantes et de l'écorce de quinquina ou de la gentiane (14,5 % à 22 % Vol.). Les quinquinas (Dubonnet, etc.) et les vermouths* sont des vins aromatisés amers.

VIN MUTÉ • vin auquel on ajoute une eau-de-vie* de vin, pour élever sa teneur en alcool et obtenir des vins doux conservant une certaine quanité de sucre (le porto* et le xérès* sont des vins mutés).

VODKA • eau-de-vie* obtenue par distillation d'un jus fermenté principalement à base de pomme de terre, de seigle ou encore d'un mélange de céréales (40 % Vol.). L'eau-de-vie est en général filtrée sur charbon actif dans le but de la rendre le plus neutre possible. Mais certaines vodkas, moins utilisées dans les cocktails, sont aromatisées avec des fruits ou des plantes. C'est le cas des vodkas aromatisées au citron, au cassis ou à l'herbe de bison.

W

WHISKY, WHISKEY • eaux-de-vie* obtenue par la distillation d'orge maltée pour le Scotch whisky « single malt » ; d'orge maltée et non maltée (environ 50 %) pour l'Irish whiskey « pure pot still » ; d'un mélange de céréales (majoritairement du seigle) pour le Canadian whisky ; d'un mélange de céréales (dont 51 % de maïs minimum) pour l'American « straight bourbon » ; d'un mélange de céréales (avec 51 % de l'une d'entre elles) pour le Tennessee whiskey, qui a la particularité d'être filtré à travers du charbon de

WORCESTERSHIRE SAUCE • préparation à la saveur piquante, inventée en 1837 dans le comté de Worcester, en Angleterre. La plus ancienne est vendue sous la marque Lea & Perrins. Parmi les ingrédients qui la composent, on trouve du vinaigre, des anchois, du tamarin, de l'ail et de l'oignon.

X-Z

XÉRÈS • vin* blanc muté à l'eau-de vie de vin, produit en Andalousie, au sud de l'Espagne, où son nom est *jerez*. Il titre environ 15 % Vol. L'élaboration du xérès obéit à des techniques traditionnelles. À côté des finos, secs et légers, on trouve les olorosos, plus colorés et plus puissants. Le xérès est appelé *sherry* en anglais.

ZESTE • morceau d'écorce d'un agrume que l'on prélève à l'aide d'un couteau spécial. Les zestes d'orange et de citron (jaune ou vert) font partie des garnitures dites fonctionnelles des cocktails. Pour extraire leur essence, il faut les presser entre les doigts au-dessus du verre de service.

Une bibliographie du cocktail

Les livres anciens (avant 1900)

BARNES (Albert), *The Complete Bartender, Philadelphia, Crawford & Co.*, 1884, 64 p.

BEVIL (A. V.), *Barkeeper's Ready Reference,* 1871, 136 p.

BYRON (O. H.), *The Modern Bartender's Guide,* New York, Excelsior Publishing House, 1884, 114 p.

CAMPBELL (Chas. B.), *The American Barkeeper,* San Fancisco, Mullin Mahon & Co., 1867, 32 p.

DE SALIS (Mrs), *Drinks à la mode,* Londres, Longmans, Green & Co., 1892, 100 p.

ENGEL (Leo), *American and Other Drinks,* Londres, Tinsley Brothers, 1878, 73 p.

FINNIGAN (M. J.), *The Reminder,* Worcester, Miles F. King Co., 1899, 93 p.

FOUQUET (Louis), *Bariana,* Paris, Émile Duvoye, 1896, 151 p.

GIBSON (Jos. W.), *Scientific Bar-Keeping,* New York, E. N. Cook & Co., 1884, 49 p.

GREEN (Herbert W.), *Mixed Drinks,* Indianapolis, Frank H. Smith, 1895, 168 p.

HANEY (Jesse), *Haney's Steward and Barkeeper's Manual,* New York, Jesse Haney & Co., 1869, 72 p.

JOHNSON (Harry), *New and Improved Bartender's Manual,* New York, Harry Johnson, 1882, 189 p.

JOHNSON (Harry), *New and Improved Illustrated Bartender's Manual,* New York, Harry Johnson, 1888, 197 p.

KAPPELLER (George J.), *Modern American Mixed Drinks,* New York, The Merriam Company, 1895, 120 p.

LAWLOR (C. F.), *The Mixicologist,* Cincinnati, A. E. Lawlor, 1897, 169 p.

McDONOUGH (Patsy), *McDonough's Bar-Keeper's Guide,* Rochester, Patsy McDonough, 1883, 49 p.

MEW (James) et ASHTON (John), *Drinks of the World,* Londres, The Leadenhall Press, 362 p.

MORSE EARLE (Alice), *Customs and Fashions in Old New England,* New York, Charles Scribner's Sons, 1893, 387 p.

NABER, ALFS and BRUNE, *Catalogue and Bartender's Guide,* San Francisco, 1884, 33 p.

ROBERTS (George Edwin), *Cups and their Customs,* Londres, John Van Voorst, 1863, 52 p.

ROBERTS (George Edwin), *Cups and their Customs,* 2e édition, Londres, John Van Voorst, 1869, 62 p.

SCHMIDT (William), *The Flowing Bowl,* New York, Charles L. Webster & Co., 1892, 294 p.

SCHMIDT (William), *Fancy Drinks and Popular Beverages,* New York, Dick & Fitzgerald, 1891, 155 p. Réimpr. 1896.

SPENCER (Edward), *The Flowing Bowl,* Londres, Grant Richards, 1899, 243 p.

STEVENS (B. A.), *Catalogue of Billiard and Bar Supplies,* Toledo, B. A. Stevens, 1896, 288 p.

TERRINGTON (William), *Cooling Cups and Dainty Drinks,* Londres, George Routledge & Sons, 1869, 223 p.

HOMAS (Jerry), *How to Mix Drinks*, New York, Dick & Fitzgerald, 1862, 244 p. Réimpr. 1864 et 1876.
HOMAS (Jerry), *The Bar-Tender's Guide*, New York, Dick & Fitzgerald, 1876, 107 p.
HOMAS (Jerry), *The Bar-Tender's Guide*, New York, Dick & Fitzgerald, 1887, 130 p.
VEHMAN (Henry J.), *Wehman's Bartenders Guide*, New York, Henry J. Wehman, 1891, 95 p.
VINTER (G.), *How to Mix Drinks*, New York, G. Winter Brewing Co., 1884, 52 p.

'internationalisation 1900-1919)

he Cocktail Book, Londres, John MacQueen, 1903, 62 p.
irst Annual Guide of Bartenders' Union, Detroit, 1916, 50 p.
BOOTHBY (Hon. Wm T.), *American Bartender*, 2e édition, San Francisco, The San Francisco News Company, 1900, 98 p.
BOOTHBY (Hon. Wm T.), *The World's Drinks*, San Francisco, 1908, 140 p.
CHARLIE (Paul), *Recipes of American and Other Iced Drinks*, Londres, Farrow and Jackson Ltd, 1915, 80 p.
HISS (Emil), *The Standard Manual of Soda and Other Beverages*, Chicago, G. P. Engelhard & Company, 1900, 242 p.
GREEN (John), *Appelgreen's Bar Book*, 2e édition, Chicago, The Hotel Monthly, 1904, 56 p.
LAMORE (Harry), *The Bartender*, New York, Richard K. Fox, 1901, 90 p.
LEWIS (V. B.), *The Buffet Guide*, Chicago, M. A. Donohue & Co., 1903, 180 p.
LEYBOLD (John) et SCHÖNFELD (Hans), *Lexicon der Getränke*, Cologne, 1913, 294 p.
LOWE (Paul E.), *Drinks as they are Mixed by Leading Bartenders*, Chicago, Frederick, Drake and Company, 1904, 135 p.
MUCKENSTURM (Louis), *Louis' Mixed Drinks*, Boston, H. M. Caldwell Co., 1906, 113 p.
NEWMAN (Frank P.), *American-Bar*, 2e édition, Paris, Société française d'Imprimerie, 1904, 111 p.
NEWMAN (Frank P.), *American-Bar*, 3e édition, Paris, Société française d'Imprimerie, 1907, 112 p.
RAWLING (Ernest P.), *Rawling's Book of Mixed Drinks*, San Francisco, Guild Press Publishers, 1914, 100 p.
SEUTER (Carl A.), *Der Mixologist*, Liepzig, P. M. Blüher's Velag, 1913, 103 p.
STUART (Thos.), *Stuart Fancy Drinks*, New York, Excelsior Publishing House, 1904, 133 p.

La prohibition (1919-1933)

Bacardi and its Many Uses, La Havane, Bacardi, 1931, 23 p.
Giggle Water, New York, Charles S. Warnock, 1928, 152 p.
ASBURY (Herbert), *The Bon Vivant's Companion*, New York, Alfred A. Knopf, 1928, 169 p.
BELTRAMO (Carlo), *Carlo's Cocktails*, Genève, 1924, 98 p.
BOOTHBY (Hon. Wm T.), *World Drinks*, San Francisco, Boothby World Drinks Co., 1930, 160 p.
CHARLES of the Delmonicos, *Cheerio*, New York, Elf Publishing Company, 1928, 48 p.

CHICOTE (Pedro), *Mis quinientos cocktails,* Madrid, 1930, 298 p.
CRADDOCK (Harry), *The Savoy Cocktail Book,* Londres, Constable and Company Ltd, 1930, 287 p.
CRADDOCK (Harry), *The Savoy Cocktail Book,* 2e édition, Londres, Constable and Company Ltd, 1933, 287 p.
CROCKETT (Albert Stevens), *The Old Waldorf Bar Days,* New York, Aventine Press, 1931, 243 p.
CUERVO (José), *Club de cantineros de la republica de Cuba,* Manual Oficial, La Havane, Gerardo Corrales, 1930, 140 p.
DE BARALT (Blanche Z.), *Cuban Cookery Including Cuban Cocktails,* La Havane, Hermes, 1931, 150 p.
JOHN of the Hotel Knickerbocker, *Happy Days,* New York, Felshin Publishing Co., 1931, 96 p.
JUDGE JUNIOR, *Here's How,* New York, The John Day Company, 1927, 63 p.
JUDGE JUNIOR, *Here's How Again !,* New York, The John Day Company, 1929, 63 p.
McELHONE (Harry), *Bar Flies and Cocktails,* Paris, Lecram Press, 1927, 101 p.
McELHONE (Harry), *ABC of Mixing Cocktails,* Londres, Dean & Son Ltd, 1930, 103 p.
PAUL of the Ramos, *Drinks as Mixed by Paul of the Well-Known Ramos, Gin fizz Palace,* New York, vers 1920, 25 p.
RIP, *Cocktails de Paris,* Paris, Demangel, 1929, 140 p.
STOCKBRIDGE (Bertha E. L.), *What to Drink,* New York, D. Appleton and Company, 1920, 177 p.
THOMAS (Henry William), *Life and Letters of Henry William Thomas, Mixologist,* Charles V. Wheeler, Washington, 1929, 64 p.
VERMEIRE (Robert), *Cocktails, How to Mix them,* Londres, Herbert Jenkins Ltd, 1922, 112 p.
VERMEIRE (Robert), *l'Art du cocktail,* Bruxelles, Imprimerie de l'Office de publicité, 1922, 128 p.
WATKEYS MOORE (Helen), *On Uncle Sam's Water Wagon,* New York, The Knickerbocker Press, 1919, 222 p.
WOON (Basil), *The Paris that's not in the Guide Books,* New York, Brentano's, 1926, 269 p.
WOON (Basil), *When it's Cocktail Time in Cuba,* New York, Horace Liveright, 1928, 284 p.

L'après-prohibition (1934-1945)

An Anthology of Cocktails, Londres, Booth Gin, 1934, 50 p.
Cocktails, La Havane, bar « La Florida », 1934, 70 p.
Cocktails, La Havane, bar « La Florida », 1937, 71 p.
Cocktails, La Havane, bar « La Florida », 1939, 75 p.
150 recetas de entemeses y cock-tails, Mexico D. F., 1944, 83 p.
ASBURY (Herbert), *The French Quarter,* New York, Garden City, 1938, 462 p.
BROWNE (Charles), *The Gun Club Drink Book,* New York, Charles Scribner's & Sons, 1939, 190 p.
CLISBY (Arthur Stanley), *Famous New Orleans Drinks,* La Nouvelle-Orléans, Harmanson, 1943, 96 p.
COTTON (Leo), *Old Mr Boston Official Bartender's Guide,* Boston, 1935, 143 p.

…OTTON (Leo), *Old Mr Boston Official Bartender's Guide*, 2e édition, Boston, 1940, 160 p.
…ROCKETT (Albert Stevens), *The Old Waldorf-Astoria Bar Book*, New York, A. S. Crockett, 1935, 177 p.
…UFFY (Patrick Gavin), *The Official Mixer's Manual*, New York, Halcyon House, 1934, 299 p.
…AIMO (Oscar), *Cocktail Digest*, New York, 1944, 126 p.
…UPOÏU (Jean), *Cocktails*, Paris, Œuvres françaises, 1938, 181 p.
…EIER (Frank), *The Artistry of Mixing Drinks*, Paris, Bishop & Sons, 1936, 182 p.
…SCAR OF THE WALDORF, *100 Famous Cocktails*, New York, Kenilworth Press, 1934, 46 p.
…ORTA MINGOT (Raymond), *Gran manual de cocktails*, Buenos Aires, Corletta & Castro, 1936, 394 p.
…OWNER (W. E.), *Tom and Jerry's Bartender's Guide*, Chicago, Charles T. Powner Co., 1934, 128 p.

…après-guerre (1946-1975)

…AKER (Charles H.), *South American Gentleman's Companion*, New York, Crown Publishers, 1946, vol. II, 225 p.
…AKER (Charles H.), *The Gentleman's Companion*, New York, Crown Publishers, 1946, vol. II, 217 p.
…EEBE (Lucius), *The Stork Club Bar Book*, New York, Rinehart and Company, 1946, 136 p.
…ERGERON (Victor), *Bartender's Guide*, New York, Doubleday & Company, 1947, 437 p.
…ERGERON (Victor), *Trader's Vic's Bartender's Guide Revised*, New York, Doubleday & Company, 1972, 442 p.
DE FOUQUIÈRES (André), BUSSON (Jean), MORESTEL (Yves) et ANZINI (Harry), *Cocktails*, Paris, Éditions du Lys, 1952, 135 p.
EMBURY (David A.), *The Fine Art of Mixing Drinks*, New York, Double Day & Company, 1948, 372 p.
LUPOÏU (Jean), *Cocktails*, Compiègne, Jean Lupoïu, 1955, 142 p.
PACE (Marcel), *Nos meilleures boissons*, Beaune, Marcel Pace, 1954, 138 p.
SCHRAEMLI (Harry), *Manuel du bar*, Lucerne, Service d'édition de l'Union Helvétia, 1965, 620 p.
TOWNSEND (Jack) et MOORE McBRIDE (Tom), *The Bartender's Book*, New York, Viking Press, 1951, 148 p.
United Kingdom Bartender's Guild, *Guide to Drinks*, Londres, UKBG, 1953, 4e édition, 1965, 296 p.

Livres récents (1976-2004)

BITNER (Arnold) et BEACH (Phoebe), *Hawai'i Tropical Rum Drinks & Cuisine by Don the Beachcomber*, Hawai'i, Mutual Publishing, 2001, 111 p.
CALABRESE (Salvatore), *Classic Cocktails*, Londres, Prion Books, 1999, 192 p.
DeGROFF (Dale), *The Craft of the Cocktail*, New York, Clarkson Potter, 2002, 230 p.
DIAS BLUE (Anthony), *The Complete Book of Mixed Drinks*, New York, HarperCollins Publishers, 1993, 324 p.
DIFFORD (Simon), *Sauceguide to Cocktails*, Londres, Sauceguides, 2003, vol. IV, 256 p.
FIELD (Colin Peter), *les Cocktails du Ritz*, Paris, Éditions du Chêne, 2001, 144 p.

HARRINGTON (Paul) et MOORHEAD (Laura), Cocktail, *The Drink Bible for 21th Century*, New York, Penguin Putnam Inc., 1998, 242 p.
JOHNSON (Byron A.) et JOHNSON (Sharon Peregrine), *Wild West Bartenders' Bible*, Texas Monthly Press, 1986, 274 p.
REA (Brian F.), *Brian's Booze Guide*, Burbank, The On Premise Institute, 1976, 96 p.
ROTH (Peter) et BERNASCONI (Carlo), *Das Jahrhundert-Mixbuch*, Falken, 1999, 351 p.
SCHUMANN (Charles), *American-bar*, New York, Abbeville Press, 1995, 408 p.
TISTLER (Duschan), *Categories of Mixed Drinks*, Passau, eCocktail, 2002, 182 p.
VAN HAGEN (Jan G.), *The Bols Book of Cocktails*, Londres, Toucan Books, 1992, 160 p.

Ouvrages sur les spiritueux

Des apéritifs aux spiritueux, Zurich, Éditions de la Fédération suisse des cafetiers, restaurateurs et hôteliers, 1988, 263 p.
Eaux-de-vie et spiritueux, Paris, Éditions du Centre national de la recherche scientifique, 1985, 496 p.
Havana Club, Cuba : la légende du rhum, Toulouse, Éditions Bahia Presse, 100 p.
BARTY-KING (Hugh) et MASSEL (Anton), Rum — *Yesterday and Today*, Londres, Heinemann, 1983, 264 p.
BEGG (Desmond), *The Vodka Companion*, Londres, The Apple Press, 1998, 192 p.
BÉNITAH (Thierry), *le Whisky*, Paris, Flammarion, 1999, vol. 1, 95 p. et vol. 2, 95 p.
BROOM (Dave), *Spirits & Cocktails*, 3e édition, Carlton, 1998, 224 p.
CHAUSSÉE (Gérard), *Cassis*, Paris, Proxima, 2002, 96 p.
COATES (Geraldine), *Classic Gin*, Londres, Prion Books, 2000, 176 p.
DELAHAYE (Marie-Claude), *l'Absinthe*, coll. « Arts et traditions populaires », Nancy, Berger-Levrault, 1983, 249 p.
DUMAY (Raymond), *Guide des alcools*, Paris, Stock, 1973, 579 p.
DUPLAIS AINÉ (P.), *Traité des liqueurs et de la distillation des alcools*, 2e édition, Versailles, Beau Jeune, 1858, t. I, 550 p.
DUPLAIS AINÉ (P.), Traité des liqueurs et de la distillation des alcools, 2e édition, Versailles, Beau Jeune, 1858, t. II, 534 p.
EDWARDS (Walter N.), *The Beverages We Drink*, Londres, Ideal Publishing Union Ltd, 1898, 220 p.
FAHRASMANE (L.) et GANOU-PARFAIT (B.), *De la canne au rhum*, Paris, INRA Éditions, 1997, 104 p.
JALLAN (Daniel), *Son excellence le rhum en Martinique*, 4 M Impressions, 1994, 178 p.
JONES (Andrew), *The Aperitif Companion*, Londres, Appel Press, 1998, 192 p.
LICHINE (Alexis), *Encyclopédie des vins & alcools*, Aylesbury, Robert Laffont, coll. « Bouquins », 1980. Réimpr. 1995, 994 p.
MONZERT (L.), *The Independant Liquorist*, New York, Dick & Fitzgerald, 1866, 193 p.
MURRAY (Jim), *Classic Irish Whiskey*, Londres, Prion Books, 1997, 256 p.

PAGES (G.), *les Eaux-de-vie et les alcools*, Paris, Librairie Hachette, 1919, 166 p.
SALLÉ (Jacques et Bernard), *Larousse des alcools*, Paris, Librairie Larousse, 1982, 240 p.
TCHUDI (Stephen N.), *Soda Poppery*, New York, Charles Scribner's Sons, 1985, 148 p.
WISNIEWSKI (Ian), *Classic Tequila*, Londres, Prion Books, 1998, 208 p.

Autres sources

The Balance and Columbian Repository, Hudson (New York), 13 mai 1806.
The New York Sun, New York (New York), 28 mars 1882.
JOSEPHSON (Matthew), *Union House, Union Bar*, New York, Random House, 1956, 370 p.
ROULET (Claude), *Ritz – Une histoire plus belle que la légende*, Paris, Quai Voltaire, 1998, 190 p.

Règlement (CE) n° 1576/89 du 29 mai 1989, établissant les règles générales relatives à la définition, à la désignation et à la présentation des boissons spiritueuses, modifié par les règlements n° 3280/92 et 3378/94 et la décision 95/1/CE.
Règlement (CE) n° 1601/91 du 10 juin 1991, établissant les règles générales relatives à la définition, à la désignation et à la présentation des vins aromatisés, modifié par le règlement n° 122/94.

Index des cocktails de A à Z

Toutes les recettes et variantes de cocktails présentes dans le livre sont citées dans l'ordre alphabétique pour trouver facilement la boisson recherchée.

■ Les astérisques indiquent le degré d'alcoolisation de la boisson :
* = faiblement alcoolisée ; ** = moyennement alcoolisée ; *** = fortement alcoolisée.
Les cocktails sans alcool sont identifiés par l'absence d'astérisque.

■ Les cocktails servis chauds sont repérés par le signe ★.

Index des cocktails selon leurs ingrédients

Toutes les recettes et variantes de cocktails présentes dans le livre sont répertoriées selon leurs ingrédients principaux, en distinguant d'une part les cocktails alcoolisés, et d'autre part les cocktails sans alcool.

■ Les astérisques indiquent le degré d'alcoolisation de la boisson :
* = faiblement alcoolisée ; ** = moyennement alcoolisée ; *** = fortement alcoolisée.
Les cocktails sans alcool sont identifiés par l'absence d'astérisque.

■ Les cocktails servis chauds sont repérés par le signe ★.

Les cocktails alcoolisés

Pour chacun de ces cocktails, les autres boissons alcoolisées nécessaires à la préparation sont indiquées entre parenthèses.

Absinthe

► Voir Spiritueux aux plantes d'absinthe

Amaretto

Angostura bitters

Cassis (crème de)

Champagne

Curaçao bleu

Curaçao orange

Grand Marnier Cordon Rouge

Irish cream

Kirsch

Krupnik

Limoncello

Litchi (liqueur de)

Manzana verde

Marasquin

Melocoton

Melon verte (liqueur de)

Menthe blanche (crème de)

Rhum

Spiritueux aux plantes d'absinthe

Tequila

■ TEQUILA AÑEJO

■ TEQUILA BLANCO

■ TEQUILA REPOSADO

VERMOUTH ROSSO

Vin blanc

Vin rouge

Vodka

Les cocktails sans alcool

Pour chacun de ces cocktails, les ingrédients principaux nécessaires à la préparation sont indiqués entre parenthèses.

■ **QUARTIER DE CITRON VERT**

Coco (crème de)

Concombre

Fraise

■ **GLACE À LA FRAISE**

Framboise (sirop de)

Fruit de la Passion (jus de)

Ginger ale

Grenadine (sirop de)

Lemon-lime soda

Lime cordial (sirop)

Index des cocktails selon leur moment de dégustation

En fonction des ingrédients qui le composent, un cocktail s'apprécie mieux à certains moments de la journée ou à certaines saisons. Toutes les recettes et variantes de cocktails présentes dans le livre sont ici proposées selon les moments les plus appropriés pour les consommer.

■ Les astérisques indiquent le degré d'alcoolisation de la boisson :
* = faiblement alcoolisée ; ** = moyennement alcoolisée ; *** = fortement alcoolisée.
Les cocktails sans alcool sont identifiés par l'absence d'astérisque.

■ Les cocktails servis chauds sont repérés par le signe ★.

À servir en apéritif

À servir en digestif

À servir en matinée

À servir l'après-midi

À servir en soirée

À servir lors des lendemains difficiles

À servir en hiver

À servir à tout moment